新时代背景下的
城乡土地管理

——基于贵州省的实证研究

余 霜◎著

经济管理出版社
ECONOMY & MANAGEMENT PUBLISHING HOUSE

图书在版编目（CIP）数据

新时代背景下的城乡土地管理/余霜著．—北京：经济管理出版社，2023.4
ISBN 978-7-5096-8993-6

Ⅰ.①新⋯　Ⅱ.①余⋯　Ⅲ.①土地管理—研究—中国　Ⅳ.①F321.1

中国国家版本馆 CIP 数据核字（2023）第 068705 号

责任编辑：王格格　杨　娜
责任印制：黄章平
责任校对：张晓燕

出版发行：经济管理出版社
　　　　　（北京市海淀区北蜂窝 8 号中雅大厦 A 座 11 层　100038）
网　　址：www. E-mp. com. cn
电　　话：（010）51915602
印　　刷：北京晨旭印刷厂
经　　销：新华书店
开　　本：720mm×1000mm/16
印　　张：15. 5
字　　数：278 千字
版　　次：2023 年 5 月第 1 版　　2023 年 5 月第 1 次印刷
书　　号：ISBN 978-7-5096-8993-6
定　　价：88. 00 元

前　言

习近平指出，中国特色社会主义进入新时代，我国社会主要矛盾已经转化为人民日益增长的美好生活需要和不平衡不充分的发展之间的矛盾。我国社会主要矛盾的变化是关系全局的历史性变化，除了继续推动发展之外，要着力解决好发展不平衡不充分的问题，大力提升发展质量和效益，更好满足人民在经济、政治、文化、社会、生态等方面日益增长的需要，更好推动人的全面发展、社会的全面进步。"取之不尽用之不竭"的资源使用观念早已过去，如今资源紧张问题越来越凸显。作为一种不能重生也不能被其他物品代替的资源，耕地的减少会带来诸多的问题，甚至威胁到人类的生存环境及全球经济的可持续发展。为了更好地保护土地资源，维持人类的可持续发展，如何保护现存的耕地数量成为人类不得不思考的一个问题。同时，在我国城市化高速发展的状态下，各个城市都逐步扩大了城市建成区面积，但虚拟城市化问题严重，大量的居住用地和市政用地占据着中心城区，建设用地存在浪费，城市土地产出效益低下。土地被建设占用或开采损坏，植被遭到破坏，土地向荒漠化发展，耕地质量下降，造成当地生态环境日趋恶化。在这样的背景下，必须结合当地实际情况统筹安排，做到"既要吃饭，也要建设，更要保护"，保证粮食安全，保障社会各个方面的平稳发展。在目前已有的研究基础上，新时代背景下的土地管理需要提出新的观点，特别是为土地管理相关对策的制定提供新的启发，它涉及农村土地管理、城市土地管理、房地产管理等方面。

本书基于贵州省的实证案例，针对新时代背景下城乡土地领域出现的新问题展开分析，主要针对农村土地管理、城市土地管理、房地产管理等方面的问题开展专题性研究，以案例实证研究为特色，注重从实践出发，在定性和定量的层面上对以上问题进行分析，以期为相关部门制定有关土地资源管理方面的对策提供参考。本书的主要研究内容如下：

第一，农村土地管理。首先，研究贵州省耕地总量的变化趋势及当年耕地数量增减构成状况，对导致贵州省耕地数量减少的四个影响因素进行深入分析，提出保护耕地的合理建议。以贵州省黔东南苗族侗族自治州地扪村为研究区域，通过实地调研，从个体因素、社会经济因素、民族文化因素等方面对农户土地价值观的影响展开分析，并探寻影响侗族地区农户土地价值观的主导因素。同时，运用归纳比较和数据分析方法开展安顺市农用地整理研究，并以农用地整理问题的提出、研究区概况、农用地整理概况、农用地整理的正向效应及制约因素、农用地整理面临的问题及对策为主要架构对安顺市农用地整理问题进行阐述。其次，对威宁彝族回族苗族自治县（简称"威宁县"）牛棚镇土地流转现状、存在的问题及成因进行分析，并针对以上问题提出对策及建议。以仁怀市上寨村为研究区域，开展土地流转对农户收入的影响分析，结合土地流转面临的机遇和挑战提出相关措施。针对盘州市民主镇土地撂荒的现状和影响因素，分析土地撂荒对社会的影响，提出合理化建议。最后，以农村宅基地改革对农村人口迁移的影响为题展开分析，以贵州省桐梓县为研究区域，针对当前存在的问题提出对策与建议。

第二，城市土地管理。首先，以安顺市城市建成区为研究区域，选取15个指标，构建综合指数模型对目标区域5个时间断面的城市土地利用效益进行实证研究，并引入障碍度函数进行应用分析。基于安顺市建设占用耕地剥离区、利用区等数据，从经济、社会、生态三个角度开展效益分析，并提出相应的对策及建议。同时，通过对安顺市西秀区土地违法数据的统计描述和影响因素分析，为该区土地资源的合法利用和有效保护提供有效参考建议。基于威宁县土地利用变化数据，综合对比分析威宁县土地利用的总体变化情况，从农用地和建设用地的变化方面分别对生态环境所产生的影响进行分析。其次，结合近年来威宁县城镇化的发展情况和耕地的变化状况，找出城镇化发展进程中耕地保护出现的主要问题和影响因素，提出城镇化进程中耕地保护的建议。最后，通过对威宁县羊街镇在城镇化背景下农村青少年外出务工情况、宅基地闲置情况及农业耕作情况的分析，找出其原因及给农村发展带来的影响，提出对策与建议。

第三，房地产管理。基于互联网背景，对房地产公司的网络营销模式的优劣势及网络营销现状进行分析，提出网络营销对策与建议。另外，分析了个人住房抵押贷款风险的类型，探讨其产生的原因，并提出了相应的防范对策。

由于本人水平有限，书中难免存在不妥甚至错误之处，欢迎读者批评指正，以利于今后改正和提高。该书在写作过程中，得到了有关老师、朋友和同事的帮助与支持，在此表示真诚和衷心的感谢。

最后，我将这本书献给我的家人。特别要感谢我的爱人李光教授，在事业和家庭的双重压力下，是他的不断鼓励和无私付出才促成了本书的最终出版。

余 霜

2022 年 1 月于广西柳州

目　录

第一章　农村土地管理

近年来，由于经济发展过程中建设用地的不断增加，人们对土地的需求快速增加长，使得建设用地占用耕地的弊端越来越突出。一方面，城镇化和新农村建设的发展，导致农村土地利用方式发生了巨大变化，土地利用结构缺乏系统性规划。人地比例失调、耕地质量差、土地开发潜力有限、土地地块零碎、水土不易保持、生态环境逐渐恶化、土地产权管理混乱等问题，对土地资源的可持续利用造成了严重影响。另一方面，耕地作为农民生活的基本保障，随着农村土地撂荒现象的日益加重，其面积正不断减少。撂荒地的增加会导致许多严重的问题，会使人均耕地减少、农民的农业收入降低、经济基础无法得到保障。农村的许多农民知识水平偏低，缺乏耕地保护意识，任由自家的土地朝着撂荒地的方向发展，逐渐成为抛荒地，导致耕地面积进一步减少，这种现象在农村正逐渐蔓延。为保护18亿亩耕地红线不被触碰，遏制土地撂荒现象，需要对农村土地撂荒现象进行研究，并提出相应的解决措施。

第一节　贵州省耕地数量变化及原因分析

针对耕地数量逐年减少的情况，根据2010～2018年贵州省数据统计，本节研究了贵州省耕地总量的变化趋势及当年耕地数量的增减构成状况，结果表明：2010～2018年贵州省耕地总量持续下降，且因各类建设用地、农业结构调整、灾害损毁等减少的耕地数量始终比由土地开发、土地整理、土地复垦及农业结构调整增加的耕地数量多。根据贵州省耕地数量变化的特征对导致耕地数量减少的四个影响因素进行深入分析，提出了保护耕地的合理建议。

一、耕地数量问题的提出

1. 研究背景及意义

自远古时期产生的各种生物很多生存到了现在，为什么这些生物经过了数百万年都还没有灭绝甚至总数在不断繁衍壮大，主要源于地球上有能够生长植物的土地资源，它为这些生物提供了生存发展的条件。土地资源属于不可再生的资源，随着社会经济发展、人口总数一天天地增多，人们所需要的土地越来越多。同时随着社会经济的飞速发展，人口数量的日益增长，耕地数量减少的行为越来越多。很多耕地被人们肆意改变成建设用地、园地等，造成人地矛盾日益显现。"取之不尽用之不竭"的资源使用观念早已过去，如今资源紧张问题越来越凸显。作为一种不可再生也不能被其他物品代替的资源，耕地的减少会带来诸多的问题，如威胁到人类的生存环境及全球经济的可持续发展等。为了更好地保护现有的土地资源来维持人类各方面的可持续发展，如何保护现存的耕地数量，成为人类不得不思考的一个问题。本书通过收集有关保护耕地数量的数据，对 2010~2018 年贵州省耕地数量变化进行研究，同时根据可持续发展理论以及资源的稀缺理论，以贵州省现有的耕地数量状况为基础，从贵州省耕地数量安全性的角度出发，进一步对耕地数量变化原因进行分析，对减缓耕地数量下降具有一定的参考意义。

贵州省位于我国的西南地区，高低不平的山地分布广泛，平坦辽阔的地势很少，耕地数量更是稀少。整个省份的土地面积约占我国国土总面积的 1.8%，境内主要分布高原、山地、丘陵、盆地四种地貌，其中分布最广的是喀斯特地貌，这种地貌的表面土层不厚且土壤也不肥沃。这种地势地貌，造成贵州省水土流失较为严重，生物生存的环境也变得较为脆弱。加上贵州省人口庞大，人均耕地较少，日益减少的土地资源已经制约了该省人民对农业的发展需求。因此，保护贵州省必要的耕地数量非常重要。通过对 2010~2018 年贵州省耕地数量的基本情况和变化情况进行研究，分析贵州省耕地数量减少和增加的原因，并基于定性和定量分析方法研究贵州省耕地数量变化的趋势及其推动因素，可以为合理、科学地利用耕地资源提出对策及建议。

2. 国内外研究现状

在国外，学者 Healy（1995）基于耕地资源保护政策与土地等级及其潜力互相协调的角度，提出了土地开发、整理和保护措施，从而实现土地利用的总体效益最大化。Blume 等（1998）根据研究提出了土地开发整理、完善土地利用规划、填海造湖等措施来扩充耕地面积，从而确保耕地数量的建议。Skolow（2000）以加利福尼亚州萨克拉曼多地区的耕地作为研究对象，结合耕地产权流转和模拟耕地数量的变化，分析耕地资源安全与社会经济和政策制定方向的相关性。

在国内，黄开成（2018）对江西省吉安市的耕地数量、质量及其水平空间和垂直空间的分布进行了整理和分析。张志东（2017）试图探讨时间和空间之间的关联度、耕地动态变化和经济社会发展的相关性，分析了广东省博罗县社会和经济发展之间的相关性特征及耕地的动态变化。王楠（2016）以河南省耕地数量为研究对象，根据相关的基础数据分析了河南省耕地数量变化特征。朱红波（2008）根据耕地资源安全概念，主要以耕地数量安全、耕地质量安全、生态安全为切入点，建立了国家耕地资源安全评价指标体系，分析耕地资源安全情况，进而提出对策与建议。李植斌和吴绍华（2005）通过对浙江省耕地资源供需状况的预测，分析了浙江省林地安全程度和耕地需求存在的问题，建立了浙江省耕地资源状况的评价指标体系。

从国内外研究中可以看出，以前的学者很早就关注了耕地数量这方面的研究，但是基本上都是对整个国家或者单个省份的耕地数量进行研究。目前笔者看到最早研究贵州省耕地数量的文献时间为2014年，缺乏近期对贵州省耕地数量的研究文献。因此，本书开展2010~2018年贵州耕地数量变化及原因研究，具有时间的更新性和区域的针对性。

3. 研究方案

本书对2010~2018年贵州省耕地数量进行研究，并对耕地数量变化的因素进行分析，根据分析的影响因素提出相关对策，为今后减缓贵州省耕地数量的下降提供决策依据。书中表1-1、图1-2、图1-3的数据来源于2010~2018年《贵州省国土资源公报》，表1-2、表1-3、表1-5、图1-4、图1-5、图1-6的数据来源于2010~2018年《贵州省国土资源公报》和《中国环境统计年鉴》中的各地区耕地变动情况，表1-4的数据来源于2010~2018年国务院和贵州省人民政府批准的各类项目占用耕地数量，表1-6、表1-7、图1-7的数据来源于2010~2018年《贵州省国民经济和社会发展统计公报》。本书依靠定性分析与定量分析相结合的方法，通过网络、图书馆收集相关资料，对导致贵州省耕地数量减少的原因进行分析并提出合理对策及建议，技术路线如图1-1所示。

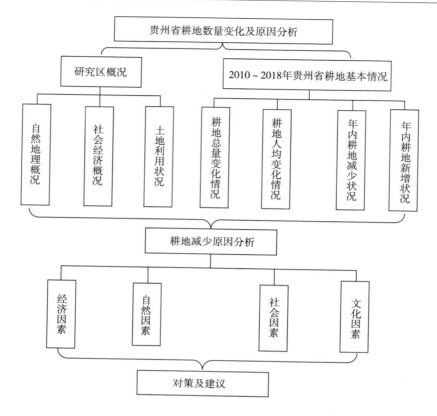

图1-1 本书的技术路线图

二、研究区概况

1. 自然地理概况

从地理位置来看，贵州省位于我国西南部，在东经103°36′~109°35′和北纬24°37′~29°13′之间，其中与贵州省北面、东面、南面、西面相邻的省份分别是重庆、湖南、广西和云南。该省从北到南的距离约509千米，从东到西约595千米，土地总面积为17609900公顷，占中国国土总面积的1.8%。贵州省主要是山地地形，地表比较崎岖，平地极少，主要分布在安顺平坝区。贵州省喀斯特地貌分布比较广，喀斯特露天面积高达109084平方千米。贵州省属亚热带潮湿的季风气候，下雨多集中在夏季，最热的时间出现在七月前后，雨量最少的季节是冬季，最冷的时间出现在一月左右。在贵州省各类土壤中，黄壤分布最广，水稻土的分布最少。贵州省现有的生物、植物种类丰富。从江河的分布特点来看，贵州河流位于长江和珠江上游的交错地带，整个区域内的江河流势从西部、中部向北、东、南三面分流。

2. 社会经济概况

"黔"和"贵"是贵州省的简称，该省共 6 个地级市和 3 个民族自治州。全省有 9 个县级市、52 个县、11 个民族自治县、15 个市辖区和 1 个特区。截至2019 年末，贵州省常住人口为 3622.95 万。贵州的少数民族较多，其中，世代居住在贵州省的少数民族就有 18 个，除汉族之外，人数较多的是苗族、布依族。贵州省在科学技术、医疗卫生、环境保护、社会保障及教育文化体育事业等方面的发展越来越好，交通也在逐年完善，现已发展到四通八达的态势。贵州省的经济发展很快，据贵州省统计局的调查可知，2019 年全省国内生产总值为16769.34 亿元。按产业划分，第一产业增加值为 2280.56 亿元，第二产业增加值为 6058.45 亿元，第三产业增加值为 8430.33 亿元。

3. 土地利用状况

根据 2018 年土地利用变更调查的数据，整个贵州省的土地面积有 17609900公顷。按新的土地分类标准来看，2018 年贵州省一级用地中，农业用地14749900 公顷，占了全省土地面积的 83.76%；建设用地 703200 公顷，占了全省土地面积的 3.99%；未利用地 2156800 公顷，占了全省土地面积的 12.25%。二级用地中，农业用地下的耕地用地 4516700 公顷、园地用地 161500 公顷、林地用地 8921900 公顷、牧草地 72100 公顷、其他农用地 1077700 公顷；建设用地下的城镇村及工矿用地 587600 公顷、交通运输用地 112400 公顷、水利设施用地3200 公顷；未利用地下的其他草地 1498300 公顷、水域 172900 公顷、其他未利用土地 485700 公顷。具体如表 1-1 所示。

表 1-1 2018 年贵州省土地利用现状

贵州省土地总面积（公顷）			17609900	
用 地 类 型				
一级用地	面积（公顷）	占国土总面积（%）	二级用地	面积（公顷）
农业用地	14749900	83.76	耕地	4516700
			园地	161500
			林地	8921900
			牧草地	72100
			其他农用地	1077700

续表

一级用地	面积（公顷）	占国土总面积（%）	二级用地	面积（公顷）
建设用地	703200	3.99	城镇村及工矿用地	587600
			交通运输用地	112400
			水利设施用地	3200
未利用地	2156800	12.25	其他草地	1498300
			水域用地	172900
			其他土地	485700

从图1-2可以看出，2018年贵州省耕地占了全部农业用地的30.62%，园地占了全部农业用地的1.09%，林地占了全部农业用地的60.49%，牧草地占了全部农业用地的0.49%，其他农用地占了全部农业用地的7.31%。

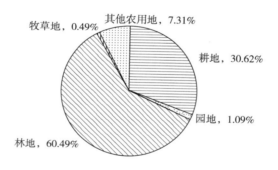

图1-2　2018年贵州省农业用地构成

三、贵州省耕地数量变化情况

1. 贵州省耕地总面积变化情况

从图1-3可以看出，2010年贵州省耕地总量有4562251公顷，到2018年贵州省耕地总量减少到4516700公顷，共减少45551公顷，平均每年减少5694公顷。在这九年的时间里，贵州省的耕地总量变化总体分为两个阶段。

第一阶段是2010~2013年，在这个时间段内贵州省的耕地数量下降速度较慢，这四年间耕地数量净减少9651公顷。这几年贵州省实施了严格的耕地保护制度，确保耕地数量不再快速减少和质量不再快速下降，同时采取措施平衡耕

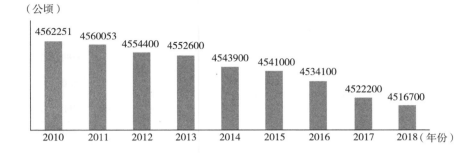

图 1-3 2010~2018 年贵州省耕地总面积变化

地比重，并针对建设项目占用耕地出台了《贵州省土地整治项目管理办法》等规章制度，这些都对耕地数量的快速减少起到了较大的遏制作用。

第二阶段是 2014~2018 年，此阶段的耕地面积减少速度较快，在这 5 年间耕地数量净减少 27200 公顷，平均每年净减少了 6800 公顷。其主要原因是社会生活水平的提高、经济的快速发展，推动了城镇的扩大及工业化的发展，加快了耕地数量的减少。

如表 1-2 所示，2010~2018 年贵州省年内减少的耕地数量累计 158578.81 公顷，平均每年减少 17619.87 公顷。同时，由于同时间段内也采取了土地开发、土地复垦、土地整理和农业结构调整等措施来增加耕地，增加耕地数量累计 116760.14 公顷，平均每年新增耕地面积 12973.35 公顷。2010 年，贵州省各级政府先后制定了保护耕地的措施，对耕地的保护起到了一定作用。这九年除了 2010 年耕地增加数量大于耕地减少数量，耕地年内净增减量为正值之外，其余年份耕地增加数量都小于耕地减少数量，耕地年内净增减量为负值。总的来看，这九年间减少的耕地数量比获得的新增耕地数量多，九年间累计净减少耕地数量 41818.67 公顷，平均每年减少 4646.52 公顷。

表 1-2　2010~2018 年贵州省耕地数量增加与减少情况　　　　单位：公顷

年份	当年增加耕地面积	当年减少耕地面积	年内净增减
2010	12844.86	9112.53	3732.33
2011	18738.14	20936.14	-2198.00
2012	28073.33	33726.33	-5653.00

续表

年份	当年增加耕地面积	当年减少耕地面积	年内净增减
2013	21620.00	23420.00	-1800.00
2014	7911.04	16611.04	-8700.00
2015	6679.33	9579.33	-2900.00
2016	4960.67	11860.67	-6900.00
2017	7268.26	19168.26	-11900.00
2018	8664.51	14164.51	-5500.00
累计	116760.14	158578.81	-41818.67
平均	12973.35	17619.87	-4646.52

2. 贵州省人均耕地数量变化情况

从图 1-4 可以看出，2010~2018 年贵州省的人均耕地数量总体上是减少的，但是 2010~2011 年人均耕地数量是上升的，从人均 0.1311 公顷上升到人均 0.1315 公顷。这主要是因为 2010 年贵州省的总人口有 3479 万，2011 年有 3469 万，其间共减少了 10 万人，而在这一年期间耕地总量只减少了 2198 公顷，导致人均耕地数量的相对增加。2012~2018 年贵州省的人均耕地一直是下降的。贵州

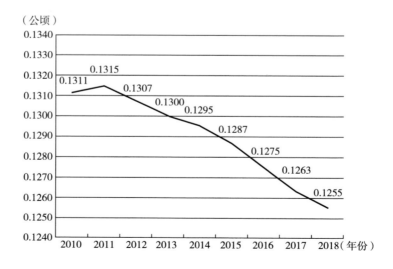

图 1-4　2010~2018 年贵州省人均耕地变化

省总人口从 2012 年的 3484 万增加到 2018 年的 3600 万，人口增长了 116 万。这样庞大的人口基数加上过快的人口增长速度，导致贵州省对耕地数量的需求产生了巨大的冲击和压力。

3. 贵州省耕地数量减少的构成状况

从图 1-5 可以看出，2010~2018 年贵州省耕地数量的减少大致来自各类建设用地、农业结构调整、灾害损毁及其他原因占用耕地等方面。其中，各类建设用地占用耕地数量高达 85%，农业结构调整耕地数量占 7%，灾害损毁耕地数量占 1%，其他原因占用耕地数量也高达 7%。以上说明各类建设用地占用耕地是贵州省耕地减少的主要原因。

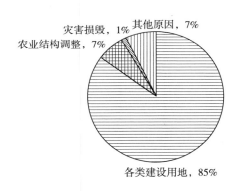

图 1-5　2010~2018 年贵州省耕地数量减少构成

如表 1-3 所示，2010~2018 年贵州减少的耕地数量累计 158578.81 公顷，而各类建设用地累计就占用了耕地数量 135604.70 公顷，即平均每年 15067.19 公顷耕地被用于各类建设。2010~2018 年的九年间，各类建设用地占用耕地数量在耕地减少总量中所占比例基本保持在 80% 以上。其中，因农业结构调整减少的耕地数量累计 10681.53 公顷，平均每年减少 1335.19 公顷；灾害损毁的耕地数量累计 941.18 公顷，平均每年减少 117.65 公顷；其他原因造成耕地减少的数量累计 11345.55 公顷，平均每年减少 1418.19 公顷。从总体数据来看，各类建设用地占用的耕地数量最多，农业结构调整和其他原因占用的耕地数量居中，因灾害损毁减少的耕地数量是最少的。

表 1-3　2010~2018 年贵州省耕地数量减少情况

年份	当年减少耕地面积（公顷）	各类建设用地		农业结构调整		灾害损毁		其他原因	
		面积（公顷）	占比	面积（公顷）	占比	面积（公顷）	占比	面积（公顷）	占比
2010	9112.53	8102.61	0.89	458.72	0.05	1.18	0.00	551.18	0.06
2011	20936.14	18249.76	0.87	918.70	0.04	0.00	0.00	1767.68	0.08
2012	33726.33	31265.98	0.93	912.97	0.03	0.00	0.00	1547.38	0.05
2013	23420.00	19701.01	0.84	1024.00	0.04	0.00	0.00	2694.99	0.12
2014	16611.04	15795.04	0.95	814.00	0.05	2.00	0.00	0.00	0.00
2015	9579.33	8621.33	0.90	752.00	0.08	199.00	0.02	0.00	0.00
2016	11860.67	10320.67	0.87	970.00	0.08	570.00	0.05	0.00	0.00
2017	19168.26	13859.00	0.72	2196.00	0.11	169.00	0.01	2944.26	0.15
2018	14164.51	9689.30	0.68	2635.14	0.19	169.00	0.01	1840.06	0.13
总计	158578.81	135604.70	0.86	10681.53	0.07	941.18	0.01	11345.55	0.07
平均	17619.87	15067.19	—	1186.84	—	104.58	0.01	1260.62	—

2010~2018 年，贵州省的社会、经济等各方面都得到了极大的发展，人民的生活水平不断提高，生活需求也不断增多，推动了城镇化、工业化的发展，大量修建水利设施等，交通变得四通八达。如表 1-4 所示，2010~2018 年贵州省各类建设用地占用耕地数量主要分为两个方面：

第一，城镇村建设用地占用耕地累计 68104.87 公顷，包括城镇建设用地占用耕地累计 44470.81 公顷、农村宅基地占用耕地累计 3250.12 公顷、工业园区用地占用耕地累计 20383.94 公顷。特别是 2012~2018 年城镇建设用地、工业园区用地占用耕地数量逐渐增多，这是由于经济开发区对城市的经济发展有着积极的带动作用，它承担着一个城市工业发展的重要功能，因此各级政府不断扩大城市经济开发区的建设规模，从而加速了城镇建设用地、工业园区用地占用耕地。另外，随着生态移民等大量搬迁以及危房改造等，2010~2018 年贵州省农村宅基地占用耕地数量越来越多，从 2010 年的 159.62 公顷增加到 2018 年的 508.12 公顷。

第二，单独选址建设项目用地占用耕地累计 67499.83 公顷，包括交通运输用地占用耕地累计 23341.37 公顷、水利设施用地占用耕地累计 2456.18 公顷、能源用地占用耕地累计 1819.68 公顷、其他建设用地占用耕地累计 36691.46 公顷。这说明贵州省基础设施在逐年完善，人们的生活环境正逐年变好。

将以上占用耕地数量从多到少排序，具体如下：城镇建设用地>其他建设用地>交通运输用地>工业园区用地>农村宅基地用地>水利设施用地>能源用地。

表1-4　2010~2018年贵州省各类建设用地占用耕地数量情况　单位：公顷

| 年份 | 城镇村建设用地 | | | | 单独选址建设项目用地 | | | | |
	城镇建设用地	农村宅基地	工业园区用地	总面积	交通运输用地	水利设施用地	能源用地	其他建设用地（通信、特殊建设、旅游用地）	总面积
2010	1239.61	159.62	1399.27	2798.50	5304.11	0.00	0.00	0.00	5304.11
2011	3712.44	163.39	3332.82	7208.65	6041.11	371.66	34.91	4593.43	11041.11
2012	5974.39	424.55	2724.09	9123.03	5142.94	439.21	28.96	16531.84	22142.95
2013	5169.62	269.76	1270.46	6709.84	3191.14	590.64	19.22	9190.17	12991.17
2014	5156.55	390.42	1077.24	6624.21	1643.46	52.63	1402.58	6072.16	9170.83
2015	4036.62	420.66	2364.33	6821.61	1409.29	17.50	129.60	243.33	1799.72
2016	4357.78	453.28	2676.90	7487.96	2487.89	215.75	85.17	43.90	2832.71
2017	9898.17	460.32	2165.50	12523.99	724.49	578.98	14.91	16.63	1335.01
2018	4925.63	508.12	3373.33	8807.08	588.08	189.81	104.33	0.00	882.22
总计	44470.81	3250.12	20383.94	68104.87	23341.37	2456.18	1819.68	36691.46	67499.83

4. 贵州省耕地数量增加的构成状况

据2010~2018年《贵州省国土资源公报》可知，贵州省每年的新增耕地数量一般是由土地开发、土地整理、土地复垦和农业结构调整所得。首先，还是以土地开发为主，2010~2018年由土地开发得到的新增耕地数量占新增耕地总量的72%；其次，由土地整理得到的新增耕地数量占25%；最后，由土地复垦和农业结构调整得到的新增耕地数量共占3%，两者分别占2%和1%。

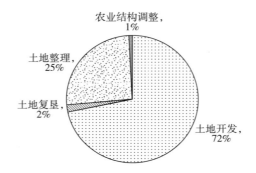

图1-6　2010~2018年贵州省新增耕地数量构成

如表1-5所示，2010~2018年贵州省共新增耕地116760.14公顷，平均每年新增耕地数量12973.35公顷。其中，九年间由土地开发得到的新增耕地数量共83460.96公顷，平均每年开发得到9273.44公顷耕地。2010~2013年这四年土地开发得到的新增耕地数量分别达到一万公顷以上，从2014年开始土地开发得到的新增耕地数量有所下降。2010~2018年，由土地复垦得到的新增耕地数量累计2241.63公顷，平均每年复垦得到249.07公顷耕地。由土地整理得到的新增耕地数量累计29532.15公顷，平均每年整理得到3281.35公顷耕地。总体来看，由土地整理得到的新增耕地数量呈现越来越多的趋势。少数的新增耕地数量是由农业结构调整得到的，2010~2018年平均每年农业结构调整得到耕地169.48公顷，其中在2012年、2013年、2018年未进行农业结构调整。这也说明了以农业结构调整来获取新增耕地数量不是贵州省耕地增加的主要方式。

表1-5　2010~2018年贵州省耕地数量增加情况

年份	年内增加耕地面积（公顷）	土地开发		土地复垦		土地整理		农业结构调整	
		面积（公顷）	占比	面积（公顷）	占比	面积（公顷）	占比	面积（公顷）	占比
2010	12844.86	12535.81	0.98	36.40	0.00	97.85	0.01	174.80	0.01
2011	18738.14	16761.30	0.89	759.66	0.04	1009.68	0.05	207.50	0.01
2012	28073.33	15008.00	0.53	891.00	0.03	12174.33	0.43	0.00	0.00
2013	21620.00	13407.00	0.62	274.00	0.01	7939.00	0.37	0.00	0.00
2014	7911.04	7077.89	0.89	75.48	0.01	446.67	0.06	311.00	0.04
2015	6679.33	3591.00	0.54	76.50	0.01	2325.83	0.35	686.00	0.10

续表

年份	年内增加耕地面积（公顷）	土地开发		土地复垦		土地整理		农业结构调整	
		面积（公顷）	占比	面积（公顷）	占比	面积（公顷）	占比	面积（公顷）	占比
2016	4960.67	3820.00	0.77	93.33	0.02	1013.34	0.20	34.00	0.01
2017	7268.26	4656.05	0.64	1.92	0.00	2498.29	0.34	112.00	0.02
2018	8664.51	6603.91	0.76	33.34	0.00	2027.16	0.23	0.00	0.00
总计	116760.14	83460.96	0.71	2241.63	0.02	29532.15	0.25	1525.30	0.01
平均	12973.35	9273.44	—	249.07	—	3281.35	—	169.48	—

四、贵州省耕地数量减少的原因分析

通过前面的数据分析得知，贵州省耕地数量减少主要的影响因素有经济因素、自然因素、社会因素及文化因素，这些因素直接导致了贵州省耕地数量的减少。

1. 经济因素

经济的发展会带动社会的发展，改善人们的生活条件、居住环境等，从而推动贵州省城镇化的进程。从图1-7可以看出，贵州省的城镇化率从2010年的33.80%上升到2018年的47.52%，九年期间城镇化率上升了13.72个百分点，这说明贵州省的城镇化发展速度是比较快的，加剧了贵州省耕地数量的减少。其

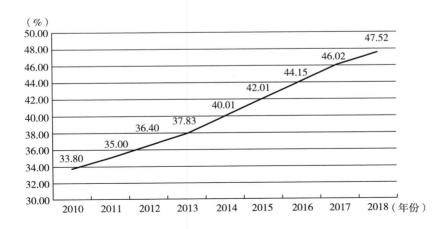

图1-7　2010~2018年贵州省城镇化率

中，各类建设用地占用耕地也成为了耕地数量减少的主要原因，主要表现在城镇区快速扩张，占用了周边原来用于种植蔬菜的肥沃耕地，而在乡镇地区，则主要表现为道路建设占用耕地。贵州省近年来大力建设高速公路、高铁道路，努力向第三产业转型，道路建设占用耕地就不可避免了。

另外，近年来东部地区的工厂逐渐向西部地区转移，大量产业入驻到劳动力较多的贵州省，工业园区的大量修建也是引起贵州省耕地数量下降的主要原因之一。贵州省作为我国西部欠发达地区，正处于经济快速增长的较高水平和经济发展的上升期。从表1-6可以看出，2010~2018年贵州省经济生产总值从2010年的4593.97亿元增加到2018年的14806.45亿元。经济发展为全省人民增加收入增添了各种各样的渠道，以前靠单一的第一产业来获取经济收入的人们，现在更加注重第二产业和第三产业来获取经济收入，因为从第二产业和第三产业获得的经济收入较为直接、简便，且收入也较为可观，所以大多数人更愿意进入工厂、建筑工地及其他服务行业工作。

随着2020年全面小康目标的实现，经济改革不断深化，人们的经济收入不断增多，贵州省人民的消费结构也在逐渐发生变化。少数家庭的消费已经达到富裕型，一部分家庭的消费已经达到小康型，人们追求精神层面的消费会越来越多，服务业需要投入的人力、物力也越来越多。相比之下，投入农业的人就少了很多，粮农、菜农、棉农、瓜农等的数量在慢慢变少，导致耕地不被珍惜且逐渐闲置撂荒，这也是贵州省耕地数量减少的原因之一。

表1-6　2010~2018年贵州省经济生产总值情况　　　　单位：亿元

年份	2010	2011	2012	2013	2014	2015	2016	2017	2018	总计
地区生产总值	4593.97	5701.84	6802.20	8006.79	9251.01	10502.56	11134.43	13540.83	14806.45	84340.08
第一产业增加值	630.33	726.22	890.02	1029.05	1275.45	1640.62	1846.54	2020.78	2159.54	12218.55
第二产业增加值	1800.06	2334.02	2655.39	3243.70	3847.06	4146.94	4636.74	5439.63	5755.54	33859.08

续表

年份	2010	2011	2012	2013	2014	2015	2016	2017	2018	总计
第三产业增加值	2163.58	2641.60	3256.79	3734.04	4128.50	4715.00	5351.15	6080.42	6891.37	38962.45

2. 自然因素

贵州省属于典型的喀斯特地貌, 山多地少, 省内的耕地数量本来就不"富裕", 且受地形地貌条件的影响, 贫瘠、偏远的山地不适宜耕种, 致使人们放弃对这些土地的耕种, 同时, 能够开垦的宜耕作后备耕地资源数量也较少。在影响贵州省耕地数量减少的自然因素方面, 主要是灾害损毁一定数量的耕地。严重的石漠化现象导致能够耕作的耕地数量变少, 土壤侵蚀导致耕地损失及多产耕地的质量下降。另外, 贵州省位于亚热带季风湿润区, 降雨主要集中在夏季, 且夏季经常出现暴雨、强降雨等灾害天气, 加上贵州省地势高低不平, 耕地集中分布在山坡, 土层较稀薄, 雨水的持续冲刷导致土壤流失, 适合种植农作物的耕地也变得越来越少。

3. 社会因素

在农村私宅的建设方面, 农民发挥的主观能动性比较大, 一部分农民进城购买住房, 另一部分农民放弃老宅另寻地皮修建新房, 而废弃的老宅占用地又没有重新复垦利用。由于新房地址有较大的随意性, 往往造成农用地跟建设用地的分布杂乱无序, 这不仅影响了整个村貌, 还浪费了很多耕地。有的农民甚至为了短期的收益把自家耕地转给他人用来建设房屋。另外, 现在农村大多数青壮年都去城市打工挣钱了, 而老年人的劳动力有限, 导致部分耕地闲置, 有的农民家庭没有人在家, 就直接弃种耕地了。

如表1-7所示, 贵州省的城镇年末常住人口一年比一年多, 2010~2018年贵州省城镇人口共增加了535.94万, 而乡村年末常住人口则是一年比一年少。这说明2010~2018年贵州省不少农村人加入了"城市人"队伍, 这些人当中的一部分人直接丢弃自家耕地, 另一部分不愿意丢弃耕地的, 就在自家耕地里随便栽种果树, 或者租给他人挖池塘养鱼等。

表1-7　2010~2018年贵州省年末常住人口情况　　　　单位：万人

年份	2010	2011	2012	2013	2014	2015	2016	2017	2018
城镇	1174.78	1212.76	1268.52	1324.89	1403.57	1482.74	1569.53	1647.52	1710.72
乡村	2299.87	2256.24	2215.48	2177.33	2104.47	2024.76	1985.47	1932.48	1889.28
总人口	3474.65	3469	3484	3502.22	3508.04	3507.50	3555.00	3580.00	3600.00

4. 文化因素

早期的"刀耕火种"阶段，人们主要采取粗放的耕作方式。战国时期商鞅提出"重农抑商"政策后，人们更加重视农业的发展，到了明清时期家庭作为生产和生活的基本单位，可称之为自给自足的经济模式，农业和手工业相结合，达到了顶峰期。然而，随着侵略者的入侵，小农经济受到了外国资本主义经济的冲击，人们意识到了单靠发展农业是不能富国富民的，于是近代开始大量兴办产业和工厂，全国各地掀起了一股"工业风"，工业意识开始在人们的脑海中出现。改革开放以来，经济发展模式发生改变，必然引起人们观念的改变，大量年轻人进城务工，进工厂、当服务员或自己做生意等。最终导致耕地越来越不被人们重视，耕地闲置的数量逐年上升。

五、对策与建议

根据对2010~2018年贵州省耕地数量变化的剖析及耕地数量减少的因素分析，为减缓贵州省耕地数量下降的速度，提出以下对策：

1. 建设用地方面

（1）合理选取城市建设用地。

对于贵州省城市开发区的建设，应该有计划、有节制地进行，而不是一味地追求经济发展，盲目地增加城市面积。在进行工业园区的选址时，应尽量选在耕地分散的地方，同时工业园区的建设可以减少园区的绿化用地，缩小公路的宽度，提高土地的空间利用率。在修建交通运输用地及水利设施等基础设施时，应少占用耕地或尽量避开耕地，特别是水利设施用地应该尽量选取不用于耕作开垦的地方。

（2）严格把控农村建设用地占用耕地。

无论是城市还是农村，住宅用地都不应该乱占用耕地，特别针对农村肆意占用耕地建房的这种行为，要进行一定的处罚并给予警告。在贵州，大多数乡村的房屋建设都比较分散，这不仅影响了村貌，还不利于对村民的管理。其实农村房屋建设可以更加集中化,把耕作区与居住区分开管理,这样公共设施也能得到更好的共享使用。由于农村房屋分散,道路的户户通、私人院坝的修建等需要占用的耕地也就越多,造成耕地的大量浪费。

2. 农用地方面

(1) 严禁私改耕地用途并加强管理。

虽然国家现在实行退耕还林、退耕还草,把不适合用来种庄稼的耕地归还大自然,但是不少人扭曲理解退耕还林、退耕还草的含义,私自把耕地改为果树林或改为池塘养鱼。针对这种现象,各级政府应该加强监督与管理,并制定相应的措施来预防人们私自改变耕地用途。

(2) 积极地进行土地开发、复垦与整理。

自然灾害的发生导致耕地减少是难以避免的,但是可以积极进行土地的开发、复垦整理。我们可以适当地开发适宜耕作的荒地,复垦闲置的土地,整治已废弃的土地并将其转变为可耕作的土地,以此来增加耕地的数量。

(3) 进行思想引导,改变人们"种地不挣钱"的观念。

乡镇府应定期开展关于保护耕地为主题的思想宣传教育,给村民讲解一些有关耕地保护的知识。根据本村自然社会条件,带领村民种植特色瓜果蔬菜等,积极引进"互联网+",推销本村瓜果蔬菜,为本村开辟一条财富之路,同时给予农民种植经济作物的技术指导,改变人们"种地不挣钱"的观念。

(4) 保护耕地质量,合理施用化肥,实行休耕轮作。

贵州省原有的耕地质量就比较差,如果还不重视耕地质量的保护,将不仅导致耕地质量下降,更严重的还会造成石漠化等问题。一些化肥中含有与土壤发生化学反应的物质,最后破坏了土壤的结构,使土壤变硬。另一些化肥在制造中,使用的原料含有大量的重金属放射物质及其他有害物质,它们随着化肥的施用进入土壤,最终污染土壤。若是人们大量且一直使用一种化肥,则会在较短的时间内造成土壤的变化并释放毒性物质,这些物质会威胁到其他生物的生存。农民在用地的同时也要适当地养地,合理使用化肥,实行休耕轮作,保证耕地质量不下降,耕地数量不减少。

本节通过对影响贵州省耕地面积减少的因素进行分析,从耕地数量变化的趋势、下降的速度及当年耕地面积增减构成状况方面研究了贵州省耕地数量变化的特点,采用定性分析与定量分析相结合的方法分析了影响贵州省耕地数量变化的因素。通过对贵州省耕地数量变化的分析,得到以下结论:第一,2010~2018年贵州省耕地总量一直呈下降趋势。第二,2010~2018年贵州省减少的耕地数量累计 158578.81 公顷，年均减少 17619.87 公顷。其中，各类建设用地占用耕地 135604.70 公顷，占比 86%；农业结构调整减少耕地 10681.53 公顷，占比 7%；灾害损毁耕地 941.18 公顷，占比 1%；其他原因占用耕地 11345.55 公顷，占比 7%。第三，2010~2018 年贵州省耕地面积共新增 116760.14 公顷，年均新增 12973.35 公顷。其中，土地开发新增耕地 83460.96 公顷，占新增耕地数量的 71%；土地复垦新增耕地 2241.63 公顷，占比 2%；土地整理新增耕地 29532.15 公顷，占比 25%；农业结构调整新增耕地 1523.30 公顷，占比 1%。第四，对贵州省耕地数量减少的原因进行了分析，大致有四个方面的因素：经济因素、自然因素、社会因素、文化因素。第五，在分析影响贵州省耕地数量变化因素的基础上，针对当前及以后一定时期贵州省耕地紧缺的情况，提出了关于耕地保护的合理建议。

第二节　侗族地区农户土地价值观的影响因素分析

中国是一个历史悠久的多民族农业大国，农业是我国国民经济的基础，土地则是农民生产生活的载体。随着社会经济的发展，农户对土地的情感也相应地发生了变化，并且呈现出多元化的发展趋势。为了探究侗族地区农户土地价值观的影响因素，本节以贵州省黔东南苗族侗族自治州地扪村为研究区域，通过实地走访和问卷调查对侗族地区农户的生活习俗和个人情况进行实地调查，同时参考李克特量表设计农户土地价值观量表，把土地价值观划分为五个维度并对各维度进行占比测度，然后对个体、社会经济和民族文化等因素对农户土地价值观的影响展开分析，从而引导侗族地区农户土地价值观的合理变迁和土地利用方式的优化。

一、农户土地价值观问题

1. 研究背景及意义

改革开放以来，很多农民抓住机遇进城务工或经商，在面对较低的土地收入和较高的非农业收入的抉择时，农民对土地的情感逐渐复杂化，农民的土地价值观问题逐渐引起社会的重视。中国是一个多民族国家，贵州省黔东南苗族侗族自治州是少数民族聚集地，坐落于此的地扪村则是第二大侗族村落。本节通过分析总结地扪村农户土地价值观的影响因素，促进农户形成正确的土地价值观念，从而提高地扪村农地数量的稳定性；通过对影响因素的影响程度进行分析，引导侗族地区农户土地价值观的合理变迁，优化土地利用方式，为提高农地利用效率和促进农地制度有效合理变革提供理论基础。

（1）土地价值观受民族文化的影响。

中国是一个历史悠久的多民族农业大国，博大精深的传统文化得益于中华几千年的发展历史。人们在长期生存发展中，融合自身生活生计、当地自然特色与文化信仰等形成了民族特色的农耕文化，指导当地百姓合理利用土地。生态学者罗康隆把不同的历史时期，社会群体根据自己对自然环境差异的理解，形成管理和利用自然资源的当地知识称为"生存智慧"。

（2）多元化发展的土地价值观。

随着社会的进步，农民的土地价值观也随之改变，农民土地价值观产生了明显的代际差异。价值观的多元化主要体现在不同年龄段和社会经历的农民之间存在着差异。改革开放以来，很多农民抓住机遇进城务工或经商，在面对较低的土地收入和较高的非农业收入的抉择时，农民对土地的情感出现了复杂化，土地价值的传统观念与现代观念相互渗透，交融共存促进了多元化发展。当代农户土地价值观正向多元化发展。

（3）土地价值观对土地利用产生影响。

价值观对个人行为决策起到重要的指导作用。价值观作为一种重要的心理特征，对人的意愿或目标产生影响，与人的行为动机呈现出相关性。张玉娇等（2017）认为农民的土地价值观作为非物质因素，影响着农民的土地利用行为。农民的土地价值观指导着农民的土地使用方式和行为，土地使用行为的变动也间接地反映了农民土地价值观的变化。

2. 文献综述

对于价值观的研究，国际上的学者关注较早。Berry 等（1992）把价值观看作一种主见，具有外显内隐的属性，将个人或群体展现出来的特征视为价值观，且会对人们的行动、技巧的使用和方向的选择产生影响。Schwartz 和 Boehnke（2002）将价值观视为生命的一部分，并根据价值观对生命的影响程度和动机强度来排列价值观，揭示了贯穿时空的许多客观价值观的意义和内容。Hitlin 和 Piliavin（2004）认为价值观是一种信奉或一种行动选择的形态，起到激励的效果，对行为和态度的引导具有评价、规范的作用。Bardi 和 Schwartz（2003）指出个体表现出来的刺激、博爱和遵从等行为是对价值观的表达。以上研究表明，面对选择时，价值观可以诱导人们的判断。随着社会经济的快速发展，学者对价值观的研究不断深入，拓展面也越来越广，农民对土地价值的认识也发生了重大变化，出现多元化的局面。

康来云（2009）把土地的关系划分为四类（精神寄托、财富来源、身份符号、生存保障），并把农民的土地价值观发展历程分为苏醒期、困惑期、低迷期和上升期。张雪（2010）从土地价值观念变迁的视角出发，从土地权利观、土地财富观、土地情感观三个维度展开分析，发现农民想要获得更多的土地权利，越来越重视土地财产的价值，但同时也出现了"恋土"与"厌土"交织的复杂情感。陈英等（2013）利用统计学对农户土地价值观的代际差异进行研究，发现不同年龄段的农民对土地理解差异明显，农户土地价值观代际差异较明显，新一代农民形成了相对稳定的土地价值观。傅颖秀（2014）认为土地价值观形成环境具有动态和网络属性的特点，社会心理因素是土地价值观形成和变迁的动力和支撑力，呈现出向"高价值—高产权—低依赖"的现代化演变趋势。黄思琴（2015）运用结构方程模型对土地价值观在耕地保护行为的影响程度方面展开分析，认为土地含有农民的精神依赖和价值信念，并辨析了农民土地价值不同维度对耕地数量、质量和外部性的保护三个方面的影响。唐晶（2017）基于经济学视角认为农民土地价值观在个体和农地经营的不同特征影响下，存在区域分异特征规律，并提出土地利用行为受启发式认知偏差的影响，不同维度特征下农民的土地利用行为具有差异性，农民的土地利用行为具有行为经济学特征。目前并未发现将少数民族特色文化作为农户土地价值观影响因素进行研究的文献，本节正是基于这一研究现状提出对侗族地区农户土地价值观的影响因素进行分析。

3. 研究方案

本部分通过查阅文献了解少数民族文化与土地价值观之间的关系，基于相关理论为本书提供写作思路和理论基础，还查阅了土地价值观、侗族民族文化等有关书籍和文献资料。根据实际研究需要，设计调查问卷并进行实地调查，收集研究区农户土地价值认知情况、家庭基本情况、土地利用方式等数据。书中数据来源于 2020 年 1~2 月在贵州省黔东南苗族侗族自治州黎平县茅贡镇地扪村进行的实地调查。社会习俗与文化主要通过查阅文献资料和亲身体验获取，土地价值观调查主要采取问卷调查的方法，以农户为调查单元，调查对象均为地扪村村民且有务农经历。在调查过程中，共发放问卷 100 份，剔除无效问卷 5 份，收回有效问卷 95 份，问卷调查有效率为 95%。

4. 相关概念界定

（1）民族文化。

民族文化是在一定区域内，经过长期生活所产生的观念意识、民俗风貌及社会发展规律等文明成果。在我国多民族共同生活、文化融合的背景下，不同地区、不同民族所形成的文化既有联系又区别。侗族在迁徙过程中主要分化在黔、湘、桂三个区域，在这三个地域中都可以追溯出血缘的联系，但民族文化的形成也与当地的自然与社会环境有着密不可分关联。每个地区都存在着自己的文化，它们有共性，也存在着个性，本节研究以贵州省黔东南苗族侗族自治州地扪村为研究区域。

（2）土地价值观。

土地价值观的概念尚无明确定义，学者们也有不同的界定。有的学者认为土地价值观是农户对土地的意义、重要性的总评价和总看法，也有学者认为农户土地价值观指农民对土地本身的价值和重要性的理解和评估，以及对土地利用行为的理解和评估，即分别为土地价值观思维上的认知和行为上的认知。

二、研究区概况

本次的调研点为黎平县内的侗族村寨，现从自然地理、民族文化和土地利用状况三个方面对该区域进行介绍。

1. 自然地理状况

黎平县隶属贵州省黔东南苗族侗族自治州，地处三省交界区（贵州、湖南、广西）。黎平县位于云贵高原至湖南、广西丘陵的过渡地带，最高海拔1589米，最低海拔137米，平均海拔800米左右，森林覆盖率达74.6%，盛产杉木、山油茶、茶叶、中药材等，素有"杉海油壶"之称。地扪村位于茅贡镇北部、黎平县西部。地扪村农业经济以水稻种植为主，种植的农作物主要为籼稻、糯稻，经济作物有辣椒、黄豆、油菜等。

2. 民族文化概况

黎平县是少数民族聚居地区，素有"黎平侗乡"之称。2019年黎平县总人口为56万，侗族人口为40万，约占总人口数的71%，是全国侗族人口数最多的县。在长期的发展中，形成了民族特色与地域特色相结合的黎平侗族本土文化，其中侗族鼓楼、花桥与大歌以其承载着记录和书写历史的重任而形成民族文化的具象性符号。黎平县作为全国最大的侗族聚居地和侗族文化的发源地，至今流传着侗族的特色文化和侗族传统的生活方式。鼓楼、风雨桥、侗族大歌合称侗族

"三宝"。黎平县现存鼓楼和风雨桥数量众多，占侗族地区的一半以上；侗族大歌在演唱中全程无伴奏、无指挥，但各声部都能保持和谐，被誉为"天籁之音"，2009 年被列入世界非物质文化遗产名录。

"地扪"为侗语，寓意此处人丁兴旺，繁荣发达。境内有一条河流蜿蜒穿过，村内民居多沿小河两旁分布。地扪村是第二大侗族村落，全村有 607 户，总人口 2892 人，其中劳动力人口 1621 人，侗族人口占 98.7%，仅有个别外来媳妇为非侗族人口；外出务工人员 958 人，占全村劳动力 59.10%，劳动力外流严重。地扪侗寨的传统文化保留十分完整，如侗衣制作工艺，因为都是家里妇女亲手缝制，所以染布、刺绣等工艺都得到了较好的传承。鼓楼是侗族传统文化中的瑰宝，不使用一钉一铆，层高一般为单数。风雨桥是供人们休息乘凉的场所，一般建在寨头或是寨尾，被认为是保护村寨风水的桥，是侗族文化中的又一个象征。全村共有 3 座鼓楼，5 座风雨桥。地扪侗家人对侗歌、侗戏十分钟爱，在农闲的晚上村民们就会聚集在鼓楼、卡房等地看侗戏，每逢节假日都会有侗歌、侗戏的表演。传统节日有地扪千三节、三月三、四月八、六月六、十月平安节等。

3. 土地利用状况

侗族村寨依山傍水而建，房屋之间可见鱼塘，四周被森林拱围。千百年来，侗家人多数聚居在山脚坡地或山间河谷地，并建立了较完善的农耕体系，过着以农业为主、林业为辅的生活，形成了以农耕活动为中心的文化特征。如表 1-8 所示，黎平县总面积为 442190.62 公顷，其中林地面积为 319399.57 公顷、耕地面积为 44372.86 公顷、园地面积为 7532.90 公顷，占比（排名）分别为 72.23%（1）、10.03%（2）、1.70%（3）。其他土地面积达 70885.29 公顷，占比为 16.03%。坡度达 15~25 度的耕地为 17911.65 公顷，占全县耕地的 40.37%，陡坡耕地比重大。

表 1-8　黎平县土地利用状况

土地类型	面积（公顷）	占土地总面积（%）	排名
林地	319399.57	72.23	1
耕地	44372.86	10.03	2
园地	7532.90	1.70	3
牧草地	2129.31	0.48	6
城镇工矿用地	1420.69	0.32	7
农村居民点用地	4267.77	0.97	4

续表

土地类型	面积（公顷）	占土地总面积（%）	排名
交通水利用地	2811.26	0.64	5
其他用地	60256.26	13.63	6
合计	442190.62	100	—

资料来源：《黎平县土地利用总体规划（2006—2020年）》调整方案整理得出。

三、农户土地价值观理论体系

1. 农户土地价值观的类型

在参考土地价值观相关文献的基础上，将农户土地价值观划分为五个维度进行研究，即土地为本观、土地保障观、土地致富观、土地包袱观和土地权利观。从农户对土地的态度来界定各维度的土地价值观。

（1）土地为本观：一般视土地为"命根子"，不愿放弃土地，土地是唯一收入来源。

（2）土地保障观：一般家庭收入是以他业为主兼农业，对土地的投入不充分，但也觉得不能彻底抛弃土地，土地是基础的生活保障，视其为一种生活退路。同时，持有这类价值观的农户认为土地可以作为一种养老保障，是老来归根的落处。

（3）土地致富观：一般把土地及对土地的管理视为致富的手段，且希望获得更多土地。

（4）土地包袱观：一般觉得土地是一种负担，可有可无，不愿耕种土地，对土地的情感是消极的。

（5）土地权利观：一般不在意土地的眼前经营收入，更多关注土地升值空间。

2. 农户土地价值观量表设计

基于以上内容将农户土地价值观分为5个维度进行分析，并采用李克特5级量表构建农户土地价值观问卷。在对相关文献分析的基础上，设置23个观测变量。各维度观测变量数为：土地为本观、土地保障观、土地致富观、土地包袱观各占5个，土地权利观3个。在SPSSAU里利用Cronbach信度分析对所提出的农户土地价值观量表的内部一致性进行校验，得到各维度量表的Cronbach'α系数为0.793~0.835，量表整体的Cronbach'α系数为0.890，大于0.8，这表明量表内部具有较高的一致性。对样本数据是否可以做因子分析进行校验，KMO =

0.745，大于 0.7，而 Bartlett's 球形检验的 P = 0.00，大于 0.05，表明可以进行因子分析。因子分析一共提取出 5 个公因子，特征根值均大于 1，且其与此前对农户土地价值观划分的维度结构基本相同，即可以把农户土地价值观划分为五个维度（土地为本观、土地保障观、土地致富观、土地包袱观和土地权利观）。23 个观测变量对应的共同度值均高于 0.4，意味着可以有效地提取出信息。至此，农户土地价值观量表设计基本完成（见表 1-9），可靠性和有效性的测试也已完成。

表 1-9　农户土地价值观量表

	维度	α 系数	代码	观测变量
农户土地价值观（F）	土地为本观（F1）	0.808	V1	我对土地感情非常深厚
			V2	不种地感觉不舒服
			V3	我要守好土地并一辈一辈传下去
			V4	土地是农民的"命根子"
			V5	没有土地无法生存
	土地保障观（F2）	0.835	V6	即使有稳定工作和收入，也不愿意放弃土地
			V7	相比于外出打工，我更愿意在家种地
			V8	不管种不种地，有地"心里踏实"
			V9	外出打工非长久之计，家里有地才给我安全感
			V10	土地是我晚年养老的保障
	土地致富观（F3）	0.793	V11	对我来说务农是改善家庭生活的重要来源
			V12	经营土地比外出打工更稳定
			V13	想承包更多的土地
			V14	相信依靠土地可以致富
			V15	经营好土地比干什么都强
	土地包袱观（F4）	0.830	V16	种地不体面，没前途，我不想代以种地为生
			V17	将来不打算回农村，土地不重要
			V18	务农收入低，种地不值得
			V19	我想将土地经营权（使用权）转出，自己外出打工
			V20	种地脏、累、费事
	土地权利观（F5）	0.821	V21	虽然不耕种土地，但是土地是我的一项基础权益，土地未来可能为我带来无限收益
			V22	保有土地的目的是获取将来土地农转非的增值收益
			V23	土地于我的终极性价值在于非农收益

3. 农民土地价值观的测度

（1）样本特征描述。

从表 1-10 可以看出，本次的样本数据为 95 份，分别从性别、年龄、家庭人口数、学历、外出（打工或从商）经历和家庭收入来源六个基本类型对农户进行特征调查。其中，从性别来看，男女比例为 13∶6。从年龄的角度来看，针对 20 岁以上有过务农经历的人员分阶段进行调查。从学历来看，无学历和小学学历共 26 人（27.37%）、中学学历共 52 人（54.74%）、大学（大专）及以上学历共 17 人（17.89%）。从外出（打工或从商）经历的角度来看，没有打工经历的人数为 28 人（29.47%）、有 1~5 年打工经历的人数为 36 人（37.89%）、有 5~10 年打工经历的人数为 16 人（16.84%）、有 10 年以上打工经历的人数为 15 人（15.79%）。关于样本中的家庭收入来源类型，只有 6 户收入来源是与农业无关的非农业。

表 1-10　样本农户特征

类型	特征	频数	比重（%）
性别	男	65	68.42
	女	30	31.58
年龄	20~30 岁	26	27.37
	30~40 岁	23	24.21
	40~50 岁	23	24.21
	50~60 岁	16	16.84
	60 岁以上	7	7.37
家庭人口数	3 人以下	3	3.16
	3~5 人	55	57.89
	5 人以上	37	38.95
学历	小学及以下	26	27.37
	初中	41	43.16
	高中（中专）	11	11.58
	大学（大专）及以上	17	17.89

类型	特征	频数	比重（%）
外出（打工或从商）经历	无	28	29.47
	1~2 年	12	12.63
	2~5 年	24	25.26
	5~10 年	16	16.84
	10 年以上	15	15.79
家庭收入来源	纯农业	23	24.21
	以农业为主兼他业	34	35.79
	以他业为主兼农业	32	33.68
	非农业	6	6.32

（2）农民土地价值观的测度。

从以上分析得知，农户土地价值观体系由土地为本观、土地保障观、土地致富观、土地包袱观和土地权利观五个维度，以及各维度对应的观测变量构成。本部分通过公式对调查得到的数据进行农户土地价值观各维度占比测算和各个观测变量占比测算（见表1-11）。对题项答案的5个选项赋予分值，即非常不同意（1分）、不同意（2分）、同意（3分）、比较同意（4分）、非常同意（5分），并进行量化计算。

各维度占比计算公式如下：

$$P = \frac{N}{M} \times 100\%$$

其中，P 为维度占比，N 为各维度观测变量量化计算后的平均值，M 为观测变量量化计算后平均值的和。

观测变量在维度内占比计算公式如下：

$$v = \frac{e}{d} \times 100\%$$

其中，v 为观测变量在维度内占比，e 为观测变量量化计算后的值，d 为各维度观测变量量化计算后的和。

由表1-11可知，土地价值观体系中各维度占比从大到小的排序为：土地保障观占比22.46%、土地为本观占比21.44%、土地权利观占比20.78%、土地包袱观占比18.57%、土地致富观占比16.75%。由此可知，地扪侗寨农户普遍对土地持积极态度。土地保障观的占比居首位，反映了在当代经济快速发展背景下的农户土地价值观，持有这类价值观的农户大多数都与外面大城市有过较深的接触，但又怕自己无法融入城市生活，把土地当作最后的生活保障或以后的养老保障。土地为本观的占比居第二，反映了侗家人对土地有着深厚的情感。同时，土地包袱观反映的是农户对土地的消极态度，占比仅为 18.57%。

表 1-11 土地价值观占比分布

维度			可观测变量	
		占比（%）	代码	占比（%）
土地价值观	土地为本观	21.44	V1	21.81
			V2	15.01
			V3	22.69
			V4	22.69
			V5	17.80
	土地保障观	22.46	V6	20.62
			V7	15.37
			V8	22.05
			V9	21.34
			V10	20.62
	土地致富观	16.75	V11	19.23
			V12	21.50
			V13	19.93
			V14	19.84
			V15	19.50
	土地包袱观	18.57	V16	21.57
			V17	15.61
			V18	20.23
			V19	20.55
			V20	22.04
	土地权利观	20.78	V21	37.15
			V22	32.24
			V23	30.61

四、侗族地区农户土地价值观的影响因素分析

农户土地价值观的发展变化受多种因素的影响，有经济特征、社会特征、文化特征和个体特征等因素。结合侗族地区的实际，本部分考虑从农户的个体特征、社会经济因素和民族文化三个方面展开分析。这里民族文化主要是指民族农耕文化。

1. 农户个体因素

因农户的年龄阶段、文化程度和性别的不同所呈现的土地价值观念也不同，现分别从性别、年龄和学历等个体因素展开分析。

（1）性别对土地价值观的影响。

从表 1-12 中可以看出，在外出打工与在家务农之间选择，女性更愿意在家务农。男性选择在家务农的比例占男性整体的 41.54%，而女性选择在家务农的比例占女性整体的 46.67%，这主要基于家庭对男性的期望。在农村，一般男性是家庭里的支柱，需要维持家庭的开支、负担老人的赡养和下一代的教育，这些都给男性很大压力，单纯在家务农很难满足这些需求。在家务农收益较低，而外出务工带来的收益更多，因此男性更加愿意到外面去务工。相反，农村已婚女性成了维持日常家庭生活的主力，洗衣、做饭、带小孩等这些日常的生活事务需要她们打理与照顾，因此大多数女性已无精力外出务工。

表 1-12　性别对土地价值观的影响

性别	对问题"相比于外出打工，我更愿意在家种地"的问答					小计
	非常不同意	不同意	同意	比较同意	非常同意	
男	11	27	17	10	0	65
女	3	13	7	4	3	30
总计	54			41		95

（2）年龄对土地价值观的影响。

从表 1-13 中可以看出，在对外出务工与在家务农之间选择，43.16% 的被调查者愿意在家务农，剩下 56.84% 的被调查者更愿意外出务工。20～50 岁年龄阶段的人，愿意外出务工的频次远高于愿意在家务农的频次，主要是因为这个年龄阶段的人，大多都是家庭的主要劳动力，需要扛起家庭的重担，会更多地从经济收入角度来考虑问题，在他们眼里打工比种地更有"钱途"，这些人更愿意从事

有较高收益的务工。50 岁以上年龄阶段的人，大多更愿意在家务农，他们都上了一定岁数而难以承受务工的劳动强度，在家务农劳动时间比较自由，因此这些人更加愿意在家务农。年龄对土地价值观的影响比较明显，年龄越大对土地的归属感越强。

表 1-13　年龄对土地价值观的影响

年龄	对问题"相比于外出打工，我更愿意在家种地"的问答					小计
	非常不同意	不同意	同意	比较同意	非常同意	
20~30 岁	6	11	7	1	1	26
30~40 岁	2	12	5	4	0	23
40~50 岁	6	10	4	2	1	23
50~60 岁	0	6	4	6	0	16
60 岁以上	0	1	4	1	1	7
总计	54			41		95

（3）学历对土地价值观的影响。

农户土地价值观受学历的影响较大，但学历对价值观的影响主要体现在学习接受能力上，学历的高低从大体上看对农户接受新的技术、新的思想能力有着很大的影响，学历越高的人越容易接受新思想，并形成不同于所处社会环境的土地价值观。从表 1-14 中可以看出，学历越高的人，愿意从事农业的越少。

表 1-14　学历对土地价值观的影响

学历	对问题"相比于外出打工，我更愿意在家种地"的问答					小计
	非常不同意	不同意	同意	比较同意	非常同意	
小学及以下	2	9	8	5	2	26
初中	6	16	12	6	1	41
高中（中专）	1	5	3	2	0	11
大学（大专）及以上	5	10	1	1	0	17
总计	54			41		95

综上所述，女性比男性更愿意在家务农，男性比女性更愿意外出务工。从表 1-15 可以看出，在年龄和"相比于外出打工，我更愿意在家种地"的相关性分

析中，越年轻的人越不愿意在家务农，年纪越大的人越愿意在家务农，两者呈正相关；在学历和"相比于外出打工，我更愿意在家种地"的相关性分析中，学历越高的人越不愿意在家务农，学历越低的人在家务农的意愿越高，两者呈负相关。

表 1-15　个体特征与"相比于外出打工，我更愿意在家种地"的相关性分析

特征	Pearson 相关系数	P 值	样本数
性别	0.137	0.184	95
年龄	0.275	0.007	95
学历	-0.296	0.004	95

2. 社会经济因素

（1）外出务工经历对土地价值观的影响。

农民在进城务工的过程中，受新的社会环境影响，开阔了眼界，改变了思想，打破了离开土地不能生存的传统思想，同时在打工的过程中学习到了许多关于农业生产的知识，更利于对农地的合理利用。

外出务工经历对农户土地价值观有着至关重要的影响，从表 1-16 中我们可以看出，有过务工经历的人，愿意经营农业的人比不愿意经营农业的要少。这是因为有外出务工经历的人，基本在外务工的过程中掌握了一些技术，即使再次外出务工也能很快找到一份想要的工作，同时也能为家里减轻负担，而没有外出务工经历的人，在看到寨里外出务工的人生活发生改变后，便对打工有了想法，只是暂时由于一些个人或家庭原因无法抽身外出务工。

表 1-16　外出务工经历对土地价值观的影响

外出务工经历	对问题"相比于外出打工，我更愿意在家种地"的问答					小计
	非常不同意	不同意	同意	比较同意	非常同意	
无	3	10	8	6	1	28
1~2 年	1	5	4	1	1	12
2~5 年	3	12	7	1	1	24
5~10 年	3	8	3	2	0	16
10 年以上	4	5	2	4	0	15
总计	54			41		95

在当今社会经济快速发展阶段，农民在追求物质利益的过程中，渴望能在城市中扎根生活的社会心理，是传统思想和现代思想融合的体现。同时，随着年龄的增长，在城市中找不到安全感、归属感时，他们想到了回归农村，土地是养老的保障，这是大多数农民的共识。另外，城市的打工经历让农民看到了土地的潜在价值，而不会放弃对土地的占有权，会更加关注有关土地的权利保障。外出经历成为形成土地权利观和土地保障观的主要原因。

70.53%的被调查者有外出工作的经历，外出经历对农户土地价值观影响最大。外出过程对于农户来说是思想跟进时代的过程。农户的思想跟进使农户逐渐抛弃了传统的农业思想，让农户开始用与时俱进的价值观念来思考土地的利用，这对农业生产发展是有益处的。外出经历增长了农民的见识，扩大了视野，使他们对土地经济方面的依赖降低，更多的是一种情感的寄托，促使农户价值观倾向于保障观和权利观。

（2）农户收入来源对土地价值观的影响。

从表1-17中可以看出，农户自己耕地的占样本总数的76.84%，摆荒的占比为20%，流转的占比为3.16%。在调查的95户农户中，只有一户完全离开土地，其是因为多年前房屋失火违反了村规而被迫离开村寨三年，为另寻生路而放弃农业，其他部分摆荒和流转的主要原因是土地贫瘠、效益低、劳动力不足和外出务工无法顾及家里的农地。在地扪侗寨以农为本的社会思想影响下，农民不到万不得已的情况下，是不会抛弃农地的。

表1-17 地扪侗寨农户收入来源与农地耕作状况

家庭收入来源	农地耕作情况					小计
	自己耕地	全部流转	部分流转	部分摆荒	全部摆荒	
农业	21	—	—	2	—	23
以农业为主兼他业	33	—	1	—	—	34
以他业为主兼农业	16	—	2	13	1	32
非农业	3	—	—	3	—	6
总计	73	0	3	18	1	95

3. 民族文化因素

（1）农耕知识与传统文化的融合。

自古以来侗族一直是依山傍水的农耕民族，侗家人在长期与土地的接触中，对土地产生了深厚的情感，对土地的管理及利用经验也与民风民俗相互交融，分别从侗歌和传统节日上可以体现。

第一，农耕知识融入侗歌。侗族流传着这样一句话"饭养身，歌养心"，他们用歌来表达自己的情感，用歌来倾诉自己的情绪。老一辈把管理和耕作土地的经验融入侗歌中，通过侗歌的传唱向后代传递着宝贵的耕作经验。例如，《十二月歌》正是描述和歌唱了一年内的农耕活动，歌词大意是"正月上山去砍柴，二月挖地坐田埂，三月秧田把肥浇，四月耙田把牛牵，五月插秧要努力，六月清坎清了上坎又下坎，七月握镰把草割，八月谷黄忙收割，九月禾谷仓里堆，十月农闲享丰收，十一月入冬结冰冻，十二月开荒扛锄去"。歌声中还传递了耕作土地的经验，如二月修田埂防漏水，三月肥土育土，四月犁田耙田，六月清田埂保光照，八月稻谷熟、准备收割等。

第二，农耕知识与传统节日融合。地扪侗寨与农事生产活动相关的节日有三月三、四月八（过牛节）、六月六（过半节）、十月平安节（见表1-18）。农事传统节日在不同时间段提醒着人们对农地进行不同的耕作管理活动。"三月三"意味着农忙时节来到了，要进行泡谷种、搭秧棚等农事生产活动。人们会做"三月粑"，以此来庆祝这个节日。"四月八"别称为"过牛节"，认为这一天是牛的节日，感谢牛的辛苦劳作，同时也标志着犁田、耙田等农事生产活动的结束。"六月六"也称为"过半节"，此时插大秧完成，意味着最繁忙的农事生产活动结束，有一段短暂的休息时间。"十月平安节"意味着一年的农忙时节结束了，是庆祝丰收的节日。

表1-18　地扪侗寨与农事生产活动相关的节日

节日	含义
三月三	提醒人们开始农耕
四月八（过牛节）	感谢牛的辛劳耕作
六月六（过半节）	一年农事活动接近尾声
十月平安节	庆祝丰收的节日

（2）地扪侗寨传统农事安排。

地扪侗家人采取水稻种植兼鱼类养殖为主的农耕方式，发展出一套农事生产安排时间表（见表1-19），依据农事生产活动将一年分为忙季与闲季。忙季从农历三月开始至九月收完稻谷结束，闲季为秋收后十月至来年二月。

表1-19 地扪侗寨农事活动安排表

	时间（农历）	农事活动
农闲	正月、二月	栽树、护林、砍绿肥①、修田埂、施肥、管理水渠
农忙	三月	犁田、搭秧棚、育秧、耙田、整秧田、看田水
	四月	耙田、栽大秧、放鱼苗、种辣椒
	五月	施肥、栽大秧、看田水、种红薯、种土豆
	六月	薅秧②、看田水
	七月	开田、捉鱼、洒绿肥种子
	八月、九月	收稻谷
农闲	十月至十二月	种萝卜、白菜

　　农历正月、二月为农闲时节，人们会上坡栽树、护林，同时会做好耕种的准备，如砍绿肥、施肥、修田埂、管理水渠等。农历三月开始进入农忙季节，此月开始犁田（一般水田需要犁田、耙田三道后才可插秧），搭秧棚及育秧等。秧棚上方及四周覆盖薄膜，进行密封；秧棚底部建小锅灶，灶下烧火加温，秧棚内温度需要维持在30摄氏度左右。1周后，谷种长成约1寸小秧，人们再将其移栽进修整好的秧田，当地称为"栽小秧"。栽小秧后，秧田田水需要维持在一个适合的高度，田水过多会把小秧淹死，过少会把小秧旱死。农历四月，在插秧前再进行一次耙田，使田土松软，在小满或芒种时从秧田将秧苗移栽到稻田中，插秧间距一般为20~30厘米，当地称为"栽大秧"。栽大秧持续到农历五月，等秧苗固根后便可以放鱼苗，并对稻田施肥以保持土壤肥力。在五月也可种植红薯和土豆。农历六月，清除稻田里的杂草（一般要进行3次除草），当地称为"薅秧"。人们要对田埂上的杂草进行割除，以便水稻获得充足的阳光，同时管理稻田，注意保持田内水的深度。农历七月，稻谷半黄，便要放水晒田，将田里的稻花鱼③提出，一部分鱼会被做成腌鱼，另一部分鱼就集中放在水田里蓄养。这个时节，年轻人便成群结伴在田头烧鱼吃。"吃烧鱼"成为地扪侗寨年轻人的一种社交与娱乐活动。"晒田"过后，人们在田内撒入绿肥种子。农历八月、九月，侗家人开始陆续收割稻谷，以前都用打谷桶，现在除了道路不便的稻田外基本都用打谷机收割稻谷。稻谷晒干后，放入禾仓。收完稻谷进入农闲时节（农历

① 绿肥是一种叫紫云英的植物，种植后有利于肥土、增产。
② 清除稻田里的杂草。
③ 稻花鱼是插秧之后放入稻田的鱼苗，鱼苗以稻田中的微生物和掉落的稻穗为食。

十月至十二月），人们会在田里种萝卜、白菜。这个时节人们也会在村寨附近打零工。

侗族农耕文化中侗族大歌、侗戏、传统节日等蕴含着人地和谐的传统文化，对引导人们利用和保护土地具有积极的指导意义。地扪侗寨在农事活动中遵循自然规律，精耕细作，充分体现了侗家人对土地的热爱。农耕知识与传统文化的完美融合，使得农耕知识潜移默化深入侗家人的脑海中，引导土地价值观朝积极的方向发展。

五、研究结论

通过对地扪村侗族农户土地价值观念的调研及其影响因素分析，把农户土地价值观划分为土地为本观、土地保障观、土地致富观、土地包袱观和土地权利观五个维度。农户土地价值观的测度表明，土地保障观占比居首位达到 22.46%，土地为本观占比为 21.44%，土地权利观占比为 20.78%，土地包袱观占比为 18.57%，土地致富观占比为 16.75%，其中土地保障观与土地为本观是地扪村侗族农户的主流土地价值观。

2018 年地扪村共有劳动力人口 1621 人，其中外出务工人员为 958 人，占全村劳动力的 59.09%，同时从影响土地价值观的因素分析中也可以看到，接受调查的农民中有过外出务工经历的比例达 70.53%。随着人员的外出流动，农户土地价值观受现代思想的影响，其土地权利、土地致富、土地情感等方面发生了很大的变化。在侗族以农为本的农耕文化影响下，农户对土地的情感是积极的。随着农户和外界接触的增多，思想也渐渐跟外界同步，对土地形成了爱恨交织的复杂情感，同时也促进了土地价值观的多元化发展。影响农户土地价值观变化的主要因素是外界环境的影响，本节通过对影响因素的分析也印证了当地农民土地保障观和土地为本观为主流价值观。

农户土地价值观对土地利用具有导向作用，通过了解与分析农户土地价值观的影响因素，可以引导农户土地价值观的正确变迁，且针对持有不同维度土地价值观的农户制定相应的土地利用政策，促进农地制度有效、合理的变革，提高农地利用效率。例如：对持土地保障观的农户，政府可以通过鼓励其进行短中期的土地转出租，使其土地资源得到更加充分的利用；对持土地包袱观和土地权利观的农户，应当鼓励其把自己所承包的土地流转出来，以防止土地的闲置；对持土地为本观的农户，政府可以通过组织这类农户进行系统的农业知识学习，并在肥料购置等方面给予一定的政策优惠，让其更加科学有效地耕种土地，提高土地产量；对持土地致富观的农户，政府可以考虑使用一定流转补贴政策，让这类农户能够经营更多的土地，以形成规模化，同时开展技术培训，提高土地经营的效益。

第三节 安顺市农用地整理问题分析

随着城镇化发展和新农村建设步伐的加快，城市和农村的外延式扩展导致农村土地利用中的矛盾越来越突出，占用耕地、非法流转、土地撂荒、土地闲置、生态环境被破坏等诸多问题普遍发生。安顺是我国典型的喀斯特地貌集中地区，植被覆盖率较低，地表水下渗严重，水土流失快，荒漠化现象越来越严重，特别是农村的生产发展受到了严重影响。农业生产是社会经济发展的基础，土地则是农业生产的重要载体，开展农用地整理工作，既是对土地资源的保护，也是对农村经济发展的促进。农用地整理作为我国土地整理中的重要组成部分，对维持耕地总量动态平衡、"三农"问题的解决及土地资源的可持续发展具有积极而深远的影响。本节主要运用文献资料法、归纳分析法、实地调查法、借鉴比较法和数据分析法来研究安顺市农用地整理问题，并以农用地整理问题的提出、研究区概况、农用地整理概况、农用地整理的正向效应及制约因素、农用地整理面临的问题及对策为主要架构，对安顺市农用地整理问题进行阐述。

一、农用地整理问题的提出

1. 研究背景及意义

中国是世界上人口最多的国家，也是人均占有耕地面积相对紧张的国家。土地与人类是相辅相成、相互依存的关系。近年来，由于经济发展过程中建设用地的不断增加，人们对土地的需求量快速增长，使得建设用地占用耕地的弊端越来越突出。城镇化和新农村建设的发展，导致农村土地利用方式发生了巨大变化。土地利用结构缺乏系统性规划，人地比例失调，耕地质量差、土地开发潜力有限、土地地块零碎、水土不易保持、生态环境逐渐恶化、土地产权管理混乱等问题，对土地资源的可持续利用造成了严重影响。因此，需要通过农用地整理来改善当前农村土地利用不合理的现状，并将土地资源进行重新规划和优化配置，推动农村经济健康发展和土地资源的永续利用。

当前我国农村土地利用面积正在加速减少，土地的资源性价值正在随之降低，大多数农村土地管理体制混乱，土地利用结构明显不合理，农民的土地资源保护意识薄弱，加上农村基础设施不完善和农村经济发展滞后，耕地红线和国家粮食安全保障可能出现困难。就安顺市农村土地利用现状来看，农用地整理工作将对当地土地资源可持续利用具有重要而深远的影响。贵州大多数农村基本存在着耕地少、质量差、流失快、田块细碎、零星未利用地、废弃地、荒地较多的现象，以及土地粗放利用、农业生产方式落后、农作物产出率低等问题。农用地整理是土地整理的重要组成部分，明确农用地整理中存在的问题并实施相应的措施，对我国的农村建设和农村经济发展具有深远影响。

（1）有利于整体推进土地整理工作。开展农用地整理工作有利于整合资源、招商引资，将农村土地整理和农村经济发展向着一体化、系统化推进；有利于稳步推进村庄建设，完善农村基础设施，有效改善居民生产生活条件，促进"三农"问题的解决，加快推进新农村建设和现代化农业的发展，缓解城市和农村之间的用地矛盾，加强农用地整理和建设用地整体协调统一发展。

（2）有利于推动新农村建设。农用地整理工作的开展，可提高土地利用效率和村庄发展建设水平，通过归并或集中居民点的方式助力土地集约、节约利用。村庄的发展建设离不开农用地整理，通过农用地整理来增加耕地面积、提高耕地数量和质量、改善农村生态环境等是非常有效的，既能稳定农村经济发展，促进社会生活的和谐稳定，又能为实现农业现代化和规模化提供有利条件。

（3）有利于统筹城乡发展。农用地整理有利于缓解城乡用地矛盾，统筹城乡发展，减缓农村城镇化进程，调控城乡之间的"伪城市化"发展趋势；有利于优化配置土地资源和调整土地利用结构，提高土地利用效率与生产效益，加快社会主义新农村建设。

（4）有利于全面贯彻国家的发展理念。土地面积和土地质量是有限的，不可能一直让人类随意使用，土地在国家建设和民生发展中所产生的作用极为重要，制定集科学性、有效性和可行性于一体的农用地整理机制，并使其与农村经济发展协调统一，是对可持续发展战略的积极响应。通过开展农用地整理工作，将农村土地进行资源整合与调配，增加农村有效耕地面积，提升综合生产能力，可以使土地具备坚实的可持续发展基础。

2. 文献综述

土地是人类生产生活与发展的基本载体，土地整理作为缓解人地矛盾、解决农村发展建设和土地生态环境保护等问题的重要举措，一直受到国内外学者的广泛关注。Meuser（1992）对欧洲国家的农用地整理做了研究分析，明确了农村发展和农用地整理之间在经济建设中的重要关系及城市发展和农村建设如何平衡的问题，并提出以规划休闲娱乐用地的措施来缓解土地利用矛盾。为了达到土地资源可持续发展的目的，在农用地整理中应思考土地在生态方面所存在的问题，以综合考虑的思维模式去实施农用地整理措施，实现环境保护和自然资源的统一、高效治理才是农用地整理的最终目标。Lisec 和 Aetal（2005）认为土地生态系统的碎化（分散）是实施不适宜农用地整理措施所产生的后果，并认为此因素是导致自然环境中生物多样性减少的原因之一，除此之外还包括风力侵蚀、流水侵蚀及地下水位降低。德国的土地整理工作侧重于改善农业的生产条件和农民的劳动条件，使农村土地利用效率有所提高。俄罗斯研究重点在于创造良好的生态环境和自然景观，使土地资源在很大程度上得到了保护。加拿大则侧重于土地整治，主要为了调节生态平衡，既保护了土地生态，又在一定程度上优化了土地结构。韩国则主要利用基础设施建设带来的红利进行土地收益分配和土地利用方式的调整，在维护农民土地权益的同时也使土地得到了科学、合理的利用。1988年，中德土地整理与农村发展合作试验区成立，开发了新的农村建设模式，促进了农村经济发展和土地利用。法国的振兴农业农村行动和韩国的新村运动等，这些政策在一定程度上缓解或解决了土地整理和农村发展中的突出问题。

曲福田（2007）指出，农用地整理是以区域范围内土地利用所衍生出的各项问题作为参考因素，再结合当地相关部门的规划、政策等，采取经济、法律、生物和工程技术等相结合的整理措施对利用效率低下的土地进行综合整治，以改善土地利用环境，提高土地利用的效率。吴怀静和杨山（2004）认为农地整理应实施集约化管理和土地集中经营的策略，构建土地生态整理模式、创新农用地整理措施、对土地进行合理规划，才有可能实现农用地整理的可持续发展目标。鞠正山等（2003）等认为要在掌握区域特点的基础上预先确定农地整理示范区的方向，因地制宜地采取整理措施，缓解人地矛盾，实现可持续利用的目标。众多专家与学者总结了国外农村经济发展的实践成果和经验教训，并结合我国农村的发展概况，对土地整理和农村经济发展的相关性作出了大量的分析研究和实践探讨，为我国农村建设提供了基础理论数据。我国在农村土地整理方面已有了一定的研究基础，但仍存在许多不足。潘家恩（2005）在《中国当代乡村建设的限制与突破》中提出，在工业化和城镇化发展的背景下，农村的土地利用与发展建设是"环境与现实的选择"，也是一个必然的发展趋势。农村土地整理则是营造这一良好环境的基础前提，落实好农地整理工作，使其更好地推动并服务于农村发展建设是极为重要的。由于不同国家的地域文化、国情发展及社会矛盾等因素的不同，在农地整理方面各个国家的研究方向和重点都有所不同，但农地整理工作基本都是围绕农村发展、农业生产和农民需要展开的，因此国内外的研究方向、研究重点和研究目的等都具有一定的关联性。

3. 研究方案

本节主要围绕农用地整理来展开分析和总结，首先介绍本节的研究背景、研究意义、国内外研究现状、研究内容和方法及相关概念的界定。其次，陈述安顺市的自然地理概况、社会经济概况和土地利用现状，分析安顺市农用地整理概况，其中包括"一个规划"和"四项指标"，即土地利用总体规划、土地利用的主要调控指标、耕地保有量指标、基本农田面积指标和整理复垦开发补充耕地指标。最后，总结农用地整理的正向效应和主要制约因素，探究农用地整理面临的问题及对策。农用地整理可根据不同条件进行类型划分，可按整理区域划分、按整理对象划分和按整理目的划分，本书综合了三项不同的划分标准，以农用地整理为中心、以土地资源可持续利用和增加耕地面积为根本出发点，按照《安顺市土地利用总体规划说明》中的重要纲领，对研究区内的农用地整理问题进行了综合分析，并总结出了具有可行性和适宜性的整理措施。

本节主要采用了借鉴比较法、文献资料法、实地调查法、归纳分析法和数据分析法。借鉴比较法是将国内外专家、学者就农用地整理方面所作出的研究成果或提出的看法进行比较、分析、总结，发现国内研究在农用地整理方面的不足，继而寻找农用地整理方面的突破点。例如，德国的土地整理法、日本的耕地整理法、韩国的新村运动，其中都有值得借鉴的土地整理经验。文献资料法是通过书籍、报刊、网络等途径查询所需的文字、数据资料，通过学习、总结，形成个人的观点和看法，为研究报告写作的理论部分和实践调查部分做好准备工作。实地调查法是通过实地走访对访谈结果进行记录和总结，更深入、更全面地了解农民和农用地整理的各种信息。归纳分析演绎法和数据分析法是对数据资料、调查结果等进行归纳和总结，并通过文字将其概述清楚，使得论点清晰、论据充分、论证有力。

4. 相关概念界定

（1）农用地整理概念。

农用地整理是通过对农村的田块、耕地、草地、水域及水利设施、道路、林地、村庄等的全面规划与综合整治，建立健全农村基础设施配套，对农村土地资源进行优化管理和合理配置，以改善农村土地生态环境和提高耕地数量为基本目标，逐步形成点、带、网、片相结合的复合生态系统。

（2）农用地整理分类。

以区域范围分类的农地整理，是在农村区域内实行田、水、路、林、村的统一规划和综合治理。提高土地利用率，改善农业生产条件和不合理的土地利用方式，以维持土地的生产价值和土地资源的可持续利用，是农用地整理中的基本内容。根据我国已有的农用地整理结果来看，农用地整理包含多个方面，有耕地整理、居民点的归并与集中、农业基础设施的调整和完善、土地的改良等。从狭义上讲，农用地整理可分为农田整理和村庄整理，两者协调统一发展才能使局部的农用地整理为整体的土地整理提供基础动力。

以整理对象分类的农地整理，即以土地用途的不同来进行划分。例如，以耕地、园地、林地、牧草地和养殖水面用地等来划分整理对象，以该标准划分的农用地整理，实际上是在强调土地的经济价值和生态价值，既保护了土地资源，又使土地实现了资源的价值。

以整理目的分类的农用地整理，可分为资源性整理和资产性整理两类。资源性整理主要是土地资源的可持续利用，而资产性整理主要是确保土地的价值和将土地进行重新配置。以该标准划分的农地整理可以归为资源性整理，以提高土地资源利用率和土地价值为主要目的。这两种整理方式虽有不同之处，但两者相辅相成、相互促进、不可分割。随着市场经济的发展和土地整理的多元化，资源性整理与资产性整理协调统一的必要性日趋显现。我国人多地少，建设用地不断增加，人们对土地资源的需求也日益增长，人地关系有不断恶化趋势，为有效缓解人地矛盾，确保农村土地资源的可持续利用，以资源性整理为主、资产性整理为辅的农用地整理模式，应作为我国未来农用地整理的考虑方向。

二、研究区概况

1. 自然地理概况

安顺地处东经 105°13′～106°34′与北纬 25°21′～26°38′之间，位于贵州省的中西部，处于长江水系乌江流域和珠江水系北盘江流域的分水岭地带，是典型的喀斯特地貌区。安顺市的土地总面积为 922834.03 平方千米，占贵州省土地总面积的 5.26%。平均海拔高度为 1102～1694 米，全境海拔高度为 560～1500 米。安顺大部分时间的平均气温在 10 摄氏度以上，年平均气温为 14 摄氏度，一年四季雨量充沛，除夏季偶尔有暴雨之外，其他季节基本没有暴雨，年平均降水量 1360 毫米。年平均相对湿度 80%，环境较为潮湿，年平均风速

2.4m/s，夏季山谷风和夏季风比较强劲。安顺属于典型的高原型湿润亚热带季风气候，温暖湿润，太阳辐射低，平均日照时长短。安顺矿产资源丰富，尤其是煤炭储量较高。

2. 社会经济概况

以第六次全国人口普查结果为统计依据，安顺市常住人口为2297339人。其中，男性人口为1189332人，占总人口比例为51.77%；女性人口为1108007人，占总人口比例为48.23%。0～14岁人口为580910人，占总人口比例为25.29%；15～64岁人口为1516977人，占总人口比例为66.03%；65岁及以上人口为199452人，占总人口比例为8.68%。城镇人口为690138人，占总人口比例为30.04%；乡村人口为1607201人，占总人口比例为69.96%。2018年安顺市经济总产值为849.40亿元，经济产值增长率为10.3%。按产业类型来分，第一产业增加值为149.16亿元，产值增长率为6.9%；第二产业增加值为272.83亿元，产值增长率为10.4%；第三产业增加值为427.41亿元，产值增长率为11.4%。2018年全市人均地区生产总值为36164元，增长率为9.8%。随着安顺市旅游产业的快速发展，第三产业的净收益额也在持续增加。2018年全市财政收入总额为123.53亿元，比上年增长7.2%。

3. 土地利用现状

根据第三次全国国土资源调查结果显示，安顺市土地资源总面积为922834.03公顷。各类土地利用面积和所占土地总面积的比例如表1-20所示。

表1-20 安顺市土地利用现状

地类			土地利用面积（公顷）	占土地总面积比例（%）
农用地合计			782824.27	84.83
农用地	耕地		235166.02	25.48
	其中	水田	77006.51	8.34
		水浇地	2807.37	0.30
		旱地	155352.14	16.83
	种植园用地		50452.86	5.47
	其中	果园	40824.21	4.42
		茶园	5720.56	0.62
		其他园地	3908.09	0.42

地类			土地利用面积（公顷）	占土地总面积比例（%）
农用地		林地	461409.02	50.00
	其中	乔木林地	215550.01	23.36
		竹林地	1108.46	0.12
		灌木林地	219947.32	23.83
		其他林地	24803.23	2.69
		草地	665.01	0.07
	其中	天然牧草地	4.52	0.00
		人工牧草地	660.49	0.07
		交通运输用地	9873.60	1.07
	其中	农村道路	9873.60	1.07
		水域及水利设施用地	7028.85	0.76
	其中	水库水面	4628.78	0.50
		坑塘水面	1206.53	0.13
		沟渠	1193.54	0.13
		其他用地	18228.91	1.98
	其中	设施农用地	1355.15	0.15
		田坎	16873.76	1.83
建设用地		建设用地合计	56370.03	6.11
		商业服务业用地	1990.16	0.22
	其中	商业服务业设施用地	1689.29	0.18
		物流仓储用地	300.87	0.03
		工矿用地	7111.99	0.77
	其中	工业用地	3845.53	0.42
		采矿用地	3266.46	0.35
		住宅用地	28731.58	3.11
	其中	城镇住宅用地	6917.71	0.75
		农村宅基地	21813.87	2.36
		公共管理与公共服务用地	3405.90	0.37
	其中	机关团体新闻出版用地	605.47	0.07
		科教文卫用地	1754.81	0.19
		公共设施用地	422.08	0.05
		公园与绿地	623.54	0.07

续表

地类			土地利用面积（公顷）	占土地总面积比例（%）
建设用地		特殊用地	2677.23	0.29
		交通运输用地	11982.56	1.30
	其中	铁路用地	774.61	0.08
		公路用地	9145.79	0.99
		城镇村道路用地	1448.18	0.16
		交通服务场站用地	451.87	0.05
		机场用地	148.49	0.02
		港口码头用地	7.22	0.00
		管道运输用地	6.40	0.00
		水域及水利设施用地	227.51	0.02
	其中	水工建筑用地	227.51	0.02
		其他用地	243.10	0.03
	其中	空闲地	243.10	0.03
未利用地		未利用地合计	83639.73	9.06
		草地	64006.67	6.94
	其中	其他草地	64006.67	6.94
		水域及水利设施用地	7098.39	0.77
	其中	河流水面	7098.39	0.77
		其他土地	12387.30	1.34
	其中	裸土地	278.08	0.03
		裸岩石砾地	12109.22	1.31
		湿地	147.37	0.02
	其中	内陆滩涂	147.37	0.02
		沼泽地	0.00	0.00
		安顺市土地总面积	922834.03	100.00

资料来源：《安顺市两规评估实施报告》。

三、农用地整理概况

1. 土地利用总体规划

随着城市建设的高速发展，建设用地占用耕地的现象与日俱增，建设用地增量与可利用土地存量之间的矛盾日益突出。科学合理地分配和管控建设用地指标，增加有效耕地面积，是开展土地整理工作的重要基础。安顺市土地利用总体规划指标和执行情况如表1-21所示。

表1-21 安顺市土地利用总体规划指标和执行情况汇总

名称		1997~2010年规划指标（公顷）	1997~2005年执行情况（公顷）	已执行百分比（%）
耕地保有量		295405	296519	100.37
基本农田保护面积		230659	223831	97.03
新增建设用地面积	小计	3724	3834	102.95
	占用耕地面积	2570	2532	98.52
整理复垦开发补充耕地		2933	2471	84.25
生态退耕		31333	23500	75.00
灾毁耕地		800	4302	537.75

资料来源：《安顺市土地利用总体规划（2006—2020年）》。

从表1-21中的数据来看，从1997年至2005年，除耕地保有量、新增建设用地面积和灾毁耕地三项规划指标外，其他几项指标均有缺口。随着安顺市社会经济的不断发展，建设用地占用耕地的数量将不断增加，其他几项耕地规划指标将同比下降。土地利用规划在用地指标分配上的不合理，将会激发更加严重的土地供需矛盾，进而衍生出更多的土地利用问题。将用地指标进行合理规划和分配，是维持耕地总量动态平衡的重要举措。

2. 土地利用的主要调控指标

为落实省级下达的用地规划指标，综合考虑研究区内各类土地质量、数量、面积、用途等因素，按照安府专议〔2008〕13号专题会议纪要的精神，为合理解决开发区土地利用总体规划修编用地指标缺口问题，对研究区土地整理规划指标的落实方案进行了重新分解。从主要调控指标的总体情况来看，耕地保有量和牧草地面积的调控指标是同比下降的，基本农田保护面积在2005~2010年波动较大，2010~2020年基本保持不变，剩余用地规划指标均呈递增态势，具体数据如表1-22所示。

表 1-22 安顺市土地利用的主要调控指标汇总

指标		2005 年	2010 年	2020 年	指标属性
总量指标（公顷）	耕地保有量	296519.00	291300.00	284900.00	约束性
	基本农田保护面积	223831.00	211759.00	211759.00	约束性
	园地面积	6420.00	6700.00	7500.00	预期性
	林地面积	192330.00	203700.00	214600.00	预期性
	牧草地面积	110781.00	109800.00	108300.00	预期性
	建设用地总规模	30496.00	34496.00	42196.00	预期性
	城乡建设用地规模	21040.00	23300.00	27200.00	约束性
	城镇工矿建设用地规模	5585.00	7800.00	12200.00	预期性
	交通水利用地规模	7696.00	9196.00	12596.00	预期性
	其他建设用地规模	1760.00	2000.00	2400.00	预期性
	总人口（万人）	264.25	274.00	295.00	预期性
	GDP（亿元）	106.00	152.00	262.00	预期性
增量指标（公顷）	新增建设用地总量	—	4500.00	11700.00	预期性
	新增建设占用农用地规模	—	3700.00	10300.00	预期性
	新增建设占用耕地规模	—	2100.00	6400.00	约束性
	整理复垦开发补充耕地规模	—	1661.00	4361.00	约束性
效率指标	人均城镇工矿用地（平方米/人）	74.00	89.00	95.00	约束性
	亿元 GDP 建设用地量（公顷/亿元）	287.62	230.00	161.00	预期性

资料来源：《安顺市土地利用总体规划（2006—2020 年）》。

3. 耕地保有量指标

研究区内的耕地保有量指标如表 1-23 所示。安顺市基期年耕地面积总数为 296519 公顷，2010~2020 年义务量指标同比减少 4800 公顷，任务量指标同比减少 6400 公顷。根据区域面积和用地方式等因素的差异，安顺市下辖的各区县基期年面积、义务量指标和任务量指标都有所不同，且各项指标都在逐年减少。西秀区基期年耕地面积为 66909 公顷，2010~2020 年义务量指标同比减少 1020 公顷，任务量指标同比减少 2910 公顷，其中西秀开发区占 6909 公顷，义务量指标同比减少 100 公顷，任务量指标同比减少 673 公顷。平坝县基期年耕地面积为 38081 公顷，2010~2020 年义务量指标同比减少 140 公顷，任务量指标同比减少 180 公顷。普定县基期年耕地面积为 42722 公顷，2010~2020 年义务量指标同比减少 760 公顷，任务量指标同比减少 1000 公顷。关岭自治县基期年耕地面积为

34472 公顷，2010～2020 年义务量指标同比减少 463 公顷，任务量指标同比减少 547 公顷，其中黄果树风景区基期年耕地面积 1425 公顷，2010～2020 年义务量指标同比减少 33 公顷，任务量指标同比减少 41 公顷。镇宁自治县基期年耕地面积为 52729 公顷，2010～2020 年义务量指标同比减少 987 公顷，任务量指标同比减少 1245 公顷，其中黄果树风景区占 2057 公顷，2010～2020 年义务量指标同比减少 47 公顷，任务量指标同比减少 59 公顷。紫云自治县基期年耕地面积为 61606 公顷，2010～2020 年义务量指标同比减少 430 公顷，任务量指标同比减少 518 公顷。

表 1-23　安顺市耕地保有量指标汇总　　　　　　　　　单位：公顷

行政单位		基期年耕地面积	义务量指标		任务量指标	
			2010 年	2020 年	2010 年	2020 年
安顺市		296519	291819	287019	291300	284900
西秀区	小计	66909	63819	62799	64590	61680
	西秀开发区	6909	6809	6709	6410	5737
平坝县		38081	37961	37821	37941	37761
普定县		42722	42002	41242	41892	40892
关岭自治县	小计	34472	34043	33580	34012	33465
	黄果树风景区	1425	1396	1363	1388	1347
镇宁自治县	小计	52729	51798	50811	51690	50445
	黄果树风景区	2057	2016	1969	2004	1945
紫云自治县		61606	61196	60766	61175	60657

资料来源：《安顺市土地利用总体规划（2006—2020 年）》。

4. 基本农田面积指标

1997 年安顺市基本农田总面积为 230659 公顷，从生态退耕减少、灾毁减少、规划期生态退耕减少和规划期灾毁减少四项指标来看，核减基本农田面积合计为 18900 公顷。为体现基本农田面积规划指标具有灵活性和弹性的特点，特别在本次规划指标中增加了基本农田预备指标，并将预补划的基本农田纳入基本农田保护区，以缓解建设用地占用耕地指标和基本农田保护面积指标之间的矛盾。各县区具体基本农田面积指标如表 1-24 所示。

表1-24　安顺市基本农田面积指标汇总　　　　　　　单位：公顷

行政单位		基本农田面积（1997年）	核减合计	核减基本农田面积				目标年基本农田面积	基本农田预备指标
				生态退耕减少（1997~2005年）	灾毁减少（1997~2005年）	规划期生态退耕减少	规划期灾毁减少		
安顺市		230659	18900	7200	200	10900	600	211759	2000
西秀区	小计	56905	5288	596	138	4460	94	51617	660
	安顺开发区	5444	489	184	1	260	44	4955	190
平坝县		34521	3498	3168	0	310	20	31023	330
普定县		37051	2411	497	4	1840	70	34640	300
关岭自治县	小计	26928	2637	1435	39	1112	51	24291	261
	黄果树风景区	1159	233	139	1	92	1	926	31
镇宁自治县	小计	33299	2765	285	17	2298	165	30534	259
	黄果树风景区	1871	268	148	17	98	5	1603	79
紫云自治县		41955	2301	1219	2	880	200	39654	190

注：安顺市基本农田预备指标＝安顺市基期年耕地面积×0.675%。

资料来源：《安顺市土地利用总体规划（2006—2020年）》。

5. 整理复垦开发补充耕地指标

安顺市整理复垦开发补充耕地指标如表1-25所示。在安顺市各县区整理复垦开发补充耕地规模的基础上，全市进行了整理、复垦、开发三项指标的分解工作，表1-25中规划期内补充耕地的指标以土地整理和土地复垦两项指标为主。从区域总体范围来说，安顺市生态环境脆弱，石漠化现象严重，后备耕地资源和当下可利用土地资源都十分有限，土地资源总量滞缓的同时，人口数量在不断增加，建设用地范围不断扩大，使得人均土地占有量大大减少，耕地数量和质量也随之急剧下降。而我国所提出的现代化农业建设、新农村建设和可持续发展战略等都是以人地和谐为基准而提出的，确保耕地质量与数量、优化土地资源配置、提高土地利用效率、提高人均资源占有量，实行"开源节流"并举，才能使农用地整理的正向效应得到充分发挥，用地矛盾得到充分解决。

表 1-25　安顺市整理复垦开发补充耕地指标汇总　　　　单位：公顷

行政单位		补充耕地义务量		可实现补充耕地任务量		补充耕地缺额	
		2006~2020 年	其中：2006~2010 年	2006~2020 年	其中：2006~2010 年	2006~2020 年	其中：2006~2010 年
安顺市		6400	2200	4300	1600	−2100	−500
西秀区	小计	2555	817	890	327	−1665	−490
	安顺开发区	1075	357	20	7	−1055	−350
平坝县		1230	410	870	320	−360	−90
普定县		1160	400	830	310	−330	−90
关岭自治县	小计	650	342	568	210	−82	−33
	黄果树风景区	93	31	38	10	−55	−21
镇宁自治县	小计	565	210	452	173	−113	−37
	黄果树风景区	217	69	32	3	−185	−66
紫云自治县		240	120	690	260	450	240

资料来源：《安顺市土地利用总体规划（2006—2020 年）》。

四、农用地整理的正向效应及制约因素

1. 农用地整理的正向效应

土地资源的有限性和稀缺性赋予了土地不同于其他自然资源的特殊性质，农用地整理正是对这一特殊性质的保留和保护，对于农村土地利用中存在的各项问题，必须依托农用地整理来解决，笔者总结了农用地整理的四点正向效应，具体内容如下：

（1）农用地整理是社会经济发展的必然选择。

针对我国当前农村土地利用中普遍存在的土地产权管理混乱、用地标准不统一、耕地被占用、土地浪费严重、生态环境破坏等问题，开展农用地整理工作是城乡发展建设的必然选择。城乡发展进程加快，建设用地占用耕地越来越多，研究区内耕地数量本来就少，再加上宜农荒地开发难度大，石漠化区域居多，耕地资源极为有限。因此，要坚守耕地红线，实现耕地总量动态平衡，必然要解决当前城乡土地利用中的突出问题，结合当地农村产业发展模式和农民生产生活特

点，将土地资源进行重新规划和配置，充分发挥农用地整理的作用，将农村土地粗放经营转变为集约经营，不断提高土地利用效率。

（2）农用地整理能够促进农村经济结构的转变。

实现经济发展模式的转变，是我国经济建设中的重要内容，也是城乡经济发展的基本内容。农村土地大多以粗放经营为主，土地质量逐年下降，经整理后，土地粗放型经营转变为集约型经营，将增加耕地数量和提高耕地质量同步进行，为农村经济发展提供基础动力。

（3）农用地整理是实现农业现代化的重要途径。

土地是人们生产生活的重要载体，农业生产作为国家经济体中的第一产业，不仅是第二产业、第三产业发展的基础，而且是实现我国粮食安全的基本保障。农村土地所蕴含的经济价值、资源价值、生态价值等都是奠定农业基础的重要组成部分。开展农用地整理工作，不仅可以打造高标准基本农田，还可以提升土地价值和生产效益，保证土地资源的可持续利用。

（4）农用地整理是推动城镇化建设的基础动力。

城镇化率是衡量一个国家综合实力的标准之一，农村城镇化正是我国社会经济发展的重要标志，合理规范引导农村居民向城镇集中，是农村城镇化发展的表现，也是农用地整理的重要组成部分。我国农村居民点受传统文化和生活习惯的影响，村庄建设过程中没有明确的规划依据和约束指标来作为参考，农村人口和经济建设的外延式扩张，不仅占用了大量耕地，而且出现了旧宅基地闲置等浪费土地的现象。实施农用地整理措施，可以实现土地集约、节约利用，归并或集中农村居民点也有利于推动居民的精神文明建设，统筹城乡发展，通过以城带乡、以富带贫，实现乡村振兴目标。

2. 农用地整理的主要制约因素

（1）人口因素。

无论是农村还是城市，人口数量都出现了减少趋势，现代化经济的快速发展带动了部分农村劳动力向城市流动，导致近年来农村劳动人口锐减，部分家庭只剩留守老人、留守妇女和留守儿童，农村经济发展也随之出现滞缓。土地利用率相对以前来说大大降低，耕地保有量也随之减少。而农用地整理涉及义务劳动、协议签署、权属确定、资金分布等多项内容，对于群众的参与度要求较高，村民群众的缺位使农用地整理工作难以开展。

（2）地理环境因素。

从地理环境的角度来看，地势不平、土壤贫瘠、土质疏松、地块零碎、地形落差大等问题，使村庄建设和农业生产都处于劣势地位，农用地整理工作的开展受到了严重限制。安顺市作为全国典型的喀斯特地貌集中地区，荒漠化现象严重，土壤覆盖率低、土层薄、土壤养分少、水土易流失等问题导致农用地整理成本增加，无论是对政府还是对集体，资金压力都比较大。

（3）经济结构因素。

农村经济结构很大程度上决定了农村土地的利用方式、利用结构、土地资源配比及生产力水平的高低。若经济结构不合理，必然会导致农村土地利用结构不合理及农村产业模式缺乏可行性和适宜性的结果，土地资源无法进行优化配置。只有科学、合理地规划好农村经济结构，才能使农用地整理和农村经济发展相互作用、协调一致，在实施农用地整理措施的同时保证农村经济健康发展。

（4）国家政策因素。

农用地整理工作需消耗财力、物力、人力等大量成本，关乎土地产权的调整、配置和确权等，是一项浩大的民生工程，仅靠个人和集体难以落实所有整理工作，因此国家在政策、资金、技术等方面的支持不可或缺。国家若给予农用地整理相关政策的倾斜，不仅可以赋予土地整理工作的科学性、可行性，还可以加大农用地整理的宣传力度，提高农民开展农用地整理工作的积极性和参与度。

（5）文化教育因素。

大部分农村地区的教育相对落后，农民受教育程度较低，许多农民因文化水平的限制，思想僵化，对农用地整理、资源与环境保护、村庄建设与经济发展等缺乏一定的认知和了解，在农业生产中也没有掌握成熟的农业生产技术，对农用地整理的相关政策、规划比较陌生。因此，应适当建立农民教育培训机构或组织生产技术培训会等，以提高农民的总体文化水平，引导农民学习现代化农业相关知识和可持续发展理念。

五、农用地整理面临的问题及对策

1. 农用地整理面临的问题

在当前安顺市土地利用过程中，开展农用地整理工作面临的主要问题如下：

（1）征收程序失当。

由于社会发展建设的需要，农村建设用地不断增加，但政府的征地补偿机制、易地扶贫搬迁后的就业安置措施和社会保障体系等各方面还存在许多亟待解决的问题。许多农民土地权属意识淡薄，在被征地后面临着"种田无地、就业无岗、保障无份"的情况，而且大多数农民无法在短期内适应城市生活，造成了较为严重的"伪城市化"现象。在土地产权的决策过程中出现了许多农民缺位的情况，再加上部分农民不了解相关法律政策，只能被动地接受国家或他人在征地中制定的补偿基准和分配方案，征收程序失当使得农民的土地权益失去了保障。

（2）基础设施不完善。

基础设施作为社会经济现代化的重要基础，不仅是反映地方生产要素和生产力水平的重要标志，而且是促进经济发展的基础动力，良好的基础设施建设更是农用地整理工作得以开展的基础之一，村庄内的交通网络设施、给排水设施、文化教育设施、体育健身设施和公共服务设施及其他基础设施和综合配套设施等，都对农用地整理工作和农村经济发展起着至关重要的作用。

（3）缺乏国家、政府的支持和相关法律政策的管控。

农用地整理是一项漫长而艰巨的民生工程，其面积之广、责任之大是不可小视的。农用地整理涉及资金、技术、政策等多项因素，无论是经济成本还是人力成本都比较高，仅靠集体或个人的力量无法完成，且关于农用地整理和耕地保护的相关法律政策还不够完善，农用地整理缺乏制度和法律保障。国家应严格制定农用地整理的相关政策法规，规范相关部门、集体或个人的农用地整理行为，设立专门用于农用地整理的资金款项，激发农民对土地资源的整理潜力，确保农用地整理工作的顺利开展。

（4）农民对农用地整理和土地资源的稀缺性不够了解。

经走访调查发现，当今从事农业的农村人口教育程度普遍较低，政府相关部门对农用地整理不够重视，相关政策宣传不到位，农民不了解农用地整理的相关概念和运行程序，基本上会忽略农用地整理中存在的一些潜在问题，同时也缺乏对土地资源有限性的认知，大部分人都没有意识到土地资源的重要性和稀缺性，甚至随意浪费土地资源或将土地资源闲置。

（5）农民进行农用地整理的意愿不强烈。

农村经济发展较城市来说相对滞后，大部分青壮年劳动力都选择去城市发展或从事其他非农职业，参与开展农用地整理工作的劳动力人数过少，导致农村生产和发展的动力不足。在农村的人口大多是留守儿童、留守妇女和留守老人，大部分人都不了解农用地整理的相关情况，再加上普遍缺乏土地权属意识和资源保护意识，农民参与农用地整理的情况不容乐观。

（6）用地规划指标分配不合理。

土地作为人们生产生活的物质基础和重要载体，其用途是极为广泛的，人类的各项活动都需在土地上进行。当前的土地利用现状是，因缺少相关法律、政策的管制和参考依据，个人或集体违反用地指标，将耕地变更为建设用地的现象越来越严重，导致大量耕地被占用，建设用地不断增加，耕地和建设用地之间的平衡被打破。合理分配土地资源，制定科学、合理的用地规划指标是农用地整理中必不可少的一步。

2. 对策建议

针对以上问题，本节提出如下对策：

（1）调整农村土地利用结构和经济结构。

改善土地利用方式，优化土地资源配置，归并零散地块，合理规划、整体布局，招商引资，发展特色产业，一方面能够使土地得到集约、节约利用，充分发挥土地资源的集聚效应；另一方面也有利于农业生产中的机械化操作和集中管理，促进土地利用率和经济发展水平同步提高，从而为农用地整理提供经济基础和物质基础。

（2）完善农村基础设施建设。

无论是日常生活还是农业生产，都离不开基础设施建设。农用地整理作为一项复杂的民生工程，覆盖面较广，包含了耕地整理、园地整理、林地整理、草地整理和居民点整理等方面，而所有的农用地整理工作和农村生产活动都与当地基础设施建设密不可分。从区域性质和特点来说，农用地整理应从两个方面展开，一方面要完善田、水、路、林、村等基础设施和综合配套设施的建设；另一方面要根据农民生产生活需要，不断完善公共建设服务体系，为农用地整理工作的开展提供社会基础。

（3）适度复垦和开发土地资源，挖掘土地的潜在利用率。

在耕地资源稀缺的情况下，可通过复垦农村旧宅基地、荒地和其他废弃土地，开发宜农荒地来增加有效的耕地后备资源，维护耕地总量动态平衡。除此之外，还应对农村的建设用地进行整理和规划，归并和集中居民点，拟订建设用地标准，合理规划建设用地面积，严格把控建设用地选址，控制建设用地违规占用耕地，确定耕地保有量达标。

（4）规划地界、确定权属。

农村土地在流转、征用或征收过程中缺乏正规的运作程序，土地产权管理混乱，且因水土流失，农业生产运输等，造成了部分土地边界模糊，土地使用权和土地经营权混淆不清。因此，必须将土地产权管理合理化、合法化，明晰土地边界和土地权属，明确农用地整理的责任主体。

（5）改善农村土地生态系统和土壤质量。

研究区内土地地块零散，且多呈不规则形状，石漠化现象严重，农用地整理应遵循因地制宜的原则，采用适宜的农用地整理方式和耕种作物，并进行农用地改造和土壤改良，维护土壤生态平衡，通过翻新土地、堆肥或其他整理措施，改善土地生态环境，提高土地质量和生产效益，保证土地资源的可持续利用。

（6）建立农村文化共享基地。

农用地整理离不开群众力量，为提高农民文化教育水平和生产技术水平，保证农用地整理工作的高效开展，相关部门应定期召开交流探讨会议，以"先进"带"后进"，为农民提供线上和线下学习通道，以便于实时了解农用地整理的相关知识和政策、农业生产技术及其他相关资料。针对不同的农用地整理责任主体，制定相应的优惠政策和奖惩制度等，让农民在农用地整理和农业生产过程中，获得一定的经济补贴、税收优惠、整理成果的奖惩等，提高农民在农用地整理中的参与度和积极性，推动农用地整理进程。

随着社会发展进步和人们物质文化需求的改变，人们也普遍关注起土地资源可持续利用和社会经济可持续发展的问题。农业现代化建设成为我国经济建设中的一项漫长而艰巨的任务，土地是经济社会发展的基础，开展农用地整理工作正是对农村土地资源可持续发展的积极探索。农用地整理涉及农村土地资源的开发、保护、管理、利用、村庄建设、基础设施、农业生产效益和土地生态效益等多个方面。因此，在开展农用地整理与农村经济发展相互影响的研究过程中，要用联系的、发展的、全面的观点分析问题，不断吸收、借鉴和总结经验，将农用地整理与农村经济发展进行统筹规划和合理布局，利用两者之间的耦合机理，顺利推进农用地整理工作的实施和农村经济的发展，确保我国耕地总量动态平衡，有效缓解土地供需矛盾，加速农业现代化进程，实现资源、经济、社会和生态效益的和谐统一。

第四节　威宁县牛棚镇土地流转问题分析

土地是人类生存的基地，是农民最基本的生活保障。近年来，随着社会经济的发展、劳动力的转移，土地问题日益严重，而解决土地问题的主要手段之一是土地流转。土地流转能够将分散的土地碎块集中起来进行规模经营，提高土地利用效率，使农业生产规模化、集约化。本节采用文献综述法、实地走访法、理论结合实际法对威宁彝族回族苗族自治县（简称"威宁县"）牛棚镇土地流转现状及存在的主要问题进行分析，发现牛棚镇土地流转过程中存在流转规模小、农业收益不稳定、保障体系不健全、土地流转集中于城镇附近等问题。针对以上问题，提出了加大宣传力度、建立风险机制、建立健全保障体系、因地制宜制定土地流转政策等对策性建议，为牛棚镇土地流转工作提供参考依据。

一、土地流转问题

1. 研究背景及意义

中国农村土地制度经过了人民公社化，家庭联产承包责任制和土地制度改革等阶段。这几个时期土地制度的共同点在于都提高了土地经营能力，将土地产权进行了明确。1978 年，安徽省凤阳市小岗村的村民私下进行土地包产到户的经营模式，取得了较为明显的成效。1981 年，全国推行家庭联产承包责任制，取得很大成果，这极大地调动了农民的生产积极性，避免了人民公社化时期的一些问题，像偷懒、"耍小聪明"等现象得到有效遏制。农民自行进行生产，不需要监督，多做多得，有效提高了劳动力的使用率，农业成果丰硕，人民生活水平得到提高，这是家庭联产承包责任制的优势，是农村发展的基本。一直以来，我国非常重视"三农"问题，不断出台新政策、新规定，从政策上、经费上、人力上给予大力支持和帮助，促进农村经济又好又快发展。土地流转是"三农"问题的关键，通过土地出租、转包、转让、互换、入股等模式的有序运行，有效减少土地承包经营成本，优化农村产业结构。2013 年，中央政府在"一号文件"中明确指出，有序引导农村土地承包经营权的流转，在自愿有偿、不改变土地用途、不损坏土地生产能力及不损害农民利益的基础上，鼓励和支持种植大户、农业合作社和企业等承包土地进行规模经营，鼓励农民互换土地来解决土地碎块化问题，从而提高土地资源的利用效率。土地流转工作是国家基层的重中之重，各地政府部门落实相关规定，实施的地方有了许多措施和办法，但在具体落实当中却忽略了很多问题，这些问题都需要在今后的工作中进一步解决和完善。

农村土地流转现如今成为了一个热门话题，很多学者纷纷对农村土地流转问题进行研究，但多数学者的研究区域都是典型且土地具有优势的地区，对偏远的欠发达地区研究甚少，对其认识普遍不足，研究成果相对较少，缺少成熟的理论指导。本书在借鉴以往学者研究成果的基础上，对偏远的欠发达山区威宁县牛棚镇的土地流转进行研究，以期实现对现有理论的补充。土地流转的有序性和合理性能够使土地资源合理、有效地利用，节约、集约利用土地，使土地发挥其最大的经济职能。牛棚镇土地自身禀赋不足、保障体系不健全、土地流转规模小等因素制约了牛棚镇农业现代化进程和农业产业结构的调整。本节对牛棚镇土地流转的现状及问题进行分析，提出解决对策，从而规范土地有序流转，调整产业结构，合理、高效利用土地资源，使土地资源实现最大化利用，同时为政府部门提供一定的参考依据。

2. 研究综述

郭立新（2016）认为土地问题是最大的民生问题，与农民最基本的利益有关，农民土地权益调整的实质就是土地流转。马峰（2021）认为中国的土地流转在解决农业和农村经济问题方面起着重要作用，加快土地流转对促进工业化、城市化，深化农村改革和促进农业现代化具有重要意义。王平（2019）指出农村土地流转一直是党中央关心的民生大事，它直接关系着农民的生计问题，更关系着社会的安定。张少威等（2014）认为农村土地承包经营权的确立与有序流转可以提高农村经营效率，实现农业用地集约化、规模化、专业化发展，对推动农村土地改革、提高农民收入具有良好的实践意义，但目前像制度不清晰、市场化不健全、操作不规范等问题仍然存在。张贤锥（2019）认为土地流转是农村经济发展的迫切需要，有序地推进农村土地流转能实现农村土地资源的优化配置，提高土地利用效率，增加农民收入，但目前仍然存在很多问题。卢文奇（2017）分析了当前我国一些农村地区在土地流转方面存在流转进程较缓慢、政策支持力度不够、流转的途径不畅通及土地流转种植非粮化等问题，提出了完善土地流转政策法规、完善土地经营权交易平台、优化农村产业结构、加强粮食耕种面积的监督、整合农业经营管理等解决对策。宋丹（2017）分析了民勤县农村土地流转进程逐年加快、流转方式多样化现状，通过对实地调研数据的统计与分析，提出了目前存在土地流转形式单一、农产品价格不稳定等问题，这些问题影响着土地流转面积的增加，制约着土地流转进程。陈银蓉和梅昀（2017）在总结归纳农村土地制度历史沿革及土地流转动因的基础上，探讨在农地"三权分置"背景下土地权利主体的土地权利内涵和边界，认为应从农民对土地流转的认识、影响相关制度环境和交易服务体系等方面出发，分析当前土地交易全过程中耕地流转交易机制及相关制度的完善情况。周莹和于建军（2016）分析了国内土地流转的现状，认为相关配套的法律法规存在弊端，流转机制不够完善、流转收益较低，导致农民利益受损，并相应提出了严格按照法律办事、保障土地流转周期与进程的对策。李建珍（2018）认为农村土地流转的前景应该有着明确的积极意义，可以突出地区经济特色，有效地促进当地的农业经济发展，缓解农业劳动力压力，减少资源浪费，实现农民增收，在未来阶段应该更加重视相关工作的进行。史洁琼（2013）认为，土地流转涉及多个利益主体，为了提高土地流转质量、降低信息成本、提高土地流转的成功率，有必要建立起中介服务机构。杨学成和曾启（1994）提出土地使用权或者土地所有权在不同市场主体之间的转让和流动就是土地流转。

马克思曾经指出，土地转让对于由生产资料决定的经济转让非常重要。在绝对地租理论中，他提到土地所有权是以土地租赁的形式实现的，地租理论的逐渐演进与完善，是农地合理流转与有序发生的理论基础。菲尼（1988）提出，为了提高农业生产效率和投资水平并减少贸易损失，土地必须拥有明确的产权，以便经营者获得必要的生产要素并扩大经营规模来提高生产效率。罗宾斯（2008）认为，土地资源的合理分配、投资水平的提高和农民经营风险的降低在于土地使用权和所有权的转移。科斯（1960）认为，如果有交易成本，资源分配、土地的效率将根据农地产权制度的变化而变化。威廉姆森认为，农地的流转在创建合同和确定交易伙伴的时候应当支付农地流转的费用，而支付的费用越多，贸易伙伴的吸引力就越大。博格斯（2003）分析中欧农田贸易并得出结论，在所研究的国家实施的这一制度将增加农田贸易的消费，从而产生阻滞效应。Terry van Dijk（2003）对中欧国家的耕地流转进行了深入调查，分析认为耕地流转受阻的原因是许多小地块农户由于担心市场经济带来的风险而不愿交易土地。

3. 研究方案

（1）研究内容。

借鉴国内学者的经验成果和国外学者研究成果，以相关数据分析为依据，分析牛棚镇土地流转的现状和存在的问题，并针对牛棚镇土地流转存在的问题与弊端提出对策与建议。

（2）研究方法。

为了完成上述研究，书中采用以下三种研究方法：

第一，文献综述法：利用网络和图书馆查阅资料，通过报纸、期刊、文献、其他学者的文章获取数据，综合分析相关理论，并结合研究区的实际情况，提出切实解决研究区问题的对策。

第二，实地走访法：与当地政府相关人员进行交流，访问土地流转过程中的一些细节与问题，获取相关数据，结合数据与当地实际情况进行分析，找出问题并提出解决问题的方法。

第三，理论联系实际法：通过文献和其他学者的理论成果，结合研究区实际情况进行分析，借鉴已有经验，提出不同且具有实际性的对策。

（3）研究目的。

通过对牛棚镇土地流转现状分析，运用相关分析方法找出牛棚镇土地流转中存在的问题，并分析问题的成因，借鉴以往学者研究经验，结合研究区实际情况提出一些针对性的建议，为研究区合理配置土地资源，提高土地资源的利用效率，促进农村经济较好较快的发展提供参考依据。

二、研究区概况

1. 自然地理概况

牛棚镇位于威宁县西北部，距县城 81 千米，与迤那镇、中水镇、玉龙乡、斗古乡接壤，并与云南省会泽县隔牛栏江相望。该镇有 4 个管理区、20 个行政村和 124 个村民组，居住着汉族、彝族、回族、苗族、布依族等民族。2019 年全镇共 10789 户，总人口 50946 人，其中少数民族人口占全镇总人口的 30.96%。该镇有耕地 87455 亩，森林 100319 亩，其中林地 90500 亩，灌木林 9819 亩，植被覆盖率 38%。全镇平均海拔 2100 米，面积 182 平方千米，地势东高西低，土壤呈酸性，耕地土层较薄，属于亚热带气候，年均降雨量和日照时数分别是 800 毫升、1894 小时，年平均气温 12 摄氏度，气候独特，四季温和。

2. 社会经济概况

2018 年牛棚镇总人数 50946 人，农业人口共 49076 人，约占总人口的 96%，人均耕地 1.78 亩。牛棚镇粮食作物以玉米、马铃薯为主，经济作物以苹果、烤烟为主。近几年由于政府政策的大力扶持，人们在气候、土壤、水文适合的地方大量种植核桃、板栗、辣椒等经济作物。2018 年，牛棚镇完成烤烟种植 3.2 万亩，优质马铃薯种植 1.65 万亩，总产值达 4950 万元；核桃种植 2.6 万亩，产值达 7200 万元；无公害蔬菜种植 5000 余亩，产值达 2500 万元；粮食和经济作物比值达到 2.7:7.3。牛棚镇第一产业占经济总收入的 87.6%，第二、第三产业共占 12.4%。2009 年牛棚镇总产值 12029.97 万元，人均收入 2553 元。2018 年牛棚镇总产值 27334.38 万元，经济迅速发展，农民收入也随之增加。

3. 土地利用现状

2018 年末牛棚镇土地总面积为 182 平方千米，牛棚镇地处云贵高原乌蒙山脊，地势高且起伏较大，耕地皆为坡地且类型为旱地，石漠化影响了土层的厚度，很多的土地是处于非利用和不可利用的状态，土壤呈酸性，为喜酸性的作物提供了广阔的土地。2018 年牛棚镇土地利用现状中面积占比较大的是林地、耕地和草地，分别占了 36.75%、32.04% 和 10.25%。牛棚镇土地利用状况如表 1-26 所示。

表 1-26　2018 年牛棚镇土地利用状况

土地用途	所占面积（亩）	占总面积比例（%）
耕地	87455	32.04
林地	100319	36.75
草地	27987	10.25
园地	176	0.06
城镇村及工矿用地	9967	3.65
交通运输用地	6970	2.55
水域及水利设施用地	5673	2.08
其他用地	34453	12.62

三、土地流转现状分析

1. 土地流转特征

（1）土地流转面积逐年增加，但流转规模较小。

随着土地流转政策的出台，全国各地纷纷兴起土地流转的热潮，土地流转是合理配置土地资源、提高土地利用率、促进土地规模化经营的必要措施。牛棚镇地理位置偏远且欠发达，农户居住较为分散，土地碎块不集中，制约了农业规模化、集约化的发展。为更好地推动农业发展的进程，在国家政策的支持下，相关部门纷纷到各村各户进行宣传并对农户做相关的思想工作，努力搭建土地流转平台，出台优惠政策，以政策保障、政府引导、群众自愿、集中经营的思路，引导土地经营者进行土地流转。如表 1-27 所示，2016～2019 年，牛棚镇共流转了 11000 亩土地，土地流转初见成效。其中，2016 年流转了 1800 亩土地，占耕地总面积的 2.1%；2017 年，流转了 2400 亩土地，占耕地的 2.7%；2018 年，流转了 3000 亩土地，占耕地的 3.4%；2019 年，流转了 3800 亩土地，占耕地的 4.3%。这些数据表明，土地流转的面积逐渐增加，土地流转效果越来越明显。

然而，从占比来看，流转面积占耕地面积的比重较小，每年流转的数量较少，流转效率不高。

表 1-27　2016~2019 年牛棚镇土地流转面积及占比

年份	流转面积（亩）	流转面积占耕地比（%）
2016	1800	2.1
2017	2400	2.7
2018	3000	3.4
2019	3800	4.3

（2）土地流转去向多元，以企业为主体。

近年来，土地流转形式呈现出多样化的特点，流转去向也逐渐多元化。根据所获取的资料显示，牛棚镇以"公司+基地+合作社+农户"的模式进行土地流转，发展相关产业，调整农业生产结构，使农业趋向于规模化、集约化生产，带动了经济的发展。如图 1-8 所示，2016~2019 年，牛棚镇流转的 11000 亩土地中有 7240 亩流转给企业，占流转总面积的 65.8%；2240 亩流转给农业合作社，占流转总面积的 20.4%；1520 亩流转给个人，占总流转面积的 13.8%。转入企业的土地远远超过了农业合作社和个人的，流转后的土地分别种植苹果 6480 亩，蔬菜 1240 亩，辣椒 260 亩，烤烟、核桃、土豆共 1520 亩，另外的 1500 亩用于光伏电站的建设。

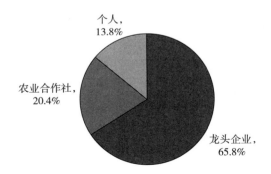

图 1-8　2016~2019 年牛棚镇土地流转去向

（3）流转期限以长期为主。

根据政府的统计资料显示，牛棚镇近几年土地流转的期限以长期为主，土地流转期限为短期的较少。土地用途决定了土地流转的期限，长期的土地流转主要用于苹果种植、核桃种植、光伏电站等。苹果和核桃种植是一项长期收益，其中苹果在种植一至三年就能够获取经济利益且收益期长，每一年到结果丰收时期就能够获得经济收入。核桃在栽植后三至五年也能够获得经济收入，是一项投入期较长的投资。光伏电站前期投入大，建成后能够获得较大的经济收入，也是一个长期获益的项目。中短期的主要是蔬菜大棚、烤烟、辣椒等的农业生产，辣椒和烤烟都是一年一熟，是收益较为可观的农业产业。蔬菜大棚能够根据相关作物的特性进行调节，种植不一样的作物熟制期也不一样，一年四季都能够从事农业生产且获得经济收入。牛棚镇土地流转中，期限为十年以上的土地共流转了7980亩，5~10年的土地流转了1420亩，5年以下的土地流转了1500亩，分别占总的土地流转面积的72.6%、13.8%、13.6%。牛棚镇土地流转期限如图1-9所示。

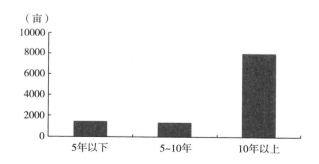

图1-9 牛棚镇土地流转年限

（4）土地流转主要集中于离城镇较近的村。

根据相关数据显示，牛棚镇土地流转模式以政府主导型为主，其中政府主导土地流转高达90%，农户自主流转约占10%。土地流转主要集中于离城镇较近、交通条件较好、地形较为平坦、土地较规整、碎块化较小的村。距镇政府0.5~5千米的三河村、水源村、范家田村、响水村、鱼塘村、手工村、营上村及新山村等2019年共流转土地7900亩，5公里以外的邓家营村与团山村共流转了3100亩。

（5）土地流转形式以出租为主。

牛棚镇经济发展较为落后，农村剩余劳动力较多。近年来，随着社会经济的发展，人民生活水平的提高，农业种植收入已经不能满足很多人的需求，大量剩余劳动力向城市集聚，一些农户自发组织土地流转，对小块土地承包经营权进行出租、互换、转包。随着农村深化改革力度的加大，农村劳动力向第二、第三产业转移，一些农户为有效解决耕地抛荒、闲置的问题，以出租、转让、转包、互换入股等方式流转土地。在 2016~2019 年牛棚镇流转的 11000 亩土地中，出租的有 7010 亩、转让的有 1430 亩、入股的有 1850 亩、转包的有 470 亩、互换的有 240 亩，分别总占流转面积的 63.7%、13.0%、16.8%、4.3%、2.2%（见图 1-10）。

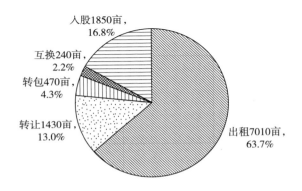

图 1-10　2016~2019 年牛棚镇土地流转形式

2. 土地流转成效

（1）逐渐实现农业生产的规模化，农业收益有所提高。

土地流转使有能力扩大种植规模的企业、农业合作社和个人获得土地，同时也为不愿经营但也不愿放弃土地承包经营权的农户提供了流转渠道，不仅提高了土地利用率，促进了土地规模经营，还有效调整了农业产业结构。土地流向企业、农业合作社和种植大户，由其集中经营管理土地，先进技术的使用和优质品种的引进，很大程度上提高了规模效益。1000 个蔬菜大棚的建成，采用先进的技术，科学管理的方法，使承包主体获得了可观的收入。几千亩苹果基地的建成，引进苹果矮化密植技术，种植 2~3 年可挂果，每斤苹果 1.5~2 元收购，每年每亩土地可采摘 2500~3000 斤，每亩地可收入 3000~6000 元，每亩地实现的纯利润在 2000~4000 元。若直接装箱销售，每斤苹果不低于 5 元，每亩收入 12500~15000 元，纯利润收入在 10000 元以上，利润可观，极大地提高了农业收益。

（2）加快农村现代化进程和现代农业的发展。

土地流转是调整农业生产结构和特色产业发展的关键。农户传统且分散致使耕作成本较高，农业收益较低。随着土地流转相关政策的出台，牛棚镇政府相关部门积极响应政策，为减少农户小片低效经营，动员农户进行土地流转，将大片土地集中起来经营管理。加快农村现代化发展的进程关键在于规模经济效益的较好循环，通过"公司＋基地＋企业＋农户"的模式，各主体间形成利益链，农业规模经营、机械化耕作、先进技术的采用和优质品种的引进，促进农业生产效益提高，初步实现企业和农户共赢。建成的蔬菜大棚，引进优质品种，采用先进技术，种植各个季节或反季节特色农产品，而建成的几千亩苹果基地，也采用滴管技术，种植矮化密植苹果，这些均促进了现代农业的发展。

（3）有效提高土地资源的利用效率。

土地流转将农户零散碎块的土地集中起来经营，极大地提高了土地资源的利用效率，最大程度地发挥了土地的价值，促进了农业现代化发展。土地流转取得一定成效后，政府各部门及村集体一致认为土地流转是提高土地资源利用效率最快、最有效的方法。土地流转能够因地制宜地发展相关产业，牛棚镇以每亩800元的价格将土地流转出去种植经济作物，或是政府发放板栗树苗、核桃树苗让农户种植。在荒地、荒坡种植或是种植在农户土地范围内，农地种植还能获取每亩900元的退耕还林补贴，这在保护生态环境的同时，还能合理有效地利用土地资源，使土地发挥最大的价值，能够实现经济收益最大化，带动当地经济的发展，提高当地人民的生活水平。

（4）促进农村剩余劳动力转移。

随着土地政策的深入与落实，土地流转有较明显的成效，农户思想观念也逐渐发生变化。观念较前卫的农户自愿将土地流转给其他组织，获得每亩土地800元的转出收入。有的农户选择在股份模式下继续在基地从事农业活动，每天获得80~100元的务工收入，在土地承包三年以后农户可获得8%的收益分红。也有的农户不愿被土地束缚，将土地流转出去，可获得土地流转金，自己选择从事其他非农业生产活动，每个月都获得3000~6000元的务工收入。这样下来，农户可获得双份收入，满足自己的生活需要，提高生活水平。

（5）促进产业结构的调整。

近几年土地流转取得较大的成效，让更多农户不被土地束缚，盘活了土地，规整了零散碎块的土地，相关部门负责人鼓励更多的农户将土地集中进行农业生产活动，减少种植单一、低产的农作物，因地制宜地引进高效高收益的特色产业，采用先进技术，使用农机装备，实现规模化经营。各村因地制宜地种植经济作物，种植优质马铃薯、辣椒、蔬菜等优势农产品，采用新技术种植苹果、核桃、板栗、花椒、烤烟等经济作物，逐步形成特色产业，提高农业产值，促进产业结构的调整。

四、存在的问题及成因分析

1. 存在的问题

（1）农地自身条件不足。

牛棚镇位于威宁县西北部，距县城 81 千米，全镇平均海拔 2100 米，地势高、起伏大，地形崎岖，石漠化较严重，土壤呈酸性且贫瘠，耕地为旱地，大多适合种植喜酸性的旱作物。牛棚镇离县城较远，其下辖的很多个村组离集镇也较远，经济发展较为落后，交通不便，农户较为分散，土地碎块化且不集中，坡地较多，土壤肥力不足，连片规模经营难度大且经营成本高，很难吸引企业、合作社投资经营土地。

（2）土地流转率低、流转规模小。

由于实施家庭联产承包责任制，集体组织将农村耕地分为大大小小的地块，综合考虑各方面因素的分配原则，使每家每户分到的土地都是分散开来的，从而使得规模化土地流转面临很大的问题。社会经济发展较为落后，农民对土地流转的意识不强，宁撂荒也不愿流转。土地位于山区，自然环境复杂，坡地较多，碎块化严重，土地连片规模经营难度大。牛棚镇以"公司+基地+企业+农户"的模式引进龙头企业、建立农业合作社、鼓励农业种植大户承包经营土地，同时引导农户有序地流转土地。牛棚镇耕地共 87745 亩，2016~2019 年共流转了 11000 亩土地，仅占耕地面积的 12.5%，综合分析发现土地流转规模小且效率较低。

（3）农业收益不稳定，土地流转存在风险。

农业的发展受到很多方面的制约，农产品价格是保障农民增收、农业发展的基础性因素，同时也与农民的切身利益有很大关系。农业成效与自然环境和社会经济有很大的关联，在遭遇旱灾和冰雹等自然灾害后，难以进行补救导致农业收益锐减，土地流转存在较大风险。同时，农业收益受市场供给因素的影响，市场供给的多与少影响了农产品的价格，从而影响了农业收益，再加上农业经营效益低，时效长，增加了承租者的经营成本和风险，收益少时承租者很难支付农户的土地租金，农户也担心土地流转后得不到租金，从而影响了农户流转土地的意愿。

（4）农民利益保障体系不完善。

土地流转过程中涉及多个利益主体，而出台的相关土地政策与规定，没有明确规定土地流转中的权利和义务，农民的利益没有保障。农户签合同转出土地后并不清楚具体的入股与分红，农户转出土地后的租金收入无法得到保障，农民在土地流转中承担不应有的风险。土地流转合同承包期内租金大多不会改变，不论时间长短都不会随着市场价格的波动而改变，这使得农户的利益可能遭受不必要的损失。农民社会福利制度也没有得到很好的执行，土地流转后农民生活没有得到保障，面临择业，即重新选择从事农业或非农业生产活动，而其就业形势是非常严峻的。

（5）土地流转集中于城镇附近。

近几年土地流转取得明显的成效，企业、合作社和农业种植大户纷纷扩大规模，承包更多的土地进行农业生产活动，以期获益更多。根据数据分析，牛棚镇土地流转项目主要集中在距牛棚镇 5000 米以内的村庄进行，这些村子 2019 年土地流转了 7900 亩，距城镇 5000 米以外的各个村流转的土地仅 3100 亩。这就导致城镇附近各个村有的农户想种却得不到土地，偏远的村子有的农户因劳动力不足而将大量土地闲置，或因为进城务工而将土地撂荒，大量的土地资源被浪费，导致土地没有得到合理的利用。

2. 成因分析

（1）自然环境、社会经济阻碍土地流转。

小规模的分散经营与农业基础设施不完善是发展现代农业的主要障碍。由于自然环境和社会经济因素的影响，小规模分散经营成为农村土地经营的主流，土壤肥力不足、缺水、地形崎岖、道路交通不便、耕地多为坡地、土地分散且碎块化严重等问题导致农产品产量低、流通量小。社会经济发展较为落后，基础设施不完善，区位和市场等因素导致投入成本高、收益小，很难吸引企业和合作社投资经营土地，制约了农业规模化、集约化的发展，阻碍了土地流转。

（2）封建思想制约土地流转。

在社会经济发展较为落后的农村，人们受教育程度普遍不高，农户一般自给自足，缺乏合作互助的意识。他们受封建思想的束缚，存在"恋土"情结，对土地流转认识不到位，担心土地流转以后会彻底失去土地，他们也认为自己有能力经营自家土地而不愿流转。近年来，国家出台一些优惠政策，如惠农补贴、良种补贴、农机肥补贴等，但有的农民却认为土地能够获取更多的利益而不愿将土地流转出去。一些进城从事第二、第三产业的人或经商的人也不愿将土地流转出去。有些农民也存在认识误区，认为土地承包经营权流转出去后，自己再也不能收回自己的土地了，且土地一旦流转就不能享受国家惠农补贴，土地被征收也不能获得相应的费用，这些因素都制约着土地流转。

（3）土地流转过程中法律机制、风险机制不健全。

近年来，随着土地流转工作的深入，相关部门也出台了政策，但很多只在短时间内起作用，且有的只是原则性的文件，缺乏执行性和系统性，对土地流转并没有起到太大的实质性保护作用，即使有部分较为明确的法规，也因各基层部门政策宣传不到位，对土地流转工作认识不足，流转服务性不强，执行力度不够，落实不到位等，影响了人们土地流转的积极性。相关部门一味地推进土地流转，却忽略了土地流转中存在的自然风险和市场风险，对于这些风险并没有相应的政策规定和补救措施，承租者和出租者双方并没有得到风险保障，阻碍了土地流转。

（4）社会基本保障不完善。

土地不仅是农民生存的基本保障，还是农民生活的基础。农民靠土地从事农业生产活动以获取最基本的生活所需，一些农户认为放弃了土地承包经营权和使用权也就相当于失去了土地产出的利益。在经济发展较落后的山区，农民将土地视为最重要的生活保障，不愿意放弃土地的承包经营权和管理土地的权利，土地流转后农民的生活、子女上学、就业等也可能成为一个严重的问题。随着产业结构的调整，农村大量劳动力进城务工，由于得不到社会保障，务工不稳定，收入也不稳定，农户只能紧紧抓住能自谋生路的土地，土地成为了农民最后的保障。牛棚镇经济发展较为落后，多数农民受教育程度较低，农民工就业难，工资没有保障，这些问题同样阻碍了土地流转。

（5）资金短缺制约土地流转。

农民想要扩大种植规模，承包大范围的土地进行规模经营，从事现代农业生产，但各渠道提供给农户的贷款金额很少，农户也不能用土地抵押来提高贷款额度，其缺乏资金就很难进行土地的开发与利用，很难扩大规模，从而制约了土地规模化经营。土地流转相关政策性文件的出台，鼓励金融机构支持农业发展，在一定程度上推动了土地规模经营，但在贷款之前受让方的相关费用须由承包方自行解决，承包方资金不足，进而影响了土地流转的进程，制约了农户扩大规模经营，影响了土地的规模化、集约化、高质量发展。

五、对策与建议

1. 相关部门加大对农村和土地的投入力度

农村较快较好地发展是推进土地流转工作顺利开展的关键，农村经济发展、基础设施的完善为土地流转提供了条件，政府应保证乡村公路、水利设施的建设，优化农村社会环境，加大对农村基础设施建设的投入。农业的高效生产依靠技术与土壤肥力，政府应采用生物工程培肥土壤，利用先进的技术把贫瘠的土地变成农业生产的宝地。在农地修建机耕道，利于农民翻新土地，改善土壤，提高土地生产能力。土壤肥力越高，农村生产能力越强，就越能吸引更多的企业、农业合作社来投资土地，促进土地有效的流转。

2. 扩宽宣传渠道，加大宣传力度

土地流转是合理配置土地资源、提高土地利用效率的重要举措。各级政府应该进一步加强农村对土地流转工作的认识，成立专门的土地流转工作小组，切实将这项工作落到实处。政府可以在最先进行土地流转且取得较好成效的村子建立示范村，通过网络、报纸、宣传栏、传单、微信公众号、各村派代表参加土地流转政策的相关学习等形式进行宣传。基层管理人员也应努力让农户了解更多关于土地流转的相关政策及益处，提高农户的认识，积极地入村、入户宣传土地流转的相关政策及法规。相关管理人员应提升自身的素质与水平，为更多咨询土地流转的农户答疑解惑，全面积极地引导农民积极参与到土地流转工作中。

3. 建立健全土地流转风险机制，使农业收益最大化

农业生产成本高且收益时效长，农业规模化经营的程度受资金数量与投入量的影响。为提高防灾减灾的能力，降低土地流转的风险，相关部门应该加强对道路、水利、农产品流通点、技术推广、气象等基本设施的建设。相关部门应制定优惠政策对企业、农业合作社和种植大户进行扶持，激励银行和各融资机构以担保贷款和减税贴息等方式简化贷款手续，放宽审批额度，为企业、农业合作社和种植大户提供农地经营资金，促进土地流转。政府调节市场机制的同时应设立专项资金，对规模经营达到一定程度的农户给予补贴，加大对企业的扶持力度，设立农副产品的风险基金，遇到自然灾害时可进行相应的补贴，减少其损失，使农业收益达到最大化，保障流出和流入双方的利益。

4. 完善社会保障体系，切实保障农民利益

土地一直以来都是农民生活最基本的保障，相关部门应严格监管土地流转租

金的到位情况，积极落实农户与企业或合作社的利润分红，切实保障农户利益。由于牛棚镇发展较为落后，社会保障不到位，导致农户对土地流转存在顾虑，政府应加大对农村社会保障事业的资金投入，更好解决农村养老问题；扩大医疗制度覆盖范围，加大力度完善农村医疗保险制度，切实解决农民看病难的问题；提高农村最低生活保障，制定相关政策解决农村高龄留守老人和丧失劳动能力人员的社会保障问题；对于已参加土地流转的农户，要积极引导其就业与创业，并参加商业保险，提高保障能力，逐步实现经济补偿、社会保障、就业服务，加强已参与土地流转农民的基本保障。

5. 因地制宜地制定土地流转政策

随着社会经济的发展，土地流转的形式逐渐多样化，各种矛盾显现，现行的土地政策已不能够满足农村实际需要。政府部门要结合各村各地的实际情况，针对不同的自然、人文、经济等因素，实地考察，结合土地的生产环境、农村经济发展状况、人口受教育情况，加大优势发展，规避劣势，制定有利于本区域发展的优惠政策；可以和相关金融机构合作，用产权抵押，提高种植大户贷款额度；扩大农业政策性保障范围，给予农户流转每亩土地相应的补贴，鼓励农户进行土地流转；加强农村基础设施建设，促进土地流转；明确规范流转程序、各主体间的权利与义务、流转的原则、各部门的职能，基层管理人员要按照相关规定履行自己的职能，明确违反法律法规的政策性措施，吸引更多龙头企业、种植大户和合作社进行投资经营土地，促进土地的有序流转。

第五节　仁怀市上寨村土地流转对农户收入的影响分析

有关数据统计表明，截至2019年底我国农村共有63.2亿亩的土地，其中包括2.6亿亩农村集体建设用地和60.6亿亩的农用地。虽然农村土地的总量比较大，但是结合我国人口众多这一实际情况来看，人均耕地资源并不多。如果不进行规模种植、降低生产成本，农民种植利润就上不去。随着社会经济的不断发展，人力、物力成本升高，从事农业生产的投入不断上涨，但投入之后生产收益却并没有得到有效的增长，大量从事农业生产的农户生产积极性不断降低，大量的农村土地闲置抛荒，在造成资源浪费的同时严重影响了农户收入。土地流转能够更加合理地配置土地资源，并且能够进一步激活农村富余劳动力的转移，使得农业生产更加规模、集约、高效。因此，土地流转是一项直接关系到数以亿计农村人口的大事。本节通过对仁怀市上寨村土地流转情况的调查，了解农村土地流转的具体实施模式，以及对农户收入的影响，为农村土地流转及其管理提供经验借鉴。

一、土地流转对农民收入的影响

1. 研究背景及意义

随着社会经济的不断发展，越来越多的农村劳动力开始向有更多劳动力需求的非农产业转移，再加上农业生产的收益不足以满足人们的需求，从事非农生产的农村人数增多。由于从事农业生产的人在不断减少，导致很多地方都存在耕地闲置、撂荒现象。土地流转能够减少土地闲置、撂荒的问题，促进土地资源的合理配置。土地流转可以将原本闲置以及撂荒的土地流转给有土地需求的其他农户或企业等经济组织，土地转入方通过投入资金、技术等来进行科学、合理的规模化经营使用，在减少土地资源浪费的同时又可以达到合理利用土地的目的，并且土地流转能在一定程度上减少农民损失。

仁怀市上寨村主要是一家一户的以家庭为单位的分散耕作经营，农业的生产以及农产品都形不成规模，再加上市场信息来源不通畅，无法根据市场来调节农业生产，导致农民在市场竞争上往往处于劣势。土地流转有利于解决和实现生产要素的优化配置和组合，发展适度规模经营生产市场需要的农产品，也可以增强农产品的市场竞争力，从而有利于提高农业经济效益，有利于农业增产和农民增收。本节通过研究该地区土地流转过程中土地流转的实施方式以及土地流转后农户收益的改变，开展土地流转对农民收入的影响分析。

2. 国内外研究现状

伍振军（2014）认为在 20 世纪 80 年代中后期，我国农村土地流转就开始出现。随后，各地土地流转机构开始建立，进一步促进了土地流转。近几年我国土地流转规模逐步扩大，并呈现一些明显特征：国内土地流转的速度不断加快，发展规模不断扩大，质量也在持续提高，土地流转市场逐步完善但是转包和出租仍然是主要形式。徐婷婷（2018）认为在国内社会经济的发展模式下，土地流转是一个必然的趋势，现在关于土地流转的研究也主要集中在政策制度的完善、限制因素以及问题的处理方面。魏巧梭（2014）认为新中国成立后，我国农村的土地流转经历了五个阶段，包括：1949~1955 年的自由流转阶段，1956~1977 年的禁止流转阶段，1978～1983 年的自由流转阶段，1984～2007 年的自发流转阶段，2008 年至今的规范流转阶段。陈璐和费佩（2010）认为国内对于土地流转的研究还缺乏如何建立起一个合理有效的流转机制及相应配套措施的问题。苏祥鼎和余宝钗（2017）认为我国土地流转普遍存在速度缓慢的问题。

由于制度等方面的原因，国外的土地流转和国内的土地流转情况有很大的差别。刘莉君（2013）认为，因为国外很多国家实行土地私有制度，所以国外对"土地流转"这一词语的使用是很少的，但是在具体交易中也会存在流转这一行为，而国外对于土地流转的研究主要是农村土地交易状况、农村土地交易影响因素、农村土地交易及其效率、土地规模经营及其效率方面。易艳霞和林寰（2015）认为国外关于农村土地流转的研究主要集中体现在土地产权、地租地价、土地交易等方面。我国在关于土地政策和制度方面的研究起步相比于国外较晚，国外的研究方法对我国影响较大，但是我国学者在不断地吸取其研究经验，并结合我国实际的基础上，探索出了适宜我国的土地政策制度，虽然现在还存在许多的问题，但是我们正在不断地实践完善，并积极探寻解决的方法与对策。

3. 研究方案

本节通过对研究区土地流转情况进行调查，比较土地流转前后农户收入的变化，探究土地流转会对农户带来哪些方面的影响，特别对农户经济收益的影响，分析流转过程中面临的机遇和问题，从而提出对策与建议。

通过与土地转入方和转出方进行谈话问询的方式，对土地流转方式、生产经营模式、预期投入、收益等数据进行收集，具体包括了解土地转入方的生产经营模式以及预期收益等情况，而对土地转出方进行实地走访抽样调查，了解包括土地流转的方式、土地流转前后收入的变化等情况。另外，我们还查阅相关文献，对研究区的社会经济概况和自然地理概况等进行了解。

二、研究区概况

1. 自然地理概况

上寨村地势起伏大且高低分布不均，总体呈现出陡坡状地形；平均海拔 950 米，但是由于地势起伏较大相对落差达到 830 米；四季分明且日照适中，年平均降水量 2800 毫米，雨量丰富；年平均温度为 28 摄氏度，整体气候湿润而温和，属亚热带气候；受地形、海拔高度等地理因素的影响，垂直气候明显；由于地处云贵高原，多山地地形，加上土壤贫瘠，土地并不十分适宜农业生产。

2. 社会经济概况

上寨村所辖社区有五一、上大坪、良丰、联河、中寨、下寨、核大坡、边寨、三会口等，2018 年总户数为 806 户，总人口为 3348 人，辖 12 个村民组。各个村民组也各有其特点，其中超过一半的村民组离县道较远，依靠通村的小马路作为主要运输路线，且境内地势起伏大，多为盘山公路，路窄、坡陡、弯急等。在基础设施方面，由于地形起伏大且境内呈斜坡状，再加之森林被毁严重，水资源匮乏，大多是依靠大气降雨从山顶蓄积水库引水。由于居住点分布较为分散且水利设施并不完善，部分群众只能靠自然降水解决人畜饮水问题。同时，由于水利设施的不完善，加之村民经济紧张，部分村民在自筹和政府扶持相结合下，在家中或者较为集中的居民点建起了小水窖，基本可以解决人畜饮水问题。上寨村距离镇政府约 5 千米，距离县城 30 千米。

3. 土地利用状况

2018 年上寨村耕地总面积 5005 亩，其中高粱种植面积达到 3100 亩，约占总耕地面积的 62%；玉米种植面积 1000 亩，约占总耕地面积的 20%；水稻种植面积 105 亩，约占总耕地面积的 2%；其他种植面积 800 亩，约占总耕地面积的 16%。全村森林覆盖率约为 40%。上寨村耕地种植类型如图 1-11 所示。

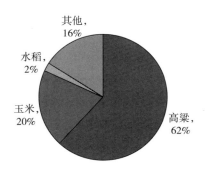

图 1-11　2018 年上寨村耕地种植类型

由于近年来社会经济的不断发展，土地耕作成本、人力成本等生产投入成本也在不断地上涨，越来越多的农村人口向外输出，从事农业耕作的人越来越少，从而也就导致大量的土地闲置。为方便耕作生产，仅有少量从事农业耕作的人会选择离家近或者是在路边便于运输土地上进行耕作。在人少地少的情况下，农业生产的收益也相应减少，这在一定程度上也大大打击了农户耕作的积极性。

在耕地面积仅有5005亩的情况下，上寨村从事非农生产人数远不及从事农业生产的人口数，总体收益并不高。当地主要从事粮食作物的种植，人力、物力投资大，但是最终收益并不理想。少部分的经济作物主要为高粱，但是投入比较大，加之劳动力少、周期长，总体收益也不很高。研究区境内并无企业等非农业生产单位，也就导致农户收入来源较为单一，只能依靠务农或者外出务工。

4. 土地流转概况

土地流转的模式包括土地互换、土地出租、土地入股、土地转包、土地转让五种。仁怀市上寨村的土地流转以土地出租为主。仁怀市上寨村通过"公司+农户"的模式将闲置土地及部分种植耕地流转给仁怀市玉枫农业有限公司，流转土地总计400亩，土地租金共计15万元。根据土地以及时节、气候的变化对土地进行不同方式的利用，包括套种大球盖菇，在种植和采收时节都会产生用工需求。单是在大球盖菇采收期，每天用工人数就达到50余人次。在大球盖菇采收过后会在原种植大球盖菇的土地上种植黄花，而黄花在该地区有比较长的种植历史，农户有着丰富的种植经验，在此期间也会产生用工需求。通过以上不同的种植模式更大程度地对土地进行因地制宜的合理利用，在增加收入的同时减少了资源的浪费。

为了保证种植的农产品生长，在这期间需要兴建基础设施，包括新建水池6口、两米宽的耕作便道400米、0.8米宽的耕作便道3370米，共计投入中央财政专项扶贫资金55.6万元，该产业覆盖农户265户共1025人。政府投入的扶贫资金255.60万元，其中102.24万元（占比40%）用于仁怀市玉枫农业有限公司做产业发展和基础设施建设，153.36万元（占比60%）用于上寨村196户贫困户入股分红和村集体经济增长。从2018年开始，仁怀市玉枫农业有限公司每年按投入扶贫资金153.36万元的7%的利润上交村委会，并按20%的比例逐年增加。在产业发展结束后全额退回贫困户入股资金153.36万元，户均7824元。基础设施的建设不但有利于土地流转期间的农产品种植，而且有利于今后该地区农户的生产生活。

三、土地流转对农户收入的影响

1. 土地流转后农户收入的变化

土地的流转离不开经济的发展，尤其是就业岗位的增加，因为如果没有新的就业岗位，农民就会被束缚在土地上无法参与其他生产活动。现如今，我国经济发展不充分、就业岗位相对缺少，且其中大部分岗位不适合农民或者对农民没有足够的吸引力，更无法保障农民的养老需求，导致大部分农民无法放弃土地。由于研究区内并无企业、工厂等，农户除了进行种植之外大多选择外出务工，农闲时也偶尔会就近做些零工，但是总体收益并不是很高。随着经济的不断发展，耕作投入成本也在不断增长，但是单纯的粮食作物收益却不是很高，在这种情况下就导致有劳动力的人会选择外出寻找就业机会。一个家庭可供种植的土地在除去种植自身所需的粮食作物之外，只会余留很少的土地进行经济作物的种植。在进行土地流转之前，农户家庭人均年收入在 1 万元左右，而在将土地进行流转之后，农户出现"无地可种"，富余劳动力开始向外转移输出，外出务工人员和从事非农生产的人员增加，农户经济收入也随之增多。

在土地流转之后，农户的收入由流转土地费用、从事非农生产的工资性收入、外出务工等几部分组成。其中，流转土地 400 亩一年的费用大概 15 万元，农户在流转的土地上进行工作的费用一年总计达 20 多万元，而富余转移劳动力所产生的费用无法估计。单是在流转土地上种植的大球盖菇收获采摘期间，单人工资最高收入就达到 9000 元以上。这样的收入对于一个原本从事农业生产的农民来说，是一笔较为可观的收入，加上因为土地流转之后所产生的一系列收入，可以说土地流转不但合理地利用了土地资源，而且给农户收入带来了较大的改变。通过对研究区农户抽样调查得到的数据进行对比分析，可以看出土地流转前后农户家庭收入的变化，具体如表 1-28 所示。

表 1-28　土地流转前后农户家庭收入的变化　　　　　　　　单位：元

	流转前	流转后
种植收益	9805	2355
养殖收益	2897	10235
务工收入	40257	80056
其他收入	1000	1000
总计	53959	93646

从表 1-28 的数据可以看出，在进行土地流转之后，由于劳动力得到了解放，农户家庭的总收入呈现正增长的状态，增长金额总计达到了 39687 元，其中种植收益虽然有所减少，但是由于种植时间的减少，农民有更多时间从事其他的工作，所以在养殖收益、务工收入项目上收益有明显的提升。由于土地流转将原本被束缚在土地上的劳动力大大解放了出来，人们的生产劳动时间不仅仅限于土地

耕作，大部分的人会选择进城务工或者选择就近的地方做一些临时性的工作，闲暇之余也有更多的时间来进行家禽养殖等，可以增加更多的收入。结合当地的实际情况可以看出，不同于传统的耕作，养殖家禽的收入会高于当地传统的农业耕作收入。由于当地耕地大多远离交通干线，在整个耕作生产的过程中所有的流程基本上都需要依靠人力完成，仅有少部分的土地翻耕是可以依靠畜力，因此整个过程不单是耗费的人力比较大，其效率也不高，这就造成了耕作成本高但是收益不大的局面。在土地流转之后，很大程度上解决了这种问题，农户收入在土地流转之后也得到很大的提升。土地流转对农户而言不但是解放了劳动力，提高了生产力，而且还提高了农业生产的效率和土地资源的利用率。

2. 影响因素分析

（1）富余劳动力转移。

从事农业生产的农户在将土地进行流转之后，会出现一种"无地可种"的现象，造成原本从事农业生产的大量富余劳动力，特别是在富余劳动力中占比较大的青壮年，多数会选择外出务工。研究区涉及的土地流转农户共 265 户，人口共 1025 人，其中大约有富余劳动力 200 人，在土地流转之后，他们基本都选择外出务工。农村劳动力转移，在满足劳动力输入地区用工需要的同时也能增加输出地区本身的收入，且这样的收入远大于其在农村进行农业生产的收入。因此，土地流转在很大程度上增加了农户家庭的总收入。

（2）非农就业机会增加。

土地流转之后，一部分富余劳动力因自身或一些其他因素无法外出务工，他们大多会选择就近临时就业，主要是在土地转入的农业公司里从事非农生产。非农就业大约每人每天工资在 100 元。总的来说，非农生产的收入也会大于农户原来进行农业生产的收入。

（3）工资性收入增加。

当地开展土地流转之后，转入方也是在土地上种植经济作物，在整个农业生产的过程中也会出现需要大量劳动力的时候。一般这类生产的劳动强度并不是很高，也并不需要专业的技能，不单是原来从事农业生产的农户家庭成员可以参与其中，甚至一些原来无法从事高强度农业劳作的农户家庭成员也可以加入。在大球盖菇采收期，每天用工人数就达到 50 余人次。每人每天大约会采摘蘑菇 80 斤左右，以每斤 0.5 元的工钱计算，大约每人每天能收入 40 元。考虑菇类生长的习性，一般只会安排上午的时间进行采摘，也就是说，一个农民半天的工作时间就能收入 40 元。可见，通过土地流转，农户的家庭收入也会随之增加。

四、土地流转面临的机遇和挑战

1. 土地流转的机遇

（1）政府主导及相关政策支持。

20世纪80年代中后期，我国农村的土地流转就陆续开始出现，并且《关于引导农村土地经营权有序流转发展农业适度规模经营的意见》等一系列相关政策制度的实施，对推进农村土地流转有着积极的引导作用。地方政府积极引进相关企业进行土地流转，结合当地的具体情况，因地制宜地发展经济作物种植，也在一定程度上推动了该地区的土地流转。

（2）农村劳动力减少，造成大量土地闲置。

随着社会经济的不断发展、人们受教育程度的提高以及思想观念的不断进步，农村青壮年劳动力拥有更多获得收入的方式，越来越多的农村劳动力进入城市谋求新的发展，而不再单纯地依赖于土地，这也就造成了大量土地的闲置和抛荒。土地流转将大量闲置、抛荒的土地进行有效的利用，一方面减少了资源的浪费，另一方面也能减少农户的损失。

（3）农村缺乏劳动力，流转意愿高。

由于从事非农生产的农村人员增加，而农村留守人员则多是老、幼、弱，已经无力独自完成农业耕作，农村劳动力的大量缺失使得农户更加愿意将原来闲置、抛荒的土地进行流转。农民在生产劳作中长期与土地打交道，对土地产生了深厚的情感，在劳动力减少又无力耕作的情况下，眼看着土地被闲置、抛荒，心理上也是很难接受的，而土地流转将闲置、抛荒的土地重新加以利用，能在一定程度上减少这种负面的情绪。

（4）规模经营能够提高农业收入。

研究区地势起伏大、土地之间连接性并不强，无法进行大规模的机械化耕作。再加上分散的单纯以家庭为单位的耕作方式，不但需要投入大量劳动力，而且农业生产的收益也不高，这大大降低了农户生产的积极性。通过土地流转进行统一的农业生产，结合科学、合理的耕作方式对土地采用新的耕作利用方式，在相同投入甚至较少投入的情况下有效地增加了农业收入，这大大促进了土地的流转。

（5）现代种植收益提高生产积极性。

由于农户自主耕作大多会选择粮食性作物，在满足自身需求之后才会选择对经济作物进行种植，在这一过程中耗费了大量人力、物力，同时并没有取得与投入相对应的收益。再加上市场调节具有自发性、盲目性、滞后性的特点，农户自主种植的经济作物大多也会由于种种原因而并没有取得预期的收益，长期下来会在一定程度上降低种植经济作物的积极性。通过土地流转，土地转入方进行科学、合理的种植规划后再进行大规模的经济作物种植，根据市场所需求的产品种类和需求量进行生产，在合理的生产投入下，能够取得相应的收益。有效的资源配置在减少投入的同时，还大大地提高了生产的积极性。

2. 土地流转的挑战

（1）农民土地流转的意愿不强。

由于现在农村参与农业生产的大多是年龄偏大的人，他们受教育程度普遍不高，思想文化素质较低。他们对于土地流转的认知并不高，从事农业生产是其收入的重要组成部分，如果土地流转不能满足当初预期，会导致他们未来收入的减少，进而对利益产生影响，因此部分农户对土地流转采取观望甚至是拒绝的态度。

（2）土地流转的经营者销售渠道单一。

在土地流转过程中，土地经营者收入往往是依靠农产品的销售来满足。由于销售渠道单一，如果某季的销售情况不能满足预期规划而造成产量滞销，不但会造成产品的浪费，还会直接影响经营者和土地承包者的经济收入，严重的甚至造成土地流转的失败。比如研究区种植的大球盖菇，其采摘时限要求特别短，对储存、运输也有较高的时间要求。从采摘、储存、运输一直到消费者手中这一过程，不但对时间要求比较紧，而且需要一定的技术设备支持。在销售渠道单一的情况下，一旦无法满足销售要求，就会对土地经营者造成巨大的损失，从而直接影响整个土地流转，甚至导致土地流转的失败。

（3）土地流转缺乏保障机制。

土地在农户心中是一条最后的保障线，进城务工或者从事其他非农生产的人员，在其事业不理想或者由于一些其他原因无法继续从事当前的工作后，会把还可以从事农业生产作为最后的保障。然而，如果将土地流转之后，因为签订了相关的租赁协议，手里无地可耕，与此同时非农收入也没了来源，那么无疑会加重其生活负担，导致生活更加困难。另外，如果遇到土地转入方中途毁约的情况，也会影响农户的生计。这就导致许多农户在土地闲置甚至是土地抛荒的情况下，也不愿意进行土地流转，而是将土地紧紧攥在自己手中。这是土地流转保障机制缺乏对转出方的影响。当然，它也会对土地转入方产生一系列的影响。比如，土地转入方最后会将产品卖向市场，由于农作物生产需要一定的生长周期，而且农作物的生产周期一般会远远大于其他市场产品的生产周期，那么在这一周期内一旦市场行情变化，市场对其产品的需求也会随之发生改变，最终可能导致其预期产值发生改变。

五、对策与建议

随着社会经济的发展，人民日益增长的生活需求也在不断增加，但一些地区由于自身环境因素以及其他因素的影响，很多农户无法从事大规模、机械化、集约化的农业生产，也就无法满足其日益增长的生活需求。通过土地流转，能够促进大量农村富余劳动力转移，能够更加充分有效地利用土地资源，同时增加农户收入，加快农业发展，促进农村经济的转型升级。然而，当前的土地流转也存在许多问题，需要从以下四个方面来完善。

1. 建立和完善农村土地流转市场机制，发挥农村土地流转的规模效应

农民的信息来源渠道相对单一，信息的缺乏会极大地影响土地流转的开展。农村土地流转信息发布平台的建立，可以让有意愿进行土地流转的转出方和对土地有需求的转入方获得更多的土地流转相关信息，能在一定程度上提高土地流转成功的概率，还有利于引导农民土地流转方式的规范化。另外，还需要建立合理的农村土地流转价格定价机制，明确土地流转价格，尽可能提高土地转入方进行土地流转的积极性。一方面，通过政府主导土地流转，能够充分保障土地流转双方的权益，特别是对土地流转中处于弱势地位的农民加以保护；另一方面，由政府主导进行较大规模的土地流转还可以提高土地利用的规模效应，从而保证土地流转的顺利进行。

2. 促进经济持续增长，实现农村土地流转中的劳动力转移

我国人多地少的基本国情决定了我国农业发展必然会受到耕地资源总量和质量的制约，也就决定了我国无法采取像其他地多人少且耕地质量较好的国家一样的农业发展模式来保证农民的收入。因此，单纯依靠增加农产品产量和提高农产品价格的方式来增加农民收入是无法长期实行的。农民要想增加收入，只有在农业生产之外寻求其他的非农收入。唯有将原本"栓"在土地上的农民的双手解放出来，通过参与更多的其他生产活动，才能达到增加收入的目的。

3. 加快统筹城乡发展，建立社会保障系统

在土地流转之后，农户收入方式会发生改变，非农就业所产生的收入和工资性收入会占据总收入组成的很大部分，其生活依靠会由之前的农业生产改变为非农就业收入。一旦出现一些突发状况，如土地流转的突然结束、非农就业岗位的

大幅度降低或者之前要求的就业收入发生变故而难以得到，农民的生计就难以保障。因此，要加快统筹城乡发展，建立健全社会保障体系，保证农民流转地后，当非农就业领域发生收入风险时，生活也有所保障。同时，还需对土地转出方以及留守老年人的生计和养老予以保障。农民没有了"后顾之忧"，才会增强其流转土地的意愿，增加土地流转。

4. 发挥政府的主导作用，协调农村劳动力转移

经济发展相对落后的地区，在政府主导型的土地流转中，由于农村劳动力的转移空间较小，会导致农村劳动力转移并不充分。将承包地进行流转之后，以往依靠土地生活的农民失去了长期耕作的土地，收入来源会发生改变，如果不适应这种改变或者收入得不到有效的保障，就容易引发社会矛盾。因此，在此类由政府主导的土地流转过程中，政府应做好相应的劳动力转移就业工作，真正实现农村劳动力低成本转移，合理配置并充分利用农村劳动力资源，实现农民增收和建设城镇的双重目标。与此同时，还可以促进第二、第三产业的发展，增加就业机会。

第六节　盘州市民主镇土地撂荒问题分析

为守住 18 亿亩耕地红线不被破坏，要对土地撂荒的行为加以制止。本节主要是对盘州市民主镇土地撂荒的现象进行分析，首先从自然地理概况、社会经济情况和土地利用状况等方面对民主镇进行介绍。其次，对民主镇种植农作物的耕地撂荒情况进行分析。通过对民主镇土地撂荒特点和存在的问题进行分析，认为土地撂荒是造成土地质量下降以及人均耕地减少的重要原因，会对农业经济造成很大影响。造成土地撂荒的因素包括人为因素、自然因素、经济因素等，最后结合这些影响因素提出治理撂荒地的对策与建议。

一、土地撂荒问题的提出

1. 研究背景及意义

我国作为一个农业大国，土地是农民生存的基础，是农民吃穿住的基本资料来源。民以食为天，则体现出了耕地的重要性。耕地是农民生活的保障，但随着农村土地撂荒现象的加重，耕地面积正不断减少。撂荒地的增加会导致许多严重

的社会问题，会使人均耕地减少、农民的经济收入降低，经济基础无法得到保障。由于农村许多农民农业方面的专业技术知识和耕地保护的意识不足，任由自家的土地朝着撂荒地的方向发展，逐渐成为抛荒地，进一步加速了耕地面积的减少，这种情况在农村正在逐渐增多。为保护18亿亩耕地红线不被触碰，为研究撂荒地的危害及其影响，需要对农村土地撂荒的原因进行分析，并针对原因提出相应的解决措施及对策。

土地撂荒是指以前适宜耕种的土地在不进行耕种的情况下，主动地任其荒芜，成为了撂荒地，慢慢发展就成为抛荒地，就不具有种植农作物的能力了。随着时代的发展，由于耕种没有太多的经济收入，农村青年和中年人更愿意进城务工挣钱，还有人就在城里定居下来，留在家里的基本上是老人和小孩，农村的土地慢慢无人管理，从而造成土地的撂荒，这种现象在逐渐增加。尤其是在一些欠发达地区，特别是一些地势恶劣、土地贫瘠的地方，土地撂荒的现象更为严重，这些地区没有科学的管理规划，也没有健全的土地流转机制，土地撂荒的现象具有一般性和长期性。

2. 研究综述

随着离开家乡外出务工人员的不断增加，土地的种植方式简单粗放，土地可复种植率下降，土地撂荒在我国农村已是一种普遍现象。在我国，农村出现"一方面是土地资源严重稀缺，农村劳动力快速减少；另一方面则是大量的耕地被弃耕、撂荒形成抛荒"的奇特现象。耕地大面积撂荒的现实，无疑是对保护18亿亩耕地红线的冲击，会对我国粮食安全问题造成较大的影响，也会影响到农业稳定发展。可以说，土地撂荒不仅影响一个国家粮食安全的保障问题，也反映出一个国家的社会经济问题。我国是土地撂荒现象比较严重的国家，加上国际上曾出现过粮食危机，使得人们更为关注粮食安全问题，因此有必要对农村出现的土地撂荒现象及其成因进行分析。为寻求土地撂荒的破解之道，国内外学者也对土地撂荒问题开展了大量研究。

学者Prishchepov等（1997）分析了俄罗斯1990~2000年的耕地撂荒情况，首要原因是20世纪80年代末期粮食产量低、人口密度小、森林内部的独立农业区与耕地临近森林边缘。Gellrich和Zimmermann（2007）研究了瑞士山区耕地撂荒的情况，认为该山区土地撂荒的主要影响因素是土壤耕层浅薄、种植比较耗时耗力、陡坡和道路基础设施差，人们无法对该山区的土地进行种植。史铁丑和李秀彬（2013）提出土地撂荒最早发生在欧洲，土地撂荒会被自然演替所影响，森林植被会代替被撂荒的土地。土地撂荒则会带来许多不利的影响，会影响农用地土壤和粮食生产等。而土地撂荒在中国也有偏重的趋势，提出了欧洲耕地撂荒对我国的启示。他们对欧洲耕地撂荒的定义、规模、驱动因素等方面开展了研究，对中国耕地撂荒的现象、成因和今后研究的内容进行了分析，并对政府决策提出了一些建议。

陈颖等（2013）在《浅析轻耕在贵州山区撂荒地上的作用》中提到，近年来，由于大量劳动力的外出，贵州省撂荒地总面积已达 6.17 多万公顷。在贵州想要实现农业产量效益最大化，就要寻求新的耕种方式，一种适合贵州山区撂荒地的耕作方式，而轻耕则是一种不错的方式，在劳动力减少的情况下可以推广使用。轻耕不仅省时省力、减少成本，而且还可提高经济效益、社会效益和生态效益等。陈海燕（2015）在《浅议农村撂荒地问题成因及对策》中提出，如今的社会促进了城市化的快速推进，农村土地撂荒已是普遍现象，家中只剩老龄劳动力，无法种植较多的土地，农村就出现大量的撂荒地，而撂荒地是影响农村经济建设稳定发展的要素之一，因此对撂荒地问题进行遏制具有迫切性。郑泽洪（2016）在对重庆市江津区支坪镇撂荒地形成的原因及其治理措施的研究中，介绍了重庆市江津区支坪镇的基本情况，分析了形成撂荒地的因素，根据这些因素最后总结了该地区对撂荒地的治理措施和可行办法，为缓解撂荒地现象提供了重要的基础信息。温婧媛和李小英（2016）在《农村撂荒地开发利用研究综述》中谈到，撂荒地不仅影响粮食产量，而且影响生态环境，可见撂荒地具有一定的危害，想要遏制这些危害，就要从分析撂荒地的类型、原因以及撂荒地的土壤价值利用入手，并针对撂荒地治理提出科学、合理的对策建议，从而提高撂荒地资源地的利用价值，为其恢复农业生产打下理论基础。牛继强等（2017）对经济欠发达地区撂荒耕地空间格局与驱动因素进行分析，主要采用遥感（RS）、地理信息系统（GIS）技术、支持向量机（SVM）和景观指数等方法，提出了撂荒耕地信息提取的技术路线和研究思路。利用这些技术可以较好地对撂荒地进行遏制和治理，这些技术主要是用来提取撂荒地的时空分布信息和驱动因素，从地形、交通、灌溉等方面分析出撂荒地的成因以便更好地治理撂荒地。

从国内外的相关研究来看，土地撂荒的现象也是很普遍的，各个国家各地方导致土地撂荒的原因也各不相同。我国作为农业大国，农民的外出务工致使农村的耕地大面积荒废，使得我国的土地资源匮乏形势更加严峻，并且有较多的农村出现离乡农民不断增加、土地撂荒越发严重的现象。探寻耕地撂荒的形成原因十分重要，只有突破土地撂荒的形成原因才能更好地解决土地撂荒问题。本节主要通过对盘州市民主镇土地撂荒问题的剖析来寻找土地撂荒的成因，并对民主镇土地撂荒现象提出有效的防治措施。

3. 研究方案

（1）研究内容。

本节对盘州市民主镇农村土地撂荒的主要问题进行分析，并对土地撂荒的特点进行详细介绍；从土地撂荒的影响因素出发，研究土地撂荒所造成的影响和危害；从土地质量下降、人均耕地减少、农民经济收入等方面对土地撂荒所造成的影响进行综合性分析。

（2）研究方法。

通过借阅相关的文献和实地走访调查，应用综合因素分析法，从自然、人为、其他因素等方面对土地撂荒的现象和原因进行综合分析，并利用网络查询相关理论知识，从而针对土地撂荒现象提出解决措施。

（3）技术路线。

本节研究的技术路线如图 1-12 所示。

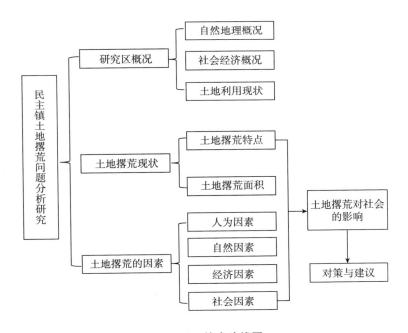

图 1-12　技术路线图

二、研究区概况

1. 自然地理概况

盘州市民主镇属于典型的喀斯特地貌,地处盘县南部山区,东距盘县古文化遗址十里大洞约 20 千米,南距盘县大山百里杜鹃约 6 千米,距南昆铁路小雨谷火车站约 15 千米,北距盘州市红果街道约 78 千米,西至省级旅游景点石桥妥乐古银杏旅游景区约 26 千米。民主镇属温和春干夏雨农业气候区,平均海拔 1300~2330 米。地形起伏较大,地势南高北低,北部为石山山原、山地和盆地,海拔较高;南部为低中山、低山丘陵,受河流切割、侵蚀强烈的影响,地形破碎、岩溶发育,坡度大。地表干旱缺水,给发展农业生产带来一定困难。

全镇共有土地面积 140 平方千米,20 个行政村,2018 年约 9320 户,共 3.56 万人,全镇耕地面积有 32247 亩,撂荒地有 3850 余亩,占全村耕地总面积的 11.9%。当地 90% 的农民居住在农村,若不外出务工,单纯在家耕种土地,生活上基本只能自给自足并无富余。

2. 社会经济概况

民主镇主要财税来源于弓角田煤矿和红岩洞金矿厂,而农民的主要经济收入靠种植农作物、养殖家禽和劳务输出。矿产资源主要有煤、汞、黄金、铁等,农作物以玉米、小麦、洋芋、油菜为主,畜牧业以养殖猪、牛、羊、家禽为主。现有猪品改点 21 个,牛品改点 4 个,羊品改点 1 个,畜牧业产值占农业总产量的 40% 以上。传统的土特产主要有核桃、板栗、葵花子等,水果享誉全县,糯寨茶叶远近闻名。这些矿产、农作物以及畜牧养殖等都是全镇经济来源的主要途径。近年来,民主镇社会经济各项事业正在稳步协调发展,基础设施建设也在明显改善。2018 年森林覆盖率达 38%;镇上的公路通村率已达 100%,并实现了村村户户通电,移动电话覆盖率达 100%;修建生产生活水窖 35381 立方米,沼气池共有 904 口;硬化道路、庭院 54907 立方米。镇上各项社会事业也在蓬勃发展,2018 年小学适龄儿童入学率为 100%,初中阶段毛入学率为 143.2%,合作医疗参合率为 82.24%。建成农村党员干部远程教育接收站点 16 个,科技推广成效显著,农民素质稳步提升。

3. 土地利用状况

民主镇基本是一个纯农业的乡镇,种植农作物以玉米、小麦、洋芋、油菜为主。由于受到海拔、气候等因素的影响,这些农作物以一年一熟为主。种植的玉米、小麦、洋芋等,粮食年产量可达 1 万元以上。近年来,农业产业结构调整力度非常大，调减低效农作物 3200 亩，种植烤烟 5000 余亩。由于该镇冬温高、冻害轻，茶树等生长情况良好，因而这里是茶树种植的理想地。近年来民主镇也把茶树作为一种重要的经济作物，茶叶可采摘面积达 30000 余亩。民主镇也稳步地推进蔬菜产业的发展，发挥蔬菜产业在助推乡村振兴中的重要作用。

三、土地撂荒现状

1. 土地撂荒特点

土地是不可再生资源。2013 年中央农村工作会议中指出，要坚守住 18 亿亩耕地红线。然而，随着社会的进步、城市化的快速发展，各地都出现了土地撂荒的现象。这一现象的出现无疑加快了耕地面积的减少，是对保护 18 亿亩耕地红线的冲击。在对民主镇的一些村落进行实地走访调查中得知，该镇的土地多为旱地，一些较为偏远地带土地是相对分散的零星地，贫瘠的土地基本上已被撂荒。

在调查土地撂荒问题的过程中发现，大多数农户都是自愿放弃耕种的，如今农户一年种植一亩土地的收入可能还不如在外面打工两三个月所挣的钱多。农户更愿意向高收入的方向发展，有能力者则会在城中安家立业。在外务工的农户每年就在过春节的时候才会回到家中，过完春节之后又匆匆忙忙地外出务工。除了节日之外，他们一年中大部分时间都是在城中居住，基本上不会再回到农村，这样也导致他们没有时间帮忙耕种农村的土地。而家中所剩的劳动力，只能耕种少量的土地，剩下不能耕种的土地就只能撂荒。被撂荒的土地，几年无人管理，地里的杂草甚至比人还高。在调查中得知，土地原来是农户的"命根子"，以前没有撂荒过一块土地，那时的农民只想吃饱饭，无论是偏远的山地、坡地还是贫瘠的土地，农民都是耕种的，都没有撂荒过。而如今老弱病残的人留守在家，造成"家有良田而无法耕种的"现象频繁出现。被农民视作"命根子"的土地就这样被撂荒确实也很可惜。

盘州市民主镇土地撂荒具有一般性撂荒和持久性撂荒的特点。一般性撂荒，是由于农村劳动力流失，大部分的农村人口进城务工，几年之后还会返回农村对这些土地进行耕种。而持久性撂荒则是对土地长时间不进行治理与耕种，逐渐地任其荒芜成为撂荒地，慢慢演变成抛荒的土地。根据撂荒的特点可以把民主镇的土地撂荒分为两种情况：一是土地闲置的情况，农村劳动力主体向城市转移，致使土地闲置基本上不再种植农作物，在无人管理的情况下，土地质量大大降低；二是土地荒废的情况，由于受到自然条件的影响，有些土地在出现自然灾害时就没有收成，农户也不再愿意投入劳力，致使这些土地自然地荒废。

2. 土地撂荒面积

盘州市民主镇共有 20 个行政村，需要对这 20 个行政村的土地总面积、人口总数、撂荒面积等进行数据收集和分析。民主镇的耕地面积比较少。本来可利用的土地就少之又少，再加上已经被撂荒的土地，农户种植的土地也就所剩无几了。这导致农户种植土地的积极性降低，对土地种植也就不想再投入太多的精力，土地撂荒现象就很难避免。然而，我们必须深刻地认识到，土地是农民的生存之本，种植土地、保护土地是每一个公民应尽的责任，不能随便地将土地放置成为撂荒地。

另外，我们对民主镇的 20 个行政村进行了数据收集和整理，得到了 2018 年 20 个村的农业人口总数、耕地面积与已撂荒面积等情况，具体如表 1-29 所示。

表 1-29　2018 年民主镇人口、耕地及撂荒情况　　　　　单位：亩

序号	村名	农业人口	耕地面积	已撂荒面积	人均耕地
1	洒树村	1451	1100.00	160.00	0.65
2	谭家寨村	2040	818.00	80.00	0.36
3	锅底塘村	1422	731.00	100.50	0.44
4	机密村	2307	1319.50	100.50	0.53
5	砂厂村	1828	2500.00	230.00	1.24
6	尖山村	2225	2300.00	270.00	0.91
7	小白岩村	1262	1326.00	26.00	1.03
8	李子树村	1121	735.50	110.50	0.56
9	滥滩村	2090	1500.00	200.00	0.62
10	下坝村	2285	2100.00	400.00	0.74
11	旧屋基村	940	1200.00	200.00	1.06
12	大厂阴村	2166	2307.00	240.00	0.95
13	博地村	1742	2460.00	180.00	1.31
14	下厂村	2252	3500.00	420.50	1.37
15	雨打河村	2420	3250.00	470.00	1.15
16	石阶路村	1960	700.00	66.00	0.32
17	马家厂村	1704	904.00	122.00	0.46
18	滑石村	1260	1600.00	238.00	1.08

续表

序号	村名	农业人口	耕地面积	已摞荒面积	人均耕地
19	马龙村	1337	1300.00	200.00	0.82
20	下糯寨村	1357	596.00	36.00	0.41
总计		35169	32247.00	3850.00	0.81

从表 1-29 可知，2018 年民主镇的农业人口有 35169 人，耕地总面积有 32247 亩，已经摞荒的土地有 3850 亩，算下来人均耕地面积不足 1 亩。对于民主镇来说，土地已经比较少了，大部分村寨的人均耕地都不足 1 亩。这也导致农户种植土地没有太多的收入。图 1-13 是 2018 年民主镇各村摞荒地面积占耕地面积的百分比。

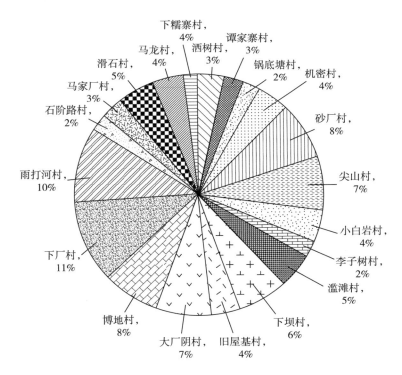

图 1-13　2018 年民主镇各村摞荒地面积占耕地面积的百分比

民主镇人均耕地也在逐渐减少，由原来的 0.90 亩/人，在土地摞荒后变成了

2018 年的 0.81 亩/人，人均耕地下降了 0.09 亩。在人地矛盾日益突出的当下，土地作为农民生存的基础，耕地是不应该被放弃的，即使是已被撂荒的，也应该拯救回来。由表 1-29 和图 1-13 可知，民主镇撂荒的土地面积还是比较多的，这仅仅只是一个镇的，而我国农村人口众多，如果每个镇都是这种情况，撂荒的土地面积将是一个很大的数字。针对这些撂荒的情况，拯救撂荒地也是一件攻坚克难的大事，需要从造成土地撂荒的原因入手。在走访调查中得知，农户土地撂荒的原因可总结归纳为人为因素、自然因素、经济因素和社会因素等。

四、土地撂荒的影响因素

1. 人为因素

土地撂荒问题主要是农村劳动力向城市转移，即农村劳动力进城务工、创业或者求学所导致的。现有的农村适龄劳动力主要集中在"70 后""80 后"和"90 后"，而这些人很多都不愿从事农地耕种，他们也缺乏一定的农地耕种技能。一方面，这些农户家里的孩子没有从事土地种植的意愿；另一方面，他们也不会让孩子们去参加与土地种植相关的事宜。因此，农村中土地种植也就基本上落在了那些留守在家中的老人和妇女身上了。而留在农村的这些已经上了年纪的人，他们的身体素质也不如以往那样的健朗，没要太大的精力对太多的土地进行耕种，也不能够长时间进行大量的劳累耕种，甚至有些老人基本上已经丧失劳动力，无法耕种土地而自愿放弃对一些土地的耕种，致使这些土地撂荒。虽然一些年迈的老人因为没有其他的经济收入来源，以及长期受到务农习惯的影响，即使身体欠佳也会对一些少量的土地进行耕种，但是依旧有很多的土地成为撂荒地，最终成为抛荒地。

另外，由于农村的教育较为落后，外出务工和求学、创业的人很多，城市的教育水平相对比农村好，许多有条件的农村人都会带着自己家的孩子到城里享受较好的教育资源。他们深知在农村耕作土地很苦、很累且没有太多的收入，宁愿进城务工也不愿留在家里辛苦地耕种土地。创业者因为在城里有着较为丰富的资源和人脉关系，而农村则没有这样的条件，也没有较好的平台，所以他们不愿留在农村。大部分人都会选择往城市里挤，大大地加剧了农村土地撂荒的进程。

2. 自然因素

受到自然因素的制约，土地也会因自然灾害而造成撂荒。尤其是近年来自然灾害较为严重，干旱、涝灾、强风、冰雹等导致一些土地颗粒无收，农户不得不放弃一些收益不好的土地。此外，地形、地貌也是影响撂荒的重要因素。受地形地貌和交通不便的影响，农业生产无法实现机械化，许多较为偏远的地块、贫瘠的地块，因无法正常耕种而被撂荒。

3. 经济因素

（1）种植效益不乐观。

由于种植土地只能带来微薄收入，农户需要寻求收入较高的渠道，而放弃耕种土地让其撂荒。土地撂荒问题已经是一种较为普遍的现象，土地撂荒对于一个相对贫困的地区来说，还会带来不稳定因素。尽管国家法律法规明确规定，要保护 18 亿亩耕地红线不被逾越，也实行了最为严格的耕地保护政策，但是城乡建设需要发展，在城乡建设发展中也难免会占用耕地，这些耕地我们该如何补救，其中哪些被撂荒的土地不应该被放弃？另外，在退耕还林政策的引导下，虽然有效地增加了森林面积，但是同时也减少了耕地的总量。目前而言，土地撂荒与否完全取决农户对这块土地收益的期望。通过走访调查，我们得到农户种植一亩土地的主要农作物的投入产出关系如表 1-30 所示。

表 1-30　种植农作物的投入与产出关系

主要农作物	玉米	小麦	洋芋
投入（元/亩）	500	80	500
产出（斤）	1500	200	2000
收入（元/斤）	1.1	2.5	1.2~1.5

以上是在收益好的情况下，农户在家一年所种植的农作物才有的收入情况。这些农作物在除去成本的情况下，玉米每年大约可收入 1150 元/亩，小麦每年大约可收入 420 元/亩，洋芋的价格每年都不同但基本在 1.2 到 1.5 元/斤，每年可收入 1900~2500 元/亩。种植农作物在年份较好的情况下，每年可获得收益为 3470~4070 元。这点收入肯定不如在外务工赚得多。在外务工的农户基本每年都有 3 万元左右的收入，较好的则有 5 万元左右。对于家中耕地数量少的更是如此，农民宁愿放弃种植土地而选择在外务工。

（2）农业生产收入较低。

农业生产收入偏低会使农户种植土地的积极性降低，而不愿意参与到农业生产中。民主镇粮食作物为一年一熟制，仅仅只靠种植这些传统的粮食作物，其收入根本无法满足基本生活需要。全镇属于人多地少的情况，很多人放弃耕作土地而去找其他较好的收入来源。近些年虽然镇上也实施了很多惠农政策，包括粮食种植补贴和购买农耕机械的补贴等，但是生产后的粮食价格总体也基本没有提高。一亩地的收入本来也就没有多少，而种植一亩地还需要投入一些基本的生产资料，如化肥、农药、农用的薄膜等。在物价上涨时，这些基本的农业生产资料也随之上涨，导致种植的土地收入就更少了，农户种植土地也就没有了动力。

4. 社会因素

除了人为因素、自然因素和经济因素的影响，土地撂荒还有一些其他的因素。社会因素中，基础设施差也是造成土地撂荒的重要原因。还有政府宣传不到位，管理不科学等，也会导致土地撂荒。

（1）农业基础设施薄弱。

民主镇作为一个基本纯农业的乡镇，受到地形不便的影响，农业设施基础相对较差，靠近路边的土地还好一些，农户种植的时候比较方便，也是农户更愿意种植的土地，农民可以直接进行机械作业，减少了较多的劳力输出。而那些偏远的山地、零星地、贫瘠的土地，无法开展机械化作业，基本上是靠人拼力气种植，在农村劳动力日益减少的情况下，只能选择让这些土地撂荒而不管理。即使管理这些土地，农民基本上也就是靠天吃饭，气候条件好的情况下，收入则会相对好一点。

（2）政府宣传不到位。

农户土地安全意识较淡薄，粮食生产安全关系着整个国家的安危，而粮食的生产则离不开我们的土地。政府对农民缺乏耕地撂荒相关知识的教育，有的农户即使承包了土地也是想耕种就耕种，不想耕种就不耕种，也没有必要的约束和监督管理制度。而农户对《中华人民共和国土地承包法》《中华人民共和国土地管理法》更是知之甚少，政府对这些法律知识宣传也不到位，农民对土地法律认知不清。另外，土地补贴的发放也存在不合理的因素。

五、土地撂荒对社会的影响

1. 土地撂荒对土地质量的影响

随着土地的大量流失，土地撂荒会对土地质量造成严重的影响。由于土地被农户长期闲置，农户也不再对土地进行治理，对土地的关注度减少，久而久之被闲置的土地将会成为撂荒地。土地闲置在一年或两年以上的，土地质量就会下降，被撂荒的土地得不到有效的治理，地里就会杂草丛生、乱石增多。耕地在一段时间内不种植农作物，会导致土壤硬化，土壤的营养成分流失，土壤肥力下降，土地耕作能力下降，最终使土地质量下降。土地质量下降后将会更难耕种，很可能会使耕地变成不可耕种的土地。在之前的易地扶贫搬迁工作中也存在一些遗留问题，一些贫困户搬迁到城里后，自家的土地闲置撂荒，这些土地长期无人管理也会影响到土地的质量。

2. 土地撂荒对农业经济的影响

土地是农业生产最根本的物质，是发展农业经济的重要保障。土地的撂荒对农户既有积极的影响，也有消极的影响。积极的影响是：如果农户因为土地撂荒而寻找到其他更好的、更容易的经济收入来源，也算是一种资源优化配置的结果。消极的影响是：土地的撂荒会使可耕作土地减少，如果农户家庭的收入基本上靠种植维持，那必然带来经济收入的减少。留守在家的劳动力耕作有限的土地，本身就没有多少经济收入，这就会使村里的生活水平更低。但若将那些已被撂荒的土地利用起来，虽然短期来看经济收入可能不太可观，但是从长远的方向看，撂荒地不被放弃，得到一些治理，对农业始终有着很大的作用，同时也是阻止撂荒地减少、增加耕地面积的重要举措。

3. 土地撂荒对人均土地的影响

随着农村劳动力向城市转移，农村土地撂荒是社会发展过程中难以避免的问题。土地撂荒对我国的粮食安全和人均耕地都会产生不利影响，撂荒地不断增加，意味着人均耕地在不断减少。从对民主镇的分析也可以看出，撂荒地的增加会使原有的人均耕地进一步减少，我国还有许多地方也是这样。土地撂荒造成人均耕地减少，人均耕地减少会严重影响农户的生活水平。我国是一个人口大国，人地矛盾相对紧张，形势相对严峻，虽然目前土地撂荒的问题对我国粮食安全没有造成太大的影响，但是从长远的角度来看，土地撂荒问题还需引起足够重视。

六、对策与建议

通过对盘州市民主镇的走访调查，我们对农村土地撂荒有了一定的了解，也对该镇的土地撂荒行为和影响因素进行了分析，为寻求破解之道，提出以下对策及建议。

1. 加强农业基础建设，健全土地流转机制

农户土地撂荒主要集中在偏远的山地、零星地和贫瘠的土地，这是土地撂荒的重灾区。这就需要加强农业基础建设，通过改变土地经营方式创造出更高收益来吸引农民，提高农户的积极性。要想恢复农民对传统农作物的种植，就要从销

售渠道上做文章。加快推广农业规模化生产，建立农户专业的合作平台，建立健全农产品的市场机制，使农产品有较好的销售渠道，是对农产品种植的重要保障。另外，还可以扩大农业生产保险的覆盖面，农村虽有一些农业保险，但基本都是主要农作物才有保险，而次要的农作物就没有，这些保险是农户在面对自然灾害的时候唯一的保障。在农户的土地上也要建立健全土地流转机制，减少土地的撂荒闲置，许多农户进城务工可将土地流转出去，而不是让其撂荒闲置。同时，在农村大力发展特色产业，提升农村的就业能力，才能留住农村劳动力人口，也才能在很大程度上减少土地撂荒行为。

2. 继续推进土地管理和宣传指导

出现土地撂荒行为，是因为很多的农户对土地法律法规认知有较大的欠缺，农户保护土地的意识不到位，这需要发挥政府对土地法律法规的宣传和引导作用。只有农户真正地意识到土地撂荒的危害，才能引起他们对土地撂荒行为的重视。政府对土地撂荒也需要加强整治整改的相关措施，对土地撂荒的农户要加以劝说，不能让土地闲置撂荒，可也推荐农户将闲置的土地改种其他收益较好的水果，或者种植一些经济林，这也是一项重要的退耕还林措施。

政府要向农户宣传普及《中华人民共和国土地管理法》等相关法律法规，不能只有政府部门知道土地的重要性，而农户却不知道。农户的思想是比较陈旧的，他们基本上都认为土地就是自己的，自家的土地想要耕种就耕种，不耕种就让其闲置撂荒，他们觉得耕种土地又苦又累且收入较低，缺乏耕种土地的动力。政府需要对农户做相关的思想工作，要让农户在潜意识中认识到土地闲置撂荒的危害。政府还应对土地实施有效的管理，并指导农户科学耕种土地。

3. 制定科学合理的支农惠农政策

要全面落实党中央、国务院的支农和惠农政策，使其真正起到减少土地撂荒的作用。惠农政策本身是惠及农户大众的好政策，但在具体实施过程中却不尽如人意。比如，有的农户觉得自家的土地比其他家的土地多，在发放粮种补贴、化肥、农药、农用薄膜等方面应该多得一些，而土地少的农户则觉得自家土地本来就少，在发放粮种补贴、化肥、农药、农用薄膜等方面应该和那些土地较多的农户一样，要不然只会让那些生活好的人过得更好，生活差的人过得更差。管理人员需要制订好合理的计划来发放这些惠农的生产资料，比如按照每家每户土地的数量来发放，而不是按照农户一家人口数量等来发放，确保支农和惠农政策落实到位，使每一位农民得到保障。

4. 推进各乡村间的协作发展

民主镇中各个村都具有自身的优劣势，各村之间所处位置不同，地势起伏较大，气温也是有所差异的，土地种植的农作物收益好坏不定，各乡村之间要建立起良好的合作平台，把"一村一特色"的产品发展起来，推进各乡村之间协同发展，提高土地利用率。有些乡村种植农作物收益较好，则种植农作物，其他的则可以种植一些特色产品。民主镇的土地普遍都是耕种农作物，而一些撂荒的土地可以种植果树、经济林。镇上的特色农产品相对来说收益还是比较不错的，可把这些撂荒的土地拿来种植烤烟、茶叶、刺梨、核桃、魔芋、柿子、生姜等收益相对较好的产品，稳步发展这些特色产业。合理地利用土地，发展特色产业，实现粮食增产、农民增收，把撂荒的土地利用起来，具有重大的意义。

第七节　宅基地改革对农村人口迁移的影响

农村宅基地是我国农村聚落的重要组成部分。在我国目前的宅基地管理控制下，住宅存量大，占用率高。随着我国城市化程度逐年提高，越来越多的农村居民开始搬迁进入城镇生活。在当前城市面积不断扩大的背景下，农村居民在城镇的居民点也在不断增长，但是农民进城定居后仍然保留了农村的住房。本节就农村宅基地改革对农村人口迁移的影响展开研究，以贵州省桐梓县为研究区域，提出了完善宅基地改革的对策与建议。

一、宅基地改革与农村人口迁移

1. 研究背景及意义

自从我国实施土地改革政策以来，国家相关部门就开始对农村宅基地实施"一户一房"分配制度，该政策给农民带来了一定的好处，农民可以不花一分钱，获得部分建设住宅用地使用权。改革开放40多年来，中国城市化发展迅速。特别是 1995 年以来，农村人口比重由 1995 年的 70.96% 下降到 2015 年的 43.9%。农村人口在 1995 年达到 8.59 亿的高峰后，到 2015 年已减少到 6.03 亿，减少了 2.56 亿。总体而言，城市化水平的提高和农村人口的减少应有利于住宅建设用地的节约，因为当农村居民进入城镇居住后，正常情况下城镇居民点要比农村居民点更密集。然而，随着农村人口逐渐迁移到城镇居住，不仅城市居住人口的数量增加，居家农村人口也保持着持续的增长。

中国是农业大国，土地住宅与农民的生活富足、社会稳定、和谐发展等有着非常重要的联系。当前我国农村房屋使用权的转让是非常严格的，主要是因为当前我国市民化进程不断发展，农村居民的居住问题逐渐暴露，而且在农村改革实践中，农业转移人口城市化进程与速度加快。随着农村宅基地改革，相关部门开始因地制宜地对宅基地进行管理，贵州省桐梓县也制定了有偿自愿退耕机制、储蓄制度等改革政策，使得农地的集约利用和有偿使用权得到了解释，为探索国土资源管理体制改革提供了实践样本。

目前针对宅基地改革对农村人口迁移影响的研究文献不是很多，对此进行充分的研究可以补充此领域的研究成果，为探索国土资源管理体制改革提供一定基础。在农村人口大幅度减少的背景下，居家农村人口不仅没有减少反而出现了增加的趋势，这一现象是存在一定风险的。近年来，越来越多的农民因为外出经商、工作、进城等因素而长期闲置房屋和农地。然而，在农民建立农场的手段等方面，缺乏多方约束。在城乡发达地区，虽然郊区农房地下市场存在已久，但是由于交易量受到严格限制，正常的交易渠道严重不足，相关产品的价格要明显低于实际价值。总的来说，因为禁止进行房屋使用权的对外交易，农民在房屋中的财产权和使用权不完整，农民缺乏拥有房屋的完整权利和实现房屋交易的可能性，懒散的农场成为农民的"安眠财产"。针对宅基地改革对农村人口迁移的影响展开研究，可以在一定程度上缓解农村居住的人口数量增长这一反常问题，能更好地帮助有偿自愿退耕机制、储蓄制度等改革政策的推行。

2. 研究综述

在市场经济发展中，土地资源可谓是重要的影响因素之一。在苏格兰，土地所有者和开发商不仅执行政府的土地总体规划，而且经常参与规划的制定。Dufty Neil（2015）根据1985~2000年的数据得出结论：人口迁移的多元化调控影响了澳大利亚的农村住房政策和区域经济的发展，人口的迁移为农村居民的消费带来了可持续性和重要的带动措施，因此，政策制定应包括促进农民工的发展，以及充分考虑农民工的需求。P. T. Newby（1979）研究发现，在战争期间或战争之前，农村土地所有者倾向于控制地方委员会来限制当地房屋的建设。Deininger Klaus 和 Jin Songqing（2003）分析了地租理论、市场的变化以及影响土地利用的因素，认为有效和公平的市场自由化的前提是：防止土地被投机地积累，降低土地租赁的交易成本，增加小生产者的有效需求（如技术咨询和信贷激励等）。

随着国家的不断发展，推行农村土地改革是非常有必要的。严海涛（2015）

提出当前我国经济的快速发展和城市化进程的加快，使得农村宅基地逐渐地适应了市场新形势的需要，因此农村土地改革是一项必须进行的重要举措。然而，这一保障措施阻碍了市场经济、中国特色新型城镇化和农业现代化建设对农村土地资源的优化配置。我国农村农场的法律法规制度仍旧存在不足，这是造成农村宅基地出现这么多问题的主要原因之一。王春娟和姚鸿伟（2016）也认为中国是一个农民众多的大国，农村农场法制建设事关农民权益和社会稳定发展，因此进行农村土地改革是势在必行的事，这就需要进一步地完善我国农村农场法律相关制度。在关于农村户籍制度改革方面，贺达水和高强（2018）认为农村家庭制度是我国现行农村土地制度的重要基础，是我国土地的社会主义公有制的重要体现。在新时期，农村改革将进入新的深度，在这个阶段国内经济体制要坚持市场化和渐进式改革的大方向，更加注重制度化、整体化、协调化，统筹衔接改革，为全面推进积累经验、创造条件。

农地的使用权与农户转移之间是存在一定关联和影响的。唐丽（2016）提出农地使用权效果的确认对农户转移到郊区、农村和风景名胜区产生的影响是存在差异的。同时，户主年龄、受教育程度、非农收入比重和宅基地面积对宅基地流转意愿也有不同的显著影响。佟日红（2017）在分析农村土地使用权的继承时指出，农村土地使用权是一种独特的财产权，但目前农村土地使用权的法律制度还不完善，是否可以继承还不清楚，这影响其作为生产要素的基本价值。牛飞（2017）关于在农业城市化进程中取消农村使用权的研究中指出，农民的一项重要权利就是土地的使用权，尤其是对农民住房权方面的制度保障。长期以来，在农村社会保障体系运行不畅的情况下，土地还承担着养老、卫生、就业等保障职能。姚玫玫和张超（2017）以安徽省金桥县为例，分析了农村住宅改革的实践，认为现行的住宅法律制度很复杂，这反过来又阻碍了土地的集约和经济利用，需要对农村居民点制度改革进行实践研究，加快农村人口迁移和城市化进程。

3. 研究方案

（1）研究方法。

第一，文献研究与归纳演绎法。所选择的文献主要来自学校图书馆的在线数据库和通过搜索引擎收集的文档，这些文件经过仔细的处理、编译和合成，为更有效地思考这个问题奠定了基础。

第二，定量与定性结合分析法。定量分析为主，定性分析为辅。本节调查了我国农村宅基地对人口流动的影响，收集了大量相关文献以及数据资料，并对资料进行深入比较和综合分析。另外，本节在分析中还借鉴了我国传统习俗的积极因素和发达国家的有效经验。

第三，实地调查法。用客观的态度和科学的方法看待我国农村宅基地对人口流动的影响，在确定的范围内进行实地考察，并搜集大量资料加以统计分析，从而深入探讨农村宅基地对人口流动的影响。

（2）研究内容。

长期以来，土地问题始终与农民安居乐业、社会稳定与和谐发展之间有着千丝万缕的关系。随着市民化程度越来越深，农村宅基地闲置问题逐渐显现，当前土地改革存在一定风险。要想深入探索农村宅基地制度改革的方针政策，进一步推动农业转移人口市民化进程，考察农业和资源管理体制改革，贵州省桐梓区建立了有偿自愿退耕机制和农业节约集约利用制度，为研究此类问题提供了实践样本。

首先，查阅有关宅基地改革对农村人口迁移影响的文献资料，开展宅基地改革对农村人口迁移影响分析，并深入梳理两者的关系。

其次，梳理关于贵州省桐梓县宅基地改革的资料，做好研究记录。

再次，实地调查贵州省桐梓县宅基地改革对人口迁移的影响，通过访问以及查阅当地的文献资料做具体的研究记录。

最后，对整理的资料进行总结，完成内容的撰写。

4. 相关概念界定

（1）农村宅基地使用权。

宅基地使用权是我国法律制度中一个独特的概念，但却没有明确界定。1963年中共中央出台《关于各地对社员宅基地问题作一些补充规定的通知》，同年最高人民法院通过了《关于贯彻执行民事政策几个问题的意见（修正稿）》，以法律法规和司法解释的方式确认使用权，并在社会实践中将其视为民事权利的使用权，使用权的概念在立法中屡屡被提及。然而，至今仍未对房屋及其附属设施的使用权进行明晰定义，而是根据农村集体经济组织成员的使用权要求，将集体土地用于房屋及其附属设施的建设、维修，并在法定权限内使用。

（2）农村人口迁移。

农村土地流转人口是一个非常重要的群体，流转主要是农村居民群体由农村向城市的转移，流转人口主要包括从农村就业向城市就业转变的农村人口以及农村人口在农村和城市之间移动两种情况。从辜胜阻（1991）提出的临时性人口迁移的定义中可看出，农村转移人口并没有切断与土地的联系。它具有农业人口和工农业产业化的并行性。

通过改革开放、人口流动控制政策逐步放缓、城乡经济发展差距不断拉大等多种因素的共同作用，大量农村隐性劳动力从农村转移到城市就业，具体如表1-31所示。自20世纪末开始，农村迁往城镇人口呈增长趋势。中国的人口流动与城市化进程密切相关，人口迁移是城市化发展的关键，而且农村迁移人口是城市人口增长的重要来源之一。一方面，人口流动是我国城市化进程的重要推动因素；另一方面，人口转移的区域格局和质量也促成了不同地区城市化进程的差异。

表 1-31　改革开放以来中国农村、城镇迁移人口的演变　　　单位：万人

期间	迁出入	农村	城镇	农村迁往城镇人口
1995~2000 年	迁出	2076	987	1424
	迁入	721	2663	
2001~2005 年	迁出	2153	874	1369
	迁入	635	2488	
2006~2010 年	迁出	6987	1420	3659
	迁入	985	6352	
2011~2015 年	迁出	7141	1142	5695
	迁入	1025	7693	

（3）农村宅基地改革。

农村户籍制度改革规定，在超越城乡的传统农业地区，实行"一户"制度，继续实施住宅面积法定。在人均土地较少、第二及第三产业较发达的地区，相对集中"一户一宅"的住房，原则上不存在单一分散的住房，作为扩大城乡建设的一部分，政府或集体通过集中建设农村住宅和居民点，将农民的分散住房改造为集中居民点，并开始实行"一户一宅"政策，而不是在进行农村土地分配的情况下，农民集体可以利用村里现有的农村土地在政府支持下建设住房，最大限度地落实农村住房权益。

二、研究区概况

1. 自然地理概况

贵州省桐梓县位于贵州省北部，与重庆市接壤，自古被称为"贵州北门""黔江要塞"。桐梓县总面积为3202平方千米，也是川黔铁路、210国道和渝湛

高速公路经过的地界。从县城到贵阳、重庆的运行时间约为两小时。桐梓县共有两个街道、20个镇和一个民族乡。截至2017年底，桐梓县户籍总人口有74.23万人。

2. 社会经济概况

从农业用地制度改革的实践经验来看，桐梓县农业产权改革的总体效果相对较好，尤其是当前的农村形象得到了一定的优化，但桐梓县农业生产的增长和农民生活条件的改善还存在一定的空间。农业用地制度改革应着眼于提高农业生产效率和农民生活水平，并且合理地进行农民生产方式与城镇就业的转变，同时随着中国市场经济水平的不断提高，农村收入增长率、农业生产效益、土地价值等都会发生转变。对于农村的利益协调水平来说，郊区的平均水平要明显地高于农村水平。因此，要想进一步提高宅基地改革政策的绩效，还必须尽可能地缩短相关改革的时间，引入市场竞争机制，充分考虑各宅基地之间的供求关系。土地流转政策可以加快城市一体化进程，提高农民生活水平，改善农村生态环境，提高经济、社会和环境效益。同时，在国家政策支持和指导下的宅基地使用权登记和宅基地流转试点，有利于唤醒宅基地的产权，有利于宅基地使用权的实现。

3. 土地利用概况

桐梓县共有水稻土、潮土、黄壤、灰土、紫色土、黄棕壤6种土壤类型，总面积434.19万亩，占全县土地总面积的90.46%。桐梓县土地总面积有480万亩，其中耕地有133.13万亩，园林面积有115万亩，森林面积118.04万亩，绿化面积为10.3万亩，城乡居民占地56900亩，工矿区有0.07亩等。根据土地承包相关法律法规可知，草地的承包年限是30~50年，耕地的承包年限是30年，林地的承包年限则为30~70年，其他特殊的土地承包年限经过相关部门审批后可以延长。

三、农村宅基地改革概况

1. 严格落实"一户一宅"规定

宅基地是指农村村民用于房屋及其附属设施建设的集体土地，包括房屋用地、附属房屋用地和附属设施用地。桐梓县的农村村民只能拥有一套住房，住房的地域可以是省、自治区、直辖市，但不能超过中央规定的标准，桐梓县农村村民严格按照批准的面积和建筑标准建房，严禁私自建房。房屋施工在批准的土地上，严格按照"新建旧拆"的原则，将原宅基地交还给村集体。农村村民出卖、出租、赠予住宅后，再申请宅基地的，不予批准。如果发现"一户多宅"等问题，在人均面积小、不能保证一户人拥有住房的情况下，桐梓县人民政府需要根据农民的真实意愿，采取相应的有效措施，以确保农村村民按省、自治区、直辖市人民政府标准实现入户。

2. 鼓励节约、集约利用宅基地

桐梓县对土地进行严格的管理利用，农村居民住房必须符合市（乡镇）土地利用总体规划和村庄规划。桐梓县还进行了合理的组织宅基地使用规划，严格控制新农场占用农用地，且不得进行永久性占用；占用农用地的，应当依法提前办理农用地专用手续；超出城市建设范围的，要通过增加新建产业、村庄建设、废弃农场退役等规划指标，增加农村实际宅基地的使用空间，优先满足符合建房条件的农民的需要，同时在桐梓县要通过建设农舍和居民区来满足农民的生活需要。

新宅基地批准后，旧宅基地不得强拆。笔者在调查中得知，只有21%的农民愿意将旧宅基地交还给集体，其余农民继续占用和使用旧宅基地，其中闲置及用作其他用途的占15.34%。这部分宅基地不具备居住功能，造成农村土地资源的极大浪费。另外，桐梓县还有未能有效地防止和处理的沿公路和渠道修建房屋的情况，少数人随意抬高地基，不按计划修建房屋。一方面，在既成事实面前，房屋属于农民经济价值较大的财产，不能任意强拆，否则会侵害村民更大的利益，容易引起干群关系紧张，甚至引发激烈冲突；另一方面，同村的村民和村委会干部有一定的血缘关系或婚姻关系等，他们长期住在一个村庄里，农村条件的便利性使村干部对熟人的这种违反规章制度的行为视而不见。

3. 鼓励充分利用无人居住的宅基地

桐梓县鼓励社区和农民利用无人居住的土地和房屋，通过自治、合作、委员会等方式，依法发展休闲、住房和乡村旅游，并规定租赁、经营农业用房的企业在严格遵守合同法规定的前提下，租赁期不得超过20年。另外，政府相关部门应尽可能地听取农民意愿，鼓励农村社区积极恢复部分闲置土地，尽可能优先满足居民新住房需求，并按照政策对农村进行规划建设，尽可能地发展农村产业。桐梓县鼓励同县村民征得土地所有者的同意，将土地从经济组织集体转让给符合住房条件的农民，可以探索规范转让行为的可能性，包括制定标准的土地转让合同。根据出让合同，住宅用地的使用权应随时间发生变化。同时，帮助进城落户的农村村民筹集资金，筹集方式可以多种多样，探索鼓励自愿、有偿拆迁的途径。

四、人口迁移概况

1. 人口迁移现状

在桐梓县历年来的流动人口中，非户籍常住人口占主导地位，其绝对数量和相对比例均呈逐年上升趋势，但 2000 年以前户籍常住人口流动相对稳定，这可能与当时的政策环境有关。中国长期实施严格限制农村人口向城市迁移的政策，把中国经济、社会划分为城市和农村两大截然不同的板块。国务院在 1998 年通过了公安部《关于解决当前户口管理工作中几个突出问题的意见》，该意见对户籍制度进行了重大的改革，实施婴儿随父母定居政策，放宽财政登记政策，投靠子女的老人可在城市落户、向本市公民投资、兴办产业、购买商品房、与符合一定条件的亲属同住等政策。

2. 人口迁移原因

桐梓县人口迁移的主要原因是农村居民希望能够消除贫困和失业所带来的问题，尽可能地改善生活，实现致富和谋求事业成功。政治、宗教、文化、战争和饥荒也是导致出现农村人口迁移的原因。农村人口迁移最直接的影响是导致迁移地区人口数量增多、性别和年龄构成出现明显差距。而从间接的经济和社会影响来看，适当的人口迁移能够减轻移民地区人口的各种压力，获取更多的汇款收入等。然而，随着农村劳动力的逐渐减少，农村人口开始向着高技能劳动力转变，对资助费用和教育等带来了一定的影响。可以说，人口和劳动力的增长不只促进了移徙地区的社会经济发展，也使得其他社会矛盾问题越来越突出。

3. 桐梓县宅基地改革前后人口迁移情况

（1）桐梓县宅基地改革前人口迁移情况。

根据人口迁移法则，人口迁移主要的方向大多都是从经济发展较为落后的地方迁移到经济发展相对良好的城市，可见在以往经济是影响人口迁移的主要因素，深究其本质，人口迁移是为了能得到更好的生活质量或者改善目前的生活质量。桐梓县在没有进行宅基地改革之前，迁移的人口数量并不是很多，其人口变化更多的是偏向于人口流动而不是人口迁移，因为人口迁移的特征之一是户籍发生改变。在宅基地改革之前，桐梓县的人口迁移数量并不是很大，仍然属于正常的人口迁移。

（2）桐梓县宅基地改革后人口迁移情况。

有关数据显示，2017 年末，桐梓县的户籍人口数量有 74.23 万人；2018 年末，桐梓县的户籍人口数量有 74.56 万人；2019 年末，桐梓县的户籍人口数量有

74.77万人。这三年间，宅基地改革后桐梓县的人口迁移变化也不是非常的明显，只能说人口迁移数量有了一定程度的增长。由此可见，桐梓县宅基地改革前后的人口迁移数量变化都不是非常的大。之所以会造成这个现象，跟户籍制度等国家相关政策也有一定的关系，许多人虽然在外地进行务工，但是并不能因为长时间地居住在务工的地方就能进行户籍的迁移，这也是造成土地改革前后人口迁移数量变化不大的原因之一。

4. 人口迁移产生的影响

（1）人口迁移对环境的影响。

加强移徙与外部社会经济、科学、技术和知识发展之间的联系，不仅有助于社会和经济的快速发展，还缓解了人口压力大的农村地区的经济压力以及人地之间的矛盾，使农业用地利用程度越来越高，从而对农村地区的自然环境保护有了更加积极的影响。

（2）人口迁移对文化的影响。

人口迁移对桐梓县文化的影响是客观存在的，大多数农村青年来城市做生意，妇女、儿童和老年人大多数仍留在农村地区，这就会出现一系列的问题，比如婴儿得不到照顾，配偶得不到关爱。此外，随着走出去谋发展的年轻人越来越多，那些返乡的人才对农村基层组织建设也产生了积极的作用。

五、农村宅基地改革对人口迁移的影响

1. 农村宅基地流转和退出的法律规定对人口迁移的影响

随着经济的发展，农村人口向城市的转移越来越快。据不完全统计，截至2015年底，全国农村转移人口约2.1亿。随着进城务工、进城买房的农民增多，农民的住房结构发生了很大的变化，导致农村老房子的废弃或闲置，"空心村"蔓延。限制使用不动产抵押权的法律与允许使用不动产抵押权的法律不一致，对司法实践提出了严峻挑战。在司法实践中，法院对不同集体经济组织成员之间买卖农村房屋的法律效力认定，尚未形成完全统一的法律见解，有的判决转让有效，有的判决转让无效。认定交易无效的主要理由是依据《中华人民共和国土地管理法》的规定，认为宅基地属于农民集体所有，由村集体经济组织或者村民委员会经营、管理，宅基地使用权是集体经济组织成员享有的权利，与特定的身份相联系，不允许转让。在房地一体的格局下，处分房屋的同时也处分了宅基地，损害了集体经济组织的权益。买受人不是房屋所在地农村集体经济组织成员，其无权享有该村的土地使用权，故房屋买卖行为无效。

2018 年贵州省有 385400 名农民工在城镇购房。其中，全年外来务工人员 38.15 万人，农村房屋 23.21 万套，农村居民点用地闲置率在 10% 左右。此次共发放了 100 份有关住宅用地出让意愿问卷，结果 59 份为有住宅用地出让意愿，剩余为没有住宅用地出让意愿，总的来看有住宅用地出让意愿的农民偏多。在这 59 名愿意出让住宅用地的群众中，他们表示，只要能获得经济效益，把宅基地转让给自己村的村民还是城市居民都无所谓。从调查数据可以看出，目前限制宅基地流转的政策既不能得到农民的广泛认可，也不能适应当前的经济发展。

现行的土地权属制度已经不利于农村土地合法流转。对于农民来说，房子是他们最大的财产。这也给抵押贷款和生产发展融资方面的农村宅基地相关法律创造了一个良好的空间，如果周边土地被征用或价格上涨，无形的市场将得不到保护，宅基地价格可能也将大幅上涨。如果出让人对协议表示不满，将给受让人造成损失并带来土地纠纷。另外，农村农场在实际经营中，首先是农民进城时，户主不积极申请，集体和政府无权管理；其次，由于继承等，当出现"一户多房"时，村里的居民必须得到房屋补偿，大多数集体经济组织也必须得到补偿。因此，桐梓县的土地面积只会变得更大，但是为了合理有效地使用大量的固定资产，政府应该建立完整的、可操作的退房制度。

2. 农房抵押试点政策规定对人口迁移的影响

根据《国务院关于开展农村承包土地的经营权和农民住房财产权抵押贷款试点的指导意见》（国发〔2015〕45 号）和《全国人民代表大会常务委员会关于授权国务院在北京市大兴区等 232 个试点县（市、区）、天津市蓟县等 59 个试点县（市、区）行政区域分别暂时调整实施有关法律规定的决定》等政策规定，借款人以农民住房所有权及所占宅基地使用权作抵押申请贷款的，应同时符合以下条件：（一）具有完全民事行为能力，无不良信用记录；（二）用于抵押的房屋所有权及宅基地使用权没有权属争议，依法拥有政府相关主管部门颁发的权属证明，未列入征地拆迁范围；（三）除用于抵押的农民住房外，借款人应有其他长期稳定居住场所，并能够提供相关证明材料；（四）所在的集体经济组织书面同意宅基地使用权随农民住房一并抵押及处置。以共有农民住房抵押的，还应当取得其他共有人的书面同意。

同时，要细化农村住房评估的规定。例如，经第三方房地产估价机构评估，借款人和贷款人可以就房屋所有权和财产使用权的价值进行公平、公正、客观的确定；贷款人自行估价或经双方协商委托第三方的，银行申报抵押物估价是必要的程序，即可根据农村房屋价值，经与估价机构协商，银行或双方认定确定农村住房抵押贷款价值。然而，但在实践中农村第三方提供者的价值评估体系尚不到位。多数银行尚未建立农村住房第三方评估体系，对农村房屋价值的自我评估还存在一定难度，这就要求国家有关部门细化农村房屋第三方评估和银行自我评估的具体规定。乡村分散建设使得街道转弯过多，易造成街道交通堵塞，影响村容村貌。部分村民随意搭建篷房，导致街道路面不平，排水及照明系统存在很大的隐患。部分农民还认为他们的搭建是合理的，也没有意识到他们的违建给乡村带来的影响是很大的。农民对城市规划知之甚少，政府有关部门对农村住宅建设的管理也比较松散，应该在村庄和城市规划批准后，加快农村住房整理工作的规划与实施。要想实现农民建设有生存能力农场的目标，农村宅基地的集约利用是必须实施的一项重要举措。

农房抵押贷款试点工作的推进，进一步明确了农民的财产权，拓宽了农民的融资渠道，取得积极成效。然而，由于相关法律政策的限制，以及相关配套政策的缺乏，试点工作始终游走在法律禁区边缘，难以进一步深入推进。这在一定程度上也影响了农村人口迁移的进度。

3. 农户对宅基地改革的认知对人口迁移的影响

经过调查，许多农民还没有形成集体宅基地所有权意识。有人认为它属于个人，有人认为它属于国家，主要问题在于宅基地管理不善和对集体产权的理解。桐梓县大部分农民对宅基地相关法律不了解，农民的法律意识相对较弱，这也是农村宅基地面积不断扩大的主要原因之一。由于农村相对于城市地处偏远，政府对土地的管理难度比较大，又因为农村没有实施专业、科学的土地利用规划策略，农村人口受教育程度普遍不高，且受传统观念影响，因而出现乱搭乱建的情况。即使国家出台了相关的土地利用政策，它们在农村地区的实施仍然存在明显的时间和空间滞后性。土地利用的无序发展，导致农村居民点用地效率低下。

六、完善宅基地改革的对策与建议

1. 修改宅基地使用权的法律条文

根据国土资源部提出的《关于加强农村宅基地管理的意见》，城镇居民是不能自行购买农村房屋的。修改意见可以将这一规定上升为相关法律，并且纳入土地管理法。虽然城镇居民不允许购买农村住房，但是在实践中也有城镇居民因法律因素拥有农村住房的情况。比如，由于户籍制度改革或"村改"而成为城市人口的农民仍然拥有原有的宅基地使用权，应详细说明这些具体情况。

一是制定农村资产使用管理的法律、行政法规。国家应加快国内立法步伐，尽快通过关于农业经营和农村资产使用管理的具体法律法规。把地区的土地管理列为土地改革的重中之重，尽快制定出符合当地特点的村庄规划发展体系。二是加强农村宅基地使用的执法和监督。首先，提高国土部门工作人员的业务素质和技能。定期培训国土资源有关人员，使其掌握专业知识和操作技能。其次，要不断提高相关人员思想道德素质，使其敢于执政、能够执政、真正执政，实现依法执法、公正执法的目标。最后，乡镇政府部门要明确职责，加强对农村宅基地管理相关规定的落实。

2. 放开宅基地使用权流转的限制

在加强农村宅基地管理方面，政府部门特别是乡镇国土资源管理部门，要负起责任。对于提出宅基地申请的，应当派人进行实地调查，核实申请人是否符合规定的条件，所申请内容是否符合相关规定等，并做到依法批准相关申请，随时监督申请人的房屋建设。土地超出审批范围的，在建设过程中应要求其及时变更，当申请人房屋竣工后，应当拍照核实。在批准范围以外的地方建设附属建筑物的，必须依法拆除，对原宅基地应当督促其及时拆除，改造为耕地或其他土地利用类型。

一是在法律上要对宅基地流转限制进行适当的放松，政府在推进宅基地流转改革实施进程中，需要进一步确认宅基地转让权的实际所属。将认定与登记相关的法律规定逐渐细化，并积极推进《土地登记办法》中房屋使用产权的相关制度，做到明确所有权、规范登记制度，从而有助于确权、避免纠纷、保护当事人的合法权益，保障房屋的合法性。二是在法律上明确宅基地流通方式的多元化。根据实际情况，相关政府部门可以因地制宜地建立相关住宅的流通方式。三是明确宅基地转让标的和受让人，进一步扩大宅基地转让主体的实际范围。

3. 健全农村房屋与宅基地流转的相关规定

农村宅基地与农村房屋之间存在非常紧密的联系，因此，在实施农村宅基地的流转策略时，政府应该统筹管理相关宅基地流转市场，参照城市住房市场和农村土地承包经营权流转市场的优势，制定出最适合农村宅基地和房屋流转的相关策略，在当地建立专门的宅基地流转市场。另外，相关政府部门还需要为农村宅基地流转市场储备各方面的人才。流转市场的设立、组织、人员配备、收费项目和资金来源，应当按照城市住房交易市场的办法规定。

要建立合理的流转收入分配制度。当农村宅基地的利用发生变化时，主要是农民土地利用方式发生了变化，流转收入要分配到农村集体，政府和农村居民必须公平，要根据实际情况有针对性地进行。此外，要提高土地利用效率，必须解决大量土地闲置的问题，研究闲置土地补偿机制，明确收入分配制度，但旧村改造、荒地村治理、城中村改造、房屋改造等项目不包括在内，这些项目的成果也不包括在内。政府在年度考核中对这些问题的忽略可能导致管理者盲目推进住房重建进程。因此，要考虑农民和集体经济组织的经济状况，保证农村房屋与宅基地的有序、健康发展。

第二章　城市土地管理

在我国城市化高速发展的状态之下，各个城市都逐步扩大了城市建成区面积，但虚拟城市化问题较为严重，大量的居住用地和市政用地占据着中心城区，建设用地存在浪费，导致各类指标达不到国家标准，城市土地产出效益低下。土地被建设占用或开采损坏，植被遭到破坏，土地向荒漠化发展，耕地质量下降，当地的生态环境日趋恶化。随着地区各项事业的迅速发展与土地价值的提升，土地资源的约束与发展之间产生了各种冲突，从而出现很多土地违法现象，土地违法现象的出现使我国土地资源的数量和质量面临威胁，进而使国家粮食安全和经济社会的稳定面临更大的威胁。在这样的背景下，必须结合本地区实际，统筹安排，做到"既要吃饭，也要建设，更要保护"，保证粮食安全，保障社会各方面的平稳发展。

第一节　安顺市城市土地利用效益评价研究

本节以安顺市城市建成区为研究区域，选取 15 个指标，通过构建综合指数模型对目标区域 2010~2018 年五个时间断面的城市土地利用效益进行计算，并引入障碍度函数进行应用分析。研究表明：①工业用地比例低、荒废闲置用地多、建设用地增长快等是安顺市城市土地利用的现状；②城市土地利用综合效益总体呈大幅度上升趋势，表明安顺市跟随"十三五"规划的节奏于经济、社会、环境方面取得了优良成绩，并保持良好的发展态势；③社会效益发展逐步向好，踏上了文明和谐发展之路；④阻碍安顺市发展的主导因素是经济效益，而社会效益对地区发展的贡献最大；⑤社会效益与经济效益间发展差距大，亟须平衡各效益间的关系。

一、城市土地利用效益问题的提出

1. 研究背景及意义

土地是由多种自然物质组成的自然综合体，受人类行为活动的影响，土地具有双重属性。土地资源是人类进行一切社会经济活动的基础，具有稀缺性、有限性、可持续性等特性，它不仅是地球上生物栖息的场所，还提供粮食产物和巨大经济附加值与财富。然而，目前由于风蚀沙化等自然原因和一味追求土地经济效益的一些肆意破坏行为，造成了严重的土地退化现象。土地数量不可能无限制增加，实施可持续利用是解决当前土地资源供不应求状况的主要途径。另外，土地是一个城市经济社会发展的有力支柱，土地资源的合理利用程度关乎一个城市的协调可持续发展。在我国城市化高速发展的状态之下，安顺市逐步扩大了城市建成区面积，但虚拟城市化问题较为严重，大量的居住用地和市政用地占据着中心城区等建设用地，并存在土地浪费问题，导致各类指标达不到国家标准，城市土地产出效益低下。特别是对于当前安顺市经济总量小、总体实力薄弱、实体经济质量不高、传统税源支撑不足的现状，需转变思想，科学规划用地，以提高安顺市城市土地的综合效益。

安顺市位于贵州省黔中地区，市辖区面积为 2703 平方千米，2018 年建成区面积为 69.2 平方千米。安顺市城市建成区是工业结构调整和产业升级的载体，在安顺市起到示范作用，能促进安顺市整体的发展。本节选用安顺市城市建成区作为研究区，针对安顺市土地利用和社会、经济、生态三方面的情况进行案例研究和应用分析，对安顺市建成区城市土地利用效益的评价研究具有积极意义。一方面，通过探讨城市土地利用效益评价研究原则、方法以及过程等，为土地效益研究开辟更广阔空间，并完善土地利用效益评价研究体系，具有一定的理论意义；另一方面，为安顺市解决土地利用问题，制定人地协调的土地利用规划、完善城市基础设施建设和提高政府服务水平提供科学依据，以改变安顺市经济基础薄弱的现状和提升人民幸福指数，具有一定的实践意义。

2. 国内外研究现状

国外有关土地利用效益评价的研究成果较多，体系较为完整。国外最早的土地评价研究是俄罗斯著名地质学家道库恰耶夫在当时作物歉收、民不聊生的背景下，对俄罗斯的土地进行了广泛的土壤调查，揭示土壤形成的一系列过程和实质，为增加国家农业税做出了贡献。法国、德国和美国（1933）分别提出农地评价条例、"斯托利指数分等"和康奈尔评价系统。土地利用探索方面，英国的地理学家 Stamp 教授率先组织了专门用于土地利用调查的独立机构，开创了国际上关于土地调查的先河。关于土地利用效益研究最初多集中于土地的经济效益，在19 世纪初德国曾尝试在一定的基础上对耕地经济效益进行评价。社会效益方面，1880 年美国旧金山率先颁布了土地用途管制条例，明确提出洗衣店所用含磷洗衣粉对临近水源及周边居民生活的危害，维护了土地利用的社会效益。生态效益近年来备受关注，Marsh 的《人与自然》一书记载了生态系统的服务功能，该书认为应着眼于人类的长远和根本利益，警示美国人应该注意自己的行为。

国内有关城市土地利用效益评价的研究虽然开始较晚，但是在西方研究的基础上不断完善，研究区域逐渐覆盖大、中、小区域，评价的过程和方法不断创新和规范。刘喜广和刘朝晖（2005）通过抛物线型与"S"形隶属度曲线和综合指标值的计算，得出武汉市土地利用结构布局向好的方向发展的结果，方法比较独特。向亚丽（2009）选用 24 个指标，首先将西安市土地利用现状与其他城市进行比较，其次利用灰色多层次综合评判并分析结果，最后运用协调度模型对西安市综合效益进行评价。王婷（2013）以昌吉国家农业科技园区为研究区，界定指标体系的内容并分析土地利用效益各指标完成情况，最后提出五条对策。黎典（2014）利用模糊综合评判模型评估长沙、株洲、湘潭的城市土地利用效益，并将三个城市的评判结果进行横向比较。陈美婷（2017）以涉及较少的观光农业区位为目标区，通过实地调查整理分析得到数据，保证了指标值的真实准确性。王琼（2019）从我国沿海地区中挑选了 1984 年首批开放的沿海城市为研究区，从社会、经济、生态效益三个层面选取 14 个指标，运用人工网络神经模型进行理论分析，并引入障碍度函数对研究区进行实践分析，做到了科学评价，同时提出了对症措施与建议。

3. 研究方案

本节对安顺市城市建成区 2010~2018 年五个时间断面的城市土地利用效益进行评价。首先，明确研究目的，整理相关文献资料，规划全文路线，以便做好前期准备工作。其次，分析目标区概况，在此基础上选取经济、社会、生态三个方面的 15 个指标构建评价指标体系，通过建立综合指数模型和引入障碍度函数对安顺市城市土地利用效益进行实证和应用分析。最后，针对评价与分析的结果得出结论，提出具有针对性的措施与意见。研究的技术路线如图2-1 所示。

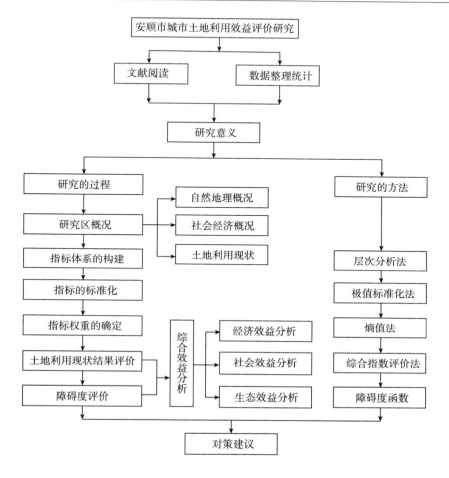

图 2-1　技术路线

二、研究区概况

1. 自然地理概况

安顺市（东经 $105°13'\sim106°34'$ 与北纬 $25°21'\sim26°38'$ 之间）四面分别与贵阳市、黔南布依族苗族自治州、六盘水市、毕节市、黔西南布依族苗族自治州相连，是黔中经济区的重点城市之一，总面积约 9267 平方千米，覆盖 8 个县（区）。地势西北偏高，市中心与贵阳毗邻且地势平坦，境内是典型的喀斯特山地地貌，石漠化严重，植被覆盖稀少，耕地数量和质量不佳。受贵州高原和西南季风的影响，安顺市多为亚热带高原季风湿润气候，雨水丰富，冬天长、夏天短，气候温凉。境内北盘江流经，地势较高、落差较大，水资源丰富，形成了众多瀑布和峡谷，比如黄果树瀑布和关岭大峡谷。受气候、地形、河流等自然环境的影响，生物数量繁多、种类多样，煤炭、铝土矿等自然资源也较丰富。

2. 社会经济概况

2018 年，安顺市经济发展稳步上升、态势向好，学校、医院、道路等基础设施逐步完善，生态环境保护相关措施与政策得到进一步加强。它的相关指标发展状况如表 2-1 所示。

表 2-1　2018 年安顺市经济社会、生态主要指标值

属性	类型	总值
经济指标	第一产业（亿元）	849.40
	第二产业（亿元）	
	第三产业（亿元）	
	城镇居民人均可支配收入（元）	29675
	全年规模以上工业（亿元）	738.54
	企业拥有资产总额（亿元）	—
	全年固定资产投资额（亿元）	905.78
社会、生态指标	全年城镇新增就业人数（人）	—
	全年社会消费品零售总额（亿元）	213.08
	年末常住总人口（万人）	235.31
	全市卫生机构床位数（张）	13395
	卫生技术人员（人）	12439
	每万人拥有医疗床位数（张）	57
	工业固体废物综合利用率（%）	76

资料来源：安顺市人民政府网。

3. 土地利用现状

2018 年，安顺城区面积为 154.3 平方千米，建成区面积和城市建设用地面积分别为 69.2 平方千米、68.68 平方千米，城市各类用地面积如表 2-2 和图 2-2 所示。

表 2-2　2018 年城市建设用地结构统计　　　　　单位：平方千米

用地类型	面积
居住用地	28.17
公共管理与公共服务设施用地	7.41
商业服务业设施用地	6.4
工业用地	5.52
物流仓储用地	1.16
道路与交通设施用地	19.1
公用设施用地	0.83
绿地与广场用地	0.09

资料来源：《安顺统计年鉴》（2018）、安顺市自然资源局。

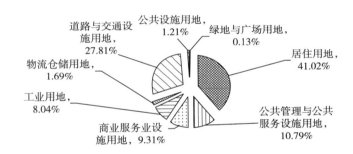

图 2-2　2018 年安顺市城市建设用地结构

　　由图 2-2 可知，2018 年安顺市居住用地、公共管理与公共服务设施用地、商业服务业设施用地、道路与交通设施用地、绿地与广场用地的比重分别为 41.02%、10.79%、9.31%、27.81%、0.13%。对照《城市用地分类与规划建设用地标准》（GB50137-2011）发现：安顺市居住用地、道路与交通设施用地比例合格，公共设施用地超出国家最高标准约 3%，而工业用地低于国家最低标准约 7%，绿地与广场用地远达不到国家规范。同时，据调查得知，安顺市交通道路相对狭窄，很多道路未设专门的自行车道，地下商场、广场公园等场所缺乏配套的消防安全通道与用地，市政建设用地、商业用地等重复、零乱等问题严重。安顺市城市建设用地结构不合理，城市土地利用结构需加大调整力度和提高优化程度。

三、城市土地利用效益评价

1. 评价原则

土地利用效益的参评因子包含内容多、综合性强、区域性明显，构建指标体系需要遵循一定的原则，使其具有分析、研究、预测等土地利用效益评价的功能。具体原则如下：

（1）科学性与可操作性。

城市土地利用效益的评价应以科学理论为指导，以地方政府、国家统计局等官方权威资料为实证研究数据，确保真实可靠，同时选取的指标要具有可获得性和实用性，指标不宜过于繁杂，以便操作简便、科学。

（2）独立性与代表性。

城市土地利用效益指标包含内容多，其选取要避免重复和相关，并且指标因选取目标区的不同而具有一定的区域性，故指标选取要能够代表研究区的突出特征，以提高研究结果的准确性。

（3）动态性与稳定性。

土地利用效益评价体系与土地利用活动相一致，是一个动态变化的过程，需要不断适应当地社会经济发展以及政策的变化，具有阶段性特点，但动态性必须建立在稳定性的基础上，这样研究结果才能进行横向对比。

2. 指标体系的构建

城市土地利用效益是指城市土地在数量、质量上的空间和时间的安排、使用、优化而给整个城市带来的生态、经济和社会效益的总和。效益反映了资源优化配置的程度，可以表明资源、劳动力价值以及资金投入的实现程度。从这种意义上分析，土地利用效益可以作为土地资源利用的度量指标，土地利用效益越高，说明土地资源优化配置越合理，土地投入的资源价值得到了较高水平的实现，即土地资源的集约利用水平越高。

因指标具有多样性，考虑研究区土地利用现状以及数据的可获得性和完备度，综合同类文献通过筛选并修正指标，构建了安顺市城市土地利用效益评价指标体系，由反映综合效益的目标层、准则层以及涵盖各指标的因子层搭建而成。

城市土地利用的经济效益是指单位面积城市土地上产出经济成果与投入的比值，比值越大说明城市土地利用效益越高，反之则越低。影响城市土地利用经济效益的指标有投入产出水平、土地生产率水平、经济结构调整和优化程度等要素。

城市土地利用的社会效益是指土地利用给社会带来的效果和利益，它的大小是正确判断与处理经济效益和生态效益相互关系的准则，它受基础设施完备程度、居民生活质量、社会保障程度等因素的制约。

城市土地利用的生态效益是指在土地利用过程中，对整个生态系统产生的正反两方面的影响。这种影响又反过来作用于人类，并受生态条件、环境治理等因素的制约。依据以上理论与原则，选定各个准则层的影响指标如表2-3所示。

表2-3　城市土地利用综合效益评价指标体系

目标层	准则层（B）	指标层（C）	序号	性质
城市土地利用效益	经济效益（B1）	城市建设用地占市区面积比重（%）	C1	正
		财政一般预算内收入（亿元）	C2	正
		城镇居民人均可支配收入（万元）	C3	正
		固定资产投资（亿元）	C4	正
		社会消费品零售总额（亿元）	C5	正
		二三产业占GDP的比重（%）	C6	正
	社会效益（B2）	人口自然增长率（%）	C7	负
		每千人拥有医疗床位数（张）	C8	正
		二三产业从业人员比重（%）	C9	正
		人均城市道路面积（平方米）	C10	正
		普通高等学校每千人在校学生数（人）	C11	正
	生态效益（B3）	工业固体废物综合利用率（%）	C12	正
		城市生活污水处理率（%）	C13	正
		人均公园绿地面积（平方米）	C14	正
		建成区绿化覆盖率（%）	C15	正

3. 指标的标准化

城市土地利用效益评价属多指标综合评价，各指标的性质和单位有差异，不能相互比较。因此，要经过异质指标均质化处理，便于后续步骤的进行。指标标准化常用的方法有功效函数法、Z-score标准化、极值标准化等方法，综合考虑各个方法的优缺点以及便捷实用性，本节研究采用Min-Max标准化法。

正向指标：

$$U_{ij} = \frac{X_{ij} - \min X_{ij}}{\max X_{ij} - \min X_{ij}} \tag{2-1}$$

逆向指标：

$$U_{ij} = \frac{\max X_{ij} - X_{ij}}{\max X_{ij} - \min X_{ij}} \tag{2-2}$$

其中，$i = 1$，2，3，$\cdots$，n；$j = 1$，2，3，$\cdots$，m；$\max X_{ij}$ 和 $\min X_{ij}$ 分别为最大值和最小值。得到无量纲化指标测评值如表 2-4 所示。

表 2-4　安顺市城市土地利用效益评价指标标准化数据

指标层	C	2010 年	2012 年	2014 年	2016 年	2018 年
城市建设用地占市区面积比重	C1	0.0000	0.3559	1.0000	0.5424	0.7119
财政一般预算内收入	C2	0.0000	0.3637	0.3824	0.8131	1.0000
城镇居民人均可支配收入	C3	0.0000	0.2711	0.5205	0.6843	1.0000
固定资产投资额	C4	0.0000	0.1122	0.1761	0.4492	1.0000
社会消费品零售总额	C5	0.0000	0.1214	0.2498	0.7724	1.0000
二三产业占 GDP 的比重	C6	0.0000	0.3579	0.3863	0.0151	1.0000
人口自然增长率	C7	0.0000	0.3684	0.8947	0.8158	1.0000
每千人拥有医疗床位数	C8	0.0000	0.0075	0.4804	0.6517	1.0000
二三产业从业人员比重	C9	0.0000	0.3441	0.3656	0.9032	1.0000
人均城市道路面积	C10	0.0000	0.0245	0.2887	0.7525	1.0000
普通高等学校每千人在校学生数	C11	0.0000	0.2047	0.2056	0.5367	1.0000
工业固体废物综合利用率	C12	0.0000	0.0214	0.9555	1.0000	0.1730
城市生活污水处理率	C13	0.0000	0.4620	0.3610	0.9810	1.0000
人均公园绿地面积	C14	1.0000	0.1455	0.0000	0.7868	0.8615
建成区绿化覆盖率	C15	0.7068	0.1832	0.0000	0.8490	1.0000

资料来源：《安顺统计年鉴》（2010~2020）、《中国城市统计年鉴》（2011~2018）。

4. 指标的标准化

确定权重的方法比较常用的有 AHP 法、专家系统法等，此类主观赋权法是根据相关人员的主观经验确定数值，具有一定的主观任意性。此外，比较成熟的还有客观赋权法、熵值法、标准差率法和主分量分析法等，这类方法是在原有数据基础上通过统计整理而得，具有一定的客观真实性。两类方法各有所长。结合实际，本节选用熵值法来计算权重，详细步骤如下：

第一，计算第 i 个年份第 j 项指标占总指标的比重：

$$P_{ij} = \frac{X_{ij}}{\sum\limits_{i=1}^{n} X_{ij}} \tag{2-3}$$

其中，$j=1,2,3,\cdots,m$。若 $P_{ij}=0$，则 $\ln P_{ij}=0$ 无意义，对其加以修正，令 $\ln P_{ij}=0.001$。

第二，计算第 j 项指标的信息熵值：

$$E_j = -Z^*, \quad \sum_{i}^{n} = P_{ij}\ln P_{ij} \tag{2-4}$$

其中，$E_j \in [0,1]$，令 $Z=1/\ln n$。

第三，确定第 j 项指标的离散程度：

$$D_j = 1 - E_j \tag{2-5}$$

当 j 项指标值越大时，熵值越小，X_j 对总体评价的作用越强。

第四，求权重：

$$W_j = \frac{D_j}{\sum\limits_{j=1}^{m} D_j} \tag{2-6}$$

其中，$j=1,2,3,\cdots,m$。

根据以上公式以及指标的标准化值，得到各指标权重如表 2-5 所示。

表 2-5　安顺市城市土地利用效益评价指标权重值

目标层	准则层（B）	指标层（C）	权重
城市土地利用效益	经济效益 B1（0.40126）	C1	0.06975
		C2	0.06910
		C3	0.06907
		C4	0.06538
		C5	0.06538
		C6	0.06257

续表

目标层	准则层（B）	指标层（C）	权重
城市土地利用效益	社会效益 B2 （0.33204）	C7	0.06999
		C8	0.06386
		C9	0.06872
		C10	0.06324
		C11	0.06622
	生态效益 B3 （0.26670）	C12	0.06130
		C13	0.06918
		C14	0.06787
		C15	0.06835

5. 评价结果

（1）城市土地利用效益评价结果。

考虑各种土地利用评价模型的优劣以及对该地区的适用性，书中选用综合指数模型对安顺市城市土地利用效益进行实证评估。

准则层各指标指数计算：

$$G = \sum_{j}^{n} a_j r_j \tag{2-7}$$

其中，$j=1$，2，3，…，m；a_j 表示该指标权重；r_j 表示第 j 项指标的均质化值。

综合评价指数的确定：

$$F = \sum_{i=1}^{3} G_i \tag{2-8}$$

其中，$i=1$，2，3，$F \in [0, 1]$，指数越靠近 1，则说明城市土地利用效益越高，反之则相反。根据上述公式，计算出归一化值和权重值，得到各指标的综合指数值（见表 2-6），以及折线图（见图 2-3）。

表 2-6　2010~2018 年安顺市土地利用效益综合指数评价

年份	2010	2012	2014	2016	2018
经济效益	0.0003	0.0348	0.0658	0.0960	0.1421
社会效益	0.0004	0.0381	0.0739	0.1036	0.1791

年份	2010	2012	2014	2016	2018
生态效益	0.0419	0.0201	0.0361	0.0930	0.0755
综合效益	0.0427	0.0930	0.1758	0.2926	0.3966

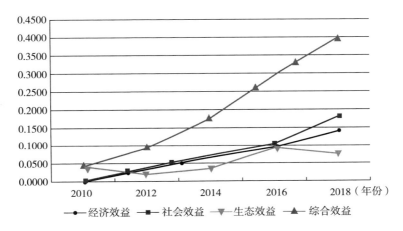

图2-3　2010~2018年安顺市土地利用效益综合指数评价折线图

（2）土地利用效益障碍度评价结果。

在上述实证分析后，为揭示影响城市土地利用效益提高的障碍因子，需进一步进行诊断分析，具体引入以下三个函数：

第一，因子贡献度，表达了各指标对总体目标的影响程度（权重），用 R_j 表示。

$$R_j = r_i \times w_j \tag{2-9}$$

其中，r_i 表示第 i 项指标权重，w_j 表示第 j 项指标在准则层中的权重。

第二，指标偏离度，它是各指标与土地利用效益目标值之间的差距，即单项指标评价分值与100%的差距，用 P_j 表示。

$$P_j = 1 - a_j \tag{2-10}$$

其中，a_j 代表指标的标准化值。

第三，障碍度，是指各指标对综合效益的作用程度，是障碍诊断的对象与结果，用 A_j 表示。

$$A_j = \frac{R_j \times P_j}{\sum_{i=1}^{15} R_j \times P_j} \times 100\% \tag{2-11}$$

其中，$i=1$，2，…，15。

通过以上步骤，得到各指标的障碍度，如表2-7所示。

表2-7　2010~2018年安顺市土地利用效益各指标障碍度　　　单位:%

准则层	指标层	2010年	2012年	2014年	2016年	2018年
经济效益	C1	8.99	6.85	0.00	11.85	33.47
	C2	8.91	6.70	8.72	4.79	0.00
	C3	8.90	7.67	6.77	8.09	0.00
	C4	8.43	8.85	11.01	13.37	0.00
	C5	8.43	8.75	10.03	5.52	0.00
	C6	8.06	6.12	7.85	22.87	0.00
	小计	51.71	44.95	44.38	66.50	33.47
社会效益	C7	7.46	5.58	1.25	3.96	0.00
	C8	6.81	7.99	5.61	6.83	0.00
	C9	7.33	5.68	7.37	2.04	0.00
	C10	6.74	7.78	7.61	4.81	0.00
	C11	7.06	6.64	8.90	9.42	0.00
	小计	35.41	33.68	30.74	27.06	0.00
生态效益	C12	5.25	6.08	0.37	0.00	56.12
	C13	5.93	3.77	6.01	0.32	0.00
	C14	0.00	5.88	9.22	3.57	10.41
	C15	1.70	5.65	9.29	2.55	0.00
	小计	12.88	21.37	24.88	6.44	66.53
	总计	100.00	100.00	100.00	100.00	100.00

四、结果分析

1. 城市土地利用效益分析

表2-6和图2-3表明，安顺市城市土地利用综合效益指数由2010年的0.0427增长至2018年的0.3966，增长了0.3539。安顺市城市土地利用综合效益可以分成两个阶段，第一阶段（2010~2014年）和第二阶段（2014~2018年）的增长速度分别为0.1331和0.2208，第一阶段增长值和速度低于第二阶段。以2014年为时间节点，之前的生态效益要比2010年略低，之后的生态效益快速上

升，但在 2016 之后有下降趋势。这里的变化情况与我国 2013 年后大力推行生态环境政策的背景大体相呼应。2010 年以来社会效益和经济效益的贡献度一直在上升，2012 年社会效益与经济效益渐趋拉开幅度，对综合效益的贡献逐年增加。分析三个效益可以发现：经济效益与社会效益变化幅度趋向一致，生态效益变化幅度最大，三者增幅分别为 0.1418、0.1787 和 0.0336，其中社会效益与生态效益间差距较大。

（1）经济效益分析。

总的来看，2010～2018 年安顺市城市土地利用的经济效益呈大幅度增长态势，其中 2016～2018 年的年均增幅和速度大于 2010～2016 年。这说明在"十三五"开局之年，安顺市政府和人民充分响应习近平新时代中国特色社会主义思想，经济得到了改革开放以来的一个跨越式发展。具体来看，经济效益的各指标中，除 C1 和 C6 总体呈现波动上升态势之外，其余经济效益指标均呈现直线上升状态，其中增幅较大的是 C3、C4 和 C5，分别为 34.23 万元、860.39 亿元、88.16 亿元。C4 的增幅结果表明，安顺市有效投资持续扩大和招商引资效果明显。从各指标的贡献率排序来看，排在前三位的分别是 C1、C2 以及 C3，其中后两位反映了地方经济的强度，排在后面的 C4 和 C5 反映一个地区对外的吸引力和人民物质文化生活水平。从以上分析可看出 2010～2018 年安顺市城市土地利用经济效益与政治、经济等因素有密切关系，特别是与黔中经济区规划政策、调整产业结构政策和大力振兴实体经济的政策密切相关。

（2）社会效益分析。

安顺市城市土地利用社会效益总体呈直线上升态势，以 2016 年为起点，社会效益上升速度加快。分析社会效益评价的指标发现，除 C7 之外，其余各指标均呈现直线或者波动上升趋势，其中 C8、C10 和 C11 的增幅较大。从各指标的贡献率排序来看，排在前三位的分别是 C7、C9 以及 C11。C7 由 2010 年的 6.94%下降到 2018 年的 6.56%；C9 由 2010 年的 9.86%上升到 2018 年的 9.95%；C11 由 2010 年的 11.55 人增加到 2018 年的 19.25 人。总之，安顺市政府 2016 年实施新型城镇化政策后，加大对主城区的建设，使得相应基础设施以及公共服务水平得到了提高和完善。

（3）生态效益分析。

安顺市生态效益指数于 2010～2012 年和 2016～2018 年这两个阶段有明显的回落，而其他年份的生态效益指数呈显著的上升状态。生态效益指数自 2012 年以来一直较低，说明 2010～2018 年安顺市生态环境还没得到充分保护。分析城市土地利用生态效益的评价各指标得知，除 C12 在 2016 年后有回落之外，其余三个指标总体在浮动上升，它们对生态效益的改变发挥着显著作用。从各指标的贡献率排序来看，C13 最大。今后政府应紧跟该指标的政策措施，争取指数不回落，增加生态效益值。

2. 障碍度分析

（1）经济因素障碍度分析。

2010~2018 年，经济因素对安顺市城市土地利用效益的障碍度由 2010 年的 51.71%下降至 2018 年的 33.47%，总体呈下降走向，说明经济因素对城市土地利用效益的阻碍程度逐年降低。从经济因素方面而言，障碍度排名前三的分别为 C1、C4、C6，分别占经济因素障碍度的 25.38%、18.63%、17.28%，说明在经济因素中 C1、C4 以及 C6 是影响土地利用效益提高的主导因素。同时，C2、C3、C5 对城市土地利用效益的影响程度大体呈上升状态，2018 年数据显示其阻碍程度为零，即为无障碍。

（2）社会因素障碍度分析。

社会因素方面的障碍度大体上呈现连续递减趋势，甚至到 2018 年的数据表示其为无阻碍状态。社会因素方面的阻碍度指标逐年降低，在影响安顺市城市土地利用效益提高的三方面效益中，尤其要关注其对社会利益的贡献度。从社会因素障碍度内部指标来说，障碍度排名首位的是 C11，第二位的是 C8，排在第三位的是 C10，依次占社会因素障碍度的 25.23%、21.48%、21.23%。因此，在社会因素方面，影响土地利用效益提高的主要因素依次是 C11、C10 和 C8。另外，C9 对城市土地利用效益的影响也逐年增大，至 2018 年为无阻碍状态。安顺市城市土地利用效益的提高与 C9 也息息相关，提高 C9 既有利于安顺市城市土地利用效益的提高，又有利于社会安康和人民幸福。

（3）生态因素障碍度分析。

从宏观来看，生态因素对安顺市城市土地利用效益的障碍度呈大幅度波动上升状态，由 2010 年的 12.88%飙升至 2018 年的 66.53%，由此表明生态因素对城市土地利用效益的阻碍程度越来越大。从微观来看，C12、C14、C15 分别占生态因素的 51.33%、22.00%、14.52%，占据生态因素障碍度指标排名的前三位。以上综合表明，C12、C14 和 C15 是影响土地利用生态效益提高的主要因素。数据表明，C15 对城市土地利用效益的影响逐年增大，到 2018 年障碍度为零。毫无疑问，城市土地利用效益的提高与 C15 有直接关系。在生态文明建设的背景下，安顺市应抓住机遇，响应时代的号召，强化生态用地优化整合。

总之，从准则层障碍度来看，由于每年城市土地利用三方面的效益障碍度都不同，故取三个准则层障碍度的平均值分别为 48.20%、25.38%、26.42%。数据表明，B1 对安顺市城市土地利用效益的阻碍程度最大，为主导因素，B3 其次，B2 最低，即 B2 对安顺市城市土地利用效益的影响程度最大。从指标层来看，排名前五的主导障碍因素分别是 C1、C1、C6、C4 以及 C5，反映出安顺市发展的突破点在于提高实体经济质量、生态文明程度以及完善基础设施建设。

五、对策与建议

1. 合理制定规划，控制城市用地平衡

城市土地结构复杂，在土地利用过程中受到经济发展、社会、生态环境、基础设施等多种因素的影响。对于建设用地，分配结构要有科学、合理的土地利用规划，追求人口、资源、生态的协调与可持续发展。政府部门，特别是国土资源部门要与交通局、水务局、林业局等部门一起修订或编制适合长久发展的建设用地规划方案。安顺市的土地既要满足住房、市政办公的需要，也要兼顾休闲娱乐、康养的需要，更需注重工业发展的需要。另外，无论是总体规划还是专项规划，都要注意规划的时效性，处理好近期与长远土地利用间的关系。以中长期规划为指导，及时根据具体情况调整短期规划，落实具体义务与责任，控制城市建设用地的范围、数量以及利用的程度，协调城市用地比例。

2. 调整产业结构，增加土地的经济效益

产业结构是国民经济的部门结构，是指各产业的占比情况以及产业内部的构成情况，经济体制、政府机制、科技创新、文化知识、人口等都是影响产业结构的主要因素。经济效益是城市发展的核心关注点，安顺市一方面要壮大产业规模，做优产业质量，支持企业发展，抓紧抓实新型工业，着力振兴实体经济，另一方面要充分利用本市旅游资源，发展现代服务业，增加外来收入。总体要从电子、机械类的资金密集型工业和航天技术、电子信息类的技术密集型工业以及旅游服务业等入手，加快产业结构的转变升级，提高城市土地利用的经济效益。

3. 盘活土地，提高土地利用率

在保证耕地、林地、草地等农用地数量的前提下，城市活动只能在既定范围内进行。需在充分完成土地确权和土地资产价值量化定价工作之后，加大对土地利用的督查，对半截子工程、效益比较低的项目进行清理，给那些准备充足、资金丰厚、技术性强以及有良好发展前景的工程更大的土地利用空间。另外，要充分利用土地市场与网络信息技术，使闲置存量土地资源通过现代技术简易、便捷地完成土地产权的流动与重组，使位置固定的土地在市场上得以快速流通，提高土地的集约利用程度。

4. 加强生态环境建设，提高土地的生态效益

城市绿地具有生态服务、环境净化、景观美学等功能。生态效益是取得经济效益和社会效益的基础与前提，但由于安顺市马路两边绿化带较少、工业固体废弃物综合利用率低、污水处理不到位等，形成生态效益指数总体低于经济效益和社会效益的现状，这与当今建设生态文明城市的理念相矛盾。改善生态环境质量，政府应积极推进多元化的生态补偿机制，提高城市绿化率，使得人居环境与土地利用相协调，城市土地得到充分利用。同时，公民要自觉接受教育、遵守规定，提高保护环境的自觉性。政府和公民齐心协力，才能打造宜居宜游的生态文明城市和康养城市。

六、结论与讨论

1. 结论

本节通过对安顺市城市土地利用效益进行分析和评价，得出以下主要结论：

从总体上来看，2010年以来城市土地利用的综合效益呈直线快速上升的态势，安顺市的总体发展稳中向好。然而，安顺市城市建设用地结构仍存在一定的缺陷，工业用地与绿地和广场用地比较少，间接说明产业结构不合理，实体经济质量不高以及生态环境差的现象还没有得到彻底改变。

从城市土地利用效益方面来看，社会效益增长幅度最高。数据显示，2010~2018年安顺市土地利用的经济效益随着地方产业结构提档升级而不断增加，社会效益总体呈现上升趋势，道路交通、休闲娱乐用地等基础设施持续完善。

从障碍度方面分析，经济效益和生态效益对综合效益的阻碍度要高于社会效益。其中，城市建设用地占市区面积比重、普通高等学校每千人在校学生数、工业固体废物综合利用率对于阻碍城市土地利用效益提高的障碍度在增强。

2. 讨论

土地利用效益评价是一个综合复杂的过程，本节根据安顺市年度政府工作报告以及参考其他相关文献选取了15个指标，但指标选取具有一定的主观随意性，也不够全面与具体。另外，对于建立的指标体系是否符合安顺市社会、经济、生态的发展还有待研究和分析。数据标准化和确定权重的方法有很多，而极值标准化法和熵值法是否适用于该地区，也有待进一步探讨。同时，书中未从空间尺度上对城市土地利用效益进行纵向评价，尚未在贵州省范围内将安顺市与其他地区

进行比较，未来研究最好能建立一种综合指数评价法的统一标准对安顺市的城市土地利用效益进行分析。

第二节 安顺市建设占用耕地耕作层剥离再利用分析

耕地资源是农民稳定生活的重要保障，也是实现国家粮食安全的重要保障。保证粮食安全是党的十八大召开以来一直讨论的重要议题。在我国，想要粮食能够足够供给，严格保护耕地是行之有效的方法。当前，随着安顺市社会发展步伐的不断加快，需要占用大量的耕地资源，因此导致耕地资源变得越来越少，耕地质量也变得越来越低。本节通过对安顺市建设占用耕地剥离区、利用区等数据研究，从不同角度进行效益分析，并提出相应的对策及建议，为安顺市合理利用和管理耕地，进一步提升耕作层资源的再利用效率提供参考。

一、建设占用耕地问题的提出

1. 研究背景

安顺市的地貌较为特殊，属于喀斯特地貌比较集中的地区。特殊的地形地貌和地质条件导致了耕地后备资源贫乏，而建设需要占用耕地，退耕还林的实施也会使耕地减少，种种因素结合在一起使耕地面积日益减少，耕地资源越来越宝贵，尤其是耕地中的耕作层土壤更为稀少。土地被称之为人类的财富之母，土地问题一直以来是国家很重视的问题。耕地资源是农民稳定生活的重要保障，也是实现国家粮食安全的重要保障，在我国，想要粮食能够足够供给，严格保护耕地是行之有效的方法。因此，把在建设中被占用耕地的耕作层进行剥离再利用，不仅可以促进经济发展，而且还可以解决安顺市的耕地问题和耕作层再利用问题。该途径可以改善生态平衡，促进人与自然的和谐发展。同时，土地被建设占用或开采损坏，植被遭到破坏，土地向荒漠化发展、耕地质量下降，当地的生态环境日趋恶化，而且石漠化和水土流失严重的地区，土地过度开垦将会对生态环境造成重大的负面影响。因此，要搞好耕作层剥离再利用工作，避免耕地过度减少而破坏生态平衡。我国是一个人均耕地较少的大国，耕地不仅是农民的"命根子"，而且是我国粮食安全的基础保障，还是保障我国经济发展和生态安全的重要条件。随着社会经济和城镇化的不断发展，我国的耕地遭到严重破坏，安顺市耕地本来就少，再加上人们的耕地保护意识不强、人口不断增加，导致境内耕地不断减少。安顺市实行耕作层剥离再利用，可以带来土地利用方式的改变，使耕地资源得到保障，确保粮食安全，经济也能得到相应的提高。因此，开展建设中被占用耕地的耕作层再利用工作，不但具有重大的现实意义，而且是一项长远又具有重要意义的措施。

2. 国内外研究现状

日本土地面积少而国家用地需求大，即供不应求，其依据土地改良法、农业振兴地域整备法等法令实施土地改良、开发建设、污染治理等措施来改善供不应求的形势。美国在1970~1979年就有农用地表土剥离制度。加拿大在1980~1989年就出现此技术，城市的扩张需要占用大量的土地，地产投资商对农地只占用不开发，农民耕作土地的生产能力本来就不高，又因此受到严重的影响，于是依据表土保护法、环境保护与改善法等法令，实施了工程建设、矿山勘察和土地复垦服务等具体措施来保护环境资源。Hendriks（2020）认为，任何国家都应该重视耕地的监管和保护，耕地保护是全球性的问题，不是只靠哪个国家的努力就能将耕地保护做得很好，耕地的破坏将会对全球造成不利的影响，对于耕地的保护问题，应倡导地球上的每个国家都重视起来，这样才能让耕地真正的得到保护。他提出，各国应该制定相关的法律法规来制约土地的开发以及利用，以此来让耕地得到更有效的保护。Anthony（2007）通过对农业城市玛瑞纳迪尔瑞进行调查研究提出，以美国的地理优势以及经济条件，应该在大力发展机械化农业的同时节约、集约利用耕地资源，因为随着经济的发展，耕地资源已经遭到了极大破坏并且还处于不断减少的状态，所以应该以此方式来提高耕地的单位产量。他提出，美国政府应该倡导实施耕地保护，以规模化、科技化以及机械化耕种的方式来提高单产，以此来让耕地得到更好的保护。由此可看出耕地对于每个国家的重要性，全球需要发出保护耕地的有力倡导。每个国家的耕作层土壤剥离再利用的方式都不一样，都有自己的特别之处，我国需要在国外耕作层土壤剥离再利用相关研究中，汲取先进经验并进行借鉴。

廖莎和肖海（2015）在国内外耕作层剥离再利用的基础上通过研究分析，找到了适合湖南省建设占用耕地耕作层剥离再利用的模式。阳福英和罗伟玲（2018）对国内外耕作层剥离再利用途径进行归纳和梳理，并提出相关建议，希望能有效推动此项工作在广东省的开展。雷锡琼等（2018）以重庆市为研究对象，根据研究区的现状分析并总结出适合重庆市市情的耕作层使用模式，研究成果可供其他学者借鉴。张欣（2019）针对耕地的保护范围较小和人们对耕地保护的积极性较弱等问题，提出了建立健全耕地保护机制和加强对耕地保护的合理化建议。付坚强（2013）研究了耕地保护绩效方面的问题，在他看来，虽然我国目前的土地监察制度可以有效地保护耕地，但是不能完全遏制耕地的流失问题，因此他提出，要在现有基础上不断更新和完善我国现有的土地监察制度，从而进一步加强耕地保护力度。张雅芹等（2018）以山东省海阳市为研究对象，分析并验证了海阳市永久基本农田划定的科学性与合理性，其永久基本农田划定方法的提出有利于更好地对海阳市进行耕地保护。程帆（2018）主要研究了黑龙江省目前的耕地利用状况，他认为耕地的保护在于使耕地能够可持续利用，为此他提出了耕地可持续利用的建议，对黑龙江省新时期更好地实现耕地数量、质量、生态"三位一体"的保护起到了参考作用。潘含岳等（2018）以北京市房山区为研究对象，进行了实地勘察调查，并对表土回填再利用区进行实地观测，同时开展样品采集和化验分析，研究成果对当地耕地质量改善以及提升区域环境质量具有重要的意义。这些学者都对我国各地方建设占用耕地耕作层剥离再利用相关方面进行了研究分析。

3. 研究方案

通过分析安顺市建设占用耕地耕作层的物化性质及利用区的现实情况，对占用耕地土层厚度、利用等级、土壤类型、有机质含量、是否被污染等情况进行详细调查，确定耕作层可剥离的土壤厚度，对于受到污染的土壤须进行处理，达标后才可剥离再利用。分析土方量的供需平衡关系，使建设占用耕地耕作层剥离再利用能够取得好的效益，并提出与之相对应的对策与建议。

通过知网、万方数据、学校图书馆等渠道查阅相关文献来搜集当前建设占用耕地耕作层剥离再利用的资料，书中所用到的数据大部分来自安顺市自然资源局等相关部门。运用文献法、实证研究法、数据分析法，首先通过各种渠道查阅并收集国内外学者关于此研究的相关文献、期刊，认真分析并查阅国内外有关政策综述并借鉴相关经验，特别是查阅安顺市建设占用耕地耕作层剥离再利用方面的资料，思考并归纳出安顺市耕地、剥离区、利用区的情况，从安顺市发展现状、发展趋势和耕地现状出发，对建设占用耕地耕作层剥离再利用进行分析。其次，找出研究区建设占用耕地耕作层剥离再利用的相关数据，分析安顺市土地利用现状、耕地现状，对剥离区、利用区和供需平衡问题进行分析，并做出效益分析。最后，提出与之相对应的对策与建议。

二、研究区概况

1. 自然地理概况

安顺市是贵州省最为平坦的地级市，它是喀斯特地貌比较集中的地区，位于东经 105°13′~106°34′与北纬 25°21′~26°38′之间。安顺市平均海拔高度不是最高，也不是最低，处于较中间区位，差不多在 1102~1694 米，距离贵州省省会贵阳市约 90 千米，相对于其他地方而言它的距离还是比较近的。东与贵阳市和黔南布依族苗族自治州接壤，西与六盘水市接壤，南与黔西南布依族苗族自治州接壤，北与毕节市接壤。矿产资源较为丰富，有煤矿、硅石、石膏、水泥用灰岩、方解石、重晶石等资源，有"中国瀑乡"之称。

2. 社会经济概况

2019 年安顺市地区生产总值 923.94 亿元，比上年增长 8.1%。第一产业增加值为 157.19 亿元，同比增长 5.7%；第二产业增加值为 292.40 亿元，同比增长 9.6%；第三产业增加值为 474.35 亿元，同比增长 7.8%。截至 2019 年，全市工业发展稳定，经济总量不断上升，城镇常住人口呈不断增长趋势，人均生产总值不断提高。粮食总产量 82.51 万吨，比上年增长 4.1%；蔬菜产量 222.38 万吨，比上年增长 10.9%；油菜籽产量 8.68 万吨，比上年下降 7.8%；烤烟产量 0.55 万吨，比上年下降 36.6%。农林牧渔业增加值为 164.94 亿元，比上年增长 5.7%。其中，牧业增加值为 34.56 亿元，比上年下降 1.5%；渔业增加值为 6.28 亿元，比上年增长 4.5%；农林牧渔服务业增加值为 7.75 亿元，比上年增长 5.1%。安顺市在 2019 年末已经完成造林面积 27847 公顷，常居总人口已达 236.36 万人。随着社会经济的快速发展、城镇化的快速推进以及农业结构的调整，安顺市 2019 年城镇新增就业人数达到 54242 人。

3. 土地利用现状

由安顺市 2015 年土地数据可知，安顺市土地总面积为 922824.30 公顷（见表 2-8）。其中林地占土地总面积的 33.95%；耕地占土地总面积的 31.97%，耕地包括水田、水浇地、旱地；园地占土地总面积的 0.76%；草地占土地总面积的 11.04%；城镇村及工矿用地占土地总面积的 3.43%；交通运输用地占土地总面积的 1.18%；水域及水利设施用地占土地总面积的 1.49%；其他用地占土地总面积的 16.18%。由此可知，安顺市土地面积所占比例中，林地最高，耕地次之，园地最少，草地、城镇村及工矿用地、交通运输用地、水域及水利设施用地和其他用地所占比例居中。

表 2-8　2015 年安顺市各县（区）土地面积统计　　　单位：公顷

行政区	总面积	耕地	园地	林地	草地	城镇村及工矿用地	交通运输用地	水域及水利设施用地	其他用地
西秀区	172884.48	70715.50	1892.87	51394.94	12444.69	10385.64	3086.96	2378.32	20585.56
平坝区	98709.40	39727.40	1147.66	29279.52	8429.43	5948.70	2074.28	2180.16	9922.25
普定县	107993.49	39905.02	975.63	36138.22	7906.97	4384.38	1249.64	2509.04	14924.59
镇宁县	171727.38	53229.02	1062.67	69632.64	24062.43	3824.60	1460.58	3470.59	14984.85
关岭县	146428.23	35349.65	1626.54	35053.39	25144.60	3400.99	1570.65	2073.85	42208.56
紫云县	225081.32	56095.86	289.29	91830.74	23909.58	3721.73	1454.07	1122.68	46657.37
安顺市	922824.30	295022.45	6994.66	313329.45	101897.70	31666.04	10896.18	13734.64	149283.18

三、耕地现状分析

1. 耕地数量

如表 2-9 所示，安顺市耕地资源十分稀缺，由 2015 年变更调查矢量数据可知，耕地占土地总面积的比例为 31.97%，其中旱地占耕地总面积的比例为 67.15%，水浇地占耕地总面积的比例为 2.59%，水田占耕地总面积的比例为 30.26%。西秀区、紫云县和镇宁县耕地面积较大，是本地区的粮食主产区。

表 2-9　2015 年安顺市各县（区）耕地面积统计　　　单位：公顷

行政区	耕地面积	其中		
		水田	水浇地	旱地
西秀区	70715.50	29464.76	7604.04	33646.70
平坝区	39727.40	16206.68	0.21	23520.51
普定县	39905.02	11296.78	14.11	28594.13
镇宁县	53229.02	13596.58	3.24	39629.20
关岭县	35349.65	7136.17	10.41	28203.07
紫云县	56095.86	11564.28	8.02	44523.56
安顺市	295022.45	89265.25	7640.03	198117.17

2. 耕地坡度

从坡度上看，安顺市的耕地分布呈现一定的波段性，即耕地主要分布于 3 级

（6°~15°）与 4 级（15°~25°）区域，其次为 1 级平坝区。由于安顺市处于贵州省比较平坦的区域，因此 1 级（≤2°）耕地相对较多。另外，安顺市有山地、丘陵地貌，耕地大部分分布在 3 级和 4 级区域，3 级和 4 级区域耕地占总面积的比例（分别为 33.35%、22.71%）最高，其次为 1 级耕地，占耕地总量的比例为 15.27%，2 级耕地占耕地总面积的比例为 13.74%，5 级耕地占总面积的比例为 14.94%（见表 2-10）。从总体来看，安顺市以坡耕地为主，6°以上的耕地占耕地总面积的 70.99%，6°以下的耕地主要分布在西秀区和平坝区。

表 2-10　2015 年安顺市耕地坡度面积统计　　　　单位：公顷

行政区	地形坡度					耕地面积
	≤2°	2°~6°	6°~15°	15°~25°	>25°	
西秀区	16616.00	23260.66	23846.57	5986.04	1006.23	70715.50
平坝区	11462.39	6299.78	14759.35	4752.24	2453.64	39727.40
普定县	5896.22	2656.23	15263.67	10010.85	6078.05	39905.02
镇宁县	6223.77	3518.01	12471.61	16506.31	14509.32	53229.02
关岭县	3416.43	1507.49	12919.01	10741.24	6765.48	35349.65
紫云县	1425.58	3301.10	19125.49	18990.16	13253.53	56095.86
安顺市	45040.39	40543.27	98385.70	66986.84	44066.25	295022.45

3. 耕地质量

安顺市地质地貌复杂，地势起伏较大，地下与地面组成物质均呈纷繁多样的特点，成土母质种类齐全，形成的土壤类型较多，以黄壤分布最广。根据安顺市农用地分等定级数据，土壤的有机质含量为 1%~3%，有机质含量中等，含氮量多为 0.05%~0.2%，含磷量多在 4ppm 以下，含钾量多在 62ppm 以下。总的来说，土壤养分属中等。全市的耕地利用等级为 8~14 级，土层厚度为 20~100 厘米，多为黏土和壤土，绝大部分耕地缺乏灌溉条件。

四、剥离区、利用区和供需平衡分析

1. 剥离区分析

以安顺市土地利用总体规划中建设所占用的耕地为基础，将它和社会发展规划、国民经济及重点建设项目规划、交通规划、水利规划、工业园区规划、土地整治规划等充分衔接，经实地勘察后确定最终剥离区土壤来源。

耕作层剥离量计算方法为：设耕作层剥离量为 V，单位为立方米，剥离耕作层平均厚度为 h，单位为米，剥离耕作层面积为 s，单位为平方米，于是有：

$$V=s\times h$$

(2-12)

根据公式（2-12），安顺市耕作层剥离区总面积为 2950.00 公顷，占全市耕地总面积的 0.32%，耕作层剥离厚度按平均 0.30 米计算，总的剥离土方量可达885.00 万立方米。剥离量最大的县（区）为平坝区，占总剥离量的 70.26%。平坝区是安顺市重点发展建设区域，是今后一段时间的主要用地方向。西秀区是安顺市政府所在地，现基本已无建设用地剩余空间。为确保耕地得到全面的保护，应着重在平坝区开展耕作层剥离再利用工作。2015 年安顺市各县（区）耕作层剥离量如表 2-11 所示。

表 2-11　2015 年安顺市各县（区）耕作层剥离量统计

行政区	剥离区面积（公顷）	剥离厚度（米）	剥离方量（万立方米）
西秀区	0.00	0.30	0.00
平坝区	2072.70	0.30	621.81
普定县	252.73	0.30	75.82
镇宁县	322.21	0.30	96.66
关岭县	106.65	0.30	32.00
紫云县	195.71	0.30	58.71
安顺市	2950.00	0.30	885.00

2. 利用区分析

在剥离耕作层的利用方向上，第一是建设高标准农田。对于剥离的耕作层土壤，要增加土层厚度，并结合土地平整，把稀散耕种的土地整理成块等，完善田间交通水利等基础设施。第二是土地复垦。将受建设活动和自然灾害破坏的土地，运用治理手段，利用项目区附近建设占用耕地剥离出来的土，将它重新恢复成可以利用的土地。第三是用于土地的开发。为了使耕地总量更好地达到平衡状态，耕地得到补充利用，可以将在土地整治过程中没有得到利用的土地进行开发利用，可以提质改造，将安顺市质量低的耕地采取增加土层厚度、改良土壤等措施使耕地的质量提高，可以将农田的水利设施进行改造，比如把旱地改成水田，也可以进行城镇绿化用土和城市污染土壤的置换。随着城镇规模的不断扩大，绿化配套设施也在不断完善，对于土壤的需求也在增加，剥离的耕作层土壤可用于城镇的绿化。同时，伴随城市的发展，土壤的污染也在日益加重，将耕作层剥离的富余土壤用于置换污染土壤，可解决土壤的污染问题。

总体而言，要结合实际情况进行分析，首先进行土地复垦，其次为高标准农田建设和土地开发。富余的剥离土方量中，可将优质的土壤用于提质改造，增厚现有耕地的耕作层，提高耕地质量。其他土壤可以用于城镇绿化和城市污染土壤的置换，使剥离土壤得到充分利用，不造成土壤的浪费，若在此期间内没有用土需求，则可将剥离土壤存储起来，便于今后使用。

利用区面积确定和利用区土壤需求量计算方法为：设有 m 个片区，每个片区覆土需求量为 V_j（$j=1$，2，…，m），每个片区共有 n 个整治项目，各整治项目的需求面积分别为 A_1，A_2，…，A_n，不同整治项目的覆土厚度分别为 H_1，H_2，…，H_n，则每个片区的覆土需求量为：

$$V_j = \sum_{k=1}^{n} (A_k H_k) \tag{2-13}$$

所有片区的总覆土量为：

$$V_{总} = \sum_{j=1}^{m} V_j \tag{2-14}$$

为了保持各规划之间的一致性，耕作层的利用主要是土地整治规划中确定的土地复垦项目、农用地整治和土地开发。参考整治规划确定项目实施年限，扣除历年已经实施的土地整治项目。经计算，最终确定利用区总面积为 8386.79 公顷。从地类来看，安顺市利用区面积分布情况如下：按照平均覆土厚度 0.50 米计算耕作层的利用方量，安顺市耕作层剥离再利用的面积占比中，农用地整治面积所占比例（33.88%）最高，土地开发面积所占比例（32.96%）次之，土地复垦面积所占比例（3.95%）最低，高标准农田建设占利用区面积所占比例（29.20%）居中，具体如表 2-12 所示。

表 2-12　2015 年安顺市利用区面积统计

行政区	耕作层剥离利用区面积统计				合计（公顷）	利用方量（万立方米）
	土地复垦（公顷）	土地开发（公顷）	高标准农田建设（公顷）	农用地整治（公顷）		
西秀区	75.56	0.00	0.00	0.00	75.56	37.78
平坝区	49.66	350.80	930.07	1033.59	2364.13	1182.06
普定县	41.87	994.71	267.34	327.15	1631.06	815.53

续表

行政区	耕作层剥离利用区面积统计				合计 （公顷）	利用方量 （万立方米）
	土地复垦 （公顷）	土地开发 （公顷）	高标准农田建设 （公顷）	农用地整治 （公顷）		
镇宁县	66.07	592.33	365.69	575.24	1599.34	799.67
关岭县	37.53	332.22	568.91	568.91	1507.58	753.79
紫云县	60.98	494.42	317.15	336.75	1209.31	604.65
安顺市	331.67	2764.48	2449.17	2841.64	8386.97	4193.49

安顺市利用区的耕地等级从 8 等到 13 等均有分布，主要集中在 8~11 等，通过耕作层剥离再利用规划的实施，耕地利用等级争取提高 1~2 个等级。根据耕作层剥离区与利用区的分析，各类项目涉及 6 个县（区），其中西秀区、镇宁县和紫云县土地复垦用土需求量较大，普定县、镇宁县和紫云县土地开发用土需求量较大，平坝区、关岭县的高标准农田建设用土需求量较大，平坝区、镇宁县和关岭县的高标准农田建设用土需求量较大。剥离耕作层土壤的利用应优先考虑用土需求量较大的区域。

3. 供需平衡分析

根据耕作层供给量和需求量分析每个县（区）的耕作层剥离土壤余缺情况发现，安顺市土地整治规划中，耕作层剥离再利用耕作层供给量为 885.00 万立方米，需求量为 4193.49 万立方米。从总的剥离方量和利用方量来看，剥离量远小于需求量，剥离出来的耕作层土壤能够得到充分利用。除少部分乡镇剥离量大于利用量之外，其他乡镇内的耕作层供给量均小于需求量。在这种情况下，整治工程耕作层剥离的规划方案应以实际需土量为准进行剥离，剩余的耕作层可用于绿化、置换污染过的土壤。

五、效益分析

1. 经济效益分析

建设占用耕地耕作层剥离再利用工程的开展使农民的收入提高，同时也保护了耕地，这一工作的实施，既能对耕地保护起到有效作用，又能提高耕地质量和增加耕地面积，这样一来生产成本也能得到相应的降低。生产成本只要降低，那么当地农民收入也会逐渐增加，付出的努力和收获成正比之后，在一定程度上调动了人们的积极性，基本农田就得到了保护。2015 年安顺市耕作层剥离再利用覆土面积为5621.58公顷，即增加有效耕地面积5621.58公顷，将建设占用耕地进行改进和整治完善后，利用区的耕地等级和质量都得到了提高。这就意味着粮食产量增加了，既实现了耕地面积的增加，又提升了耕地质量。将耕作层剥离与土地整治相对接，结合覆盖土壤的育土培肥工作，耕作层剥离再利用还带动了众多行业的发展。虽然耕作层的剥离与利用需要挖掘、运输与储存等相关行业的配合，需要投入巨大资金，但是其经济效益也是十分明显的。

2. 社会效益分析

耕作层剥离再利用充分反映了国家对耕地问题的重视，耕作层剥离再利用一定程度上保障了粮食种植面积。目前，许多农民选择放弃家里的田地不种而到外地务工来维持一家的生计，原因在于在家务农的经济收益低下，而导致经济收益低下的主要因素在于农产品的产业链较短，基本上卖不到高价。因此，农民不愿意在家务农，对耕地的在意程度也相当低。这样一来，农民的耕地保护意识就较低，即使知道耕地需要保护，他们也不愿意去耕种，建设占用耕地耕作层剥离再利用是政府为百姓谋福利的一项工程，农民是最大的受益者。从耕作层剥离再利用的项目完成效果来看，耕作层剥离再利用是一个最大限度保护耕地的方法，深受广大农民好评，获得了广大农民的大力支持。

3. 生态效益分析

耕作层剥离再利用对于土地资源的保护、环境和生态系统的维持具有重要作用。耕地耕作层是相对于其他土层来说熟化程度比较高的土层，它肥力最好，拥有丰富的营养物质、大量的有机物质和微生物，不仅是植物根系最密集的土层，还是有机物活动的主要场所。将这项工作积极有序地推进，不仅能够增强生态产品的生产能力，而且是寻求生态与生存和谐发展的一个非常重要的途径，符合生态的发展需求。发展往往伴随着矛盾的产生，经济得到发展的同时，生态建设和耕地需求的矛盾逐渐突出。通过此工程，既可以改善农田的整体生态环境，又能对生态及生物圈进行保护，可以在保持原有耕地的基础上，增加安顺市的耕地面积，并达到提高利用区耕地质量的目的。

六、对策与建议

1. 全面完善耕作层相关的法律法规

土地是不可再生资源，耕地在这之中尤为重要和紧缺，这便要求建设用地在审批和管理过程中有完善且详细的制度。随着社会经济的快速发展，城镇化快速推进，农业结构调整，再加上建设用地的利用及管理制度不够完善，目前安顺市耕地出现大量减少。在城镇化过程中，建设用地占用耕地的现象层出不穷，而耕地一旦被占为建设用地就具有不可逆转性。耕地转为建设用地简单，而建设用地想要转为耕地就非常困难，不仅需要大量的人力、物力、财力，更重要的是需要经过相当长的时间，这样一来就导致耕地的实质性流失较为严重，给安顺市的耕地保护带来了巨大的压力。除此之外，建设用地的使用条例模糊不清，存在许多乱建违建现象，而将土地复垦则需要很多成本。复垦后土壤的肥力也不能快速恢复，还需要很长一段时间。因此，在今后的建设用地审批过程中，应将农用地转为建设用地作为重点审批对象，不轻易将农用地转为建设用地，此外，还要不断完善建设用地的审批过程和管理制度，详细分析耕作层剥离的影响因素，真正做到程序清楚、要求具体，在此工作中凡是出现不规范行为或者浪费耕作层资源的，应当给予适当的惩处。要调整补充耕地的责任与义务，加大对使用剥离表土的奖励力度，出台可行的相关激励措施，以调动人们的积极性和主动性。同时，还可引入市场机制，鼓励更多主体进入。

2. 加强组织机构对耕地的保护

要及时组建具体实施机构负责建设占用耕地耕作层剥离再利用工作的具体管理、监督检查，各级部门要高度重视建设占用耕地耕作层剥离再利用工作，并积极配合、加强联系、统一协调、大力支持。目前，农民对耕地保护的意识和知识还比较浅薄，导致这一现象的因素有很多，例如农村地域差别、老龄化情况严重、受教育程度低等。因此，光靠政府出台的耕地保护政策，还不能对耕地起到很好的保护作用，只有全民行动起来，耕地才能得到更好的保护。政府应加大耕地保护的宣传力度，让耕地保护的思想深入人心。另外，要加大耕地保护的资金投入，毕竟耕地保护需要建立在较为强大的物质基础之上。

3. 加大宣传耕地资源的重要性，完善政府的耕地保护措施

耕地资源重要性的宣传是影响耕地保护积极性的一个重要因素，一些县区在这方面的工作开展较好。我们要及时总结好的做法并加以宣传，同时大力加强不同地区间的经验交流，推动耕作层资源得到有效保护和合理利用。政府的耕地保护措施是否完善和实施力度是否到位，是耕作层剥离再利用进程中耕地能否得到有力保护的关键，因此耕地的保护需要政府的大力支持。目前，关于耕地保护的措施较少，有些人即使想为耕地保护做贡献，有时也苦于无计可施，因此需完善耕地保护的具体措施。除此之外，政府对耕地保护措施的实施力度也是影响耕地

保护的因素，政府不但要完善耕地保护措施，而且还要加大实施力度，这样才能对耕地保护起到更好的作用。充分利用耕作层剥离土壤，可以将生产能力比较低的水田进行改进和完善，提高低产耕地的生产力，实现耕地数量和质量的占补平衡。

4. 创新机制促进开展耕作层剥离再利用

我国的耕作层剥离技术刚刚起步，在此方面的研究还不够成熟，需要不断创新机制来促进耕作层剥离再利用工作的开展。第一，在土地改良方面，如何把剥离其他地区耕作层与需要改进和完善的地区表层土壤更好地融合，怎么搬、怎么融，在这些环节的管理规范方面需要创新。第二，在此工作全程中，应该考虑到再利用对生态环境的消极影响，不能单方面只认识到发展而不考虑破坏。在开展耕作层搬移和复原工作的同时，也伴随着物种的迁移与入侵，要及时采取措施防止物种扩散，以防给生态平衡带来消极影响。第三，相关部门应该尽快研究出具体耕作层剥离技术、耕作层剥离和再利用中各个环节的规范技术，创新出整套完善的技术规范，以指导将来的工作。

5. 加快推动国家政策的落实

在切实保护耕地的情况下，应合理利用建设占用的耕作层土壤，通过土地整治项目增加耕地面积、缩短土壤熟化时间、提高现有耕地土壤质量，以质量的提升保障国家粮食安全。相关政策的落实是促进耕地保护，规范建设占用耕地管理，优化城市空间布局，实现土地科学、合理利用的有效保证。

第三节　安顺市西秀区土地违法现象分析

近年来，随着土地价值的快速提升，在地区经济发展、人口需求变化等诸多因素共同作用下，土地资源的供给与用地需求之间产生了较多冲突。土地违法现象日益突出且种类多样，例如个人私自修建房屋、项目方私自开发、硬化土地等。本节通过对 2017 年和 2018 年安顺市西秀区土地违法案件进行归纳、总结，结合该地区的实际情况进行影响因素分析，并提出对策与建议，力求为该区域有效制止土地违法行为、减少违法现象的发生以及土地资源的合法利用和有效保护提供参考。

一、土地违法问题的提出

1. 研究背景及意义

土地资源作为一种重要的不可再生资源，它与生产、生活、生存三个方面紧密相关，生产产值提升、生活质量提高、生存空间优化都依赖于土地资源。伴随着人们活动轨迹的不断扩大和活动形式的日益丰富，人们对于土地资源的依赖更为明显。然而，经济的迅速发展与土地价值的提升，使土地资源的约束与发展之间产生了各种冲突，从而出现很多土地违法现象。土地违法现象的出现使我国土地资源的数量和质量面临威胁，进而使国家粮食安全和经济社会的稳定面临更大的威胁，加强政府监管、坚决制止土地违法行为、强化土地保护意识显得尤为重要。在这样的背景下，应结合地区的实际情况，有针对性地攻克土地违法这一难题，做到"既要吃饭，也要建设，更要保护"，保证粮食安全，保障社会各方面的平稳发展。

本节对安顺市西秀区2017~2018年土地违法案件进行归纳、总结，直观呈现安顺市西秀区土地违法现状，深入了解该地区的土地违法现象，在此基础上对土地违法现象的影响因素进行总结，寻求符合本地区实际情况的对策。在目前已有的研究基础上，为当前土地管理提出新的观点，特别是为土地管理相关地方性规定的制定提供新的启发，以便于做好土地执法监督工作，科学有效地减少土地违法现象的发生，及时制止土地违法行为，降低土地受破坏的风险度，合理利用每一寸土地，实现土地资源的有效保护与可持续利用。

2. 文献综述

一个地区的土地违法案件呈现多样化，大多与本地区各方面的发展情况息息相关。根据国家的界定，土地违法行为的分类标准是一致的。本节研究数据大部分来源于安顺市西秀区近年来的土地违法案件信息，因为土地违法案件信息能够真实有效地反映出本地区各类土地违法现状和趋势。土地执法方面，地方之间是存在差异的。高国忠和徐红新等（2012）通过对2001~2005年土地违法行为追究风险的统计发现，罚款数额较小时，其对土地违法的经济处罚不能达到预想的效果，而追究土地违法的行政责任、刑事责任难度较大，土地执法的程序复杂而漫长，土地管理有关部门不具有强制执行权，这些是土地执法效率低下的重要原因。因此，需要通过建立和完善土地执法部门和有关职能部门之间的协作制度，共同担负起预防和打击土地违法行为的职责。李桂成（2011）认为应解决目前土地执法人员少、管辖范围大的问题，构建市、乡、村三级监察网络，在村级设立土地协管员，并给予一定补偿，以便及时、有效制止土地违法行为的发生，并及时、客观地向有关部门反馈情况。很多发达国家已经制定了较为高效的土地管理策略和严格的法律，并建立了较为完善的土地管理法律体系，通过相关法律强化了土地管理过程中的权利和义务。日本、美国等国家的土地管理法制化程度较深，根据不同时期，出台了相应的法律法规，渐渐地形成更为完善的土地法律制度。研究表明，非法占用大部分耕地的责任主体很多是国有单位、集体组织等，违法用地行为的实质原因是财政收入问题。

3. 研究方案

（1）研究内容。

本节的研究内容主要分为以下三个方面：一是安顺市西秀区土地违法用地现状，即对安顺市西秀区 2017～2018 年土地违法案件信息进行统计分析，在案件的基本信息中，有针对性地提取具有代表性且与研究内容相关的信息，这些信息包括发生时间、违法案件数、违法主体、违法用途等；二是影响安顺市西秀区违法用地的因素，即分别从项目用地、商品房的销售价格、土地数量指标、土地执法效果、宣传方式五个方面开展；三是根据统计分析与影响因素分析，提出对策与建议，即主要从法律法规、开发利用、执法监督、宣传实效四个方面加以阐述。

（2）研究方法。

第一，文献查阅法。通过中国知网、贵州数字图书馆等有关平台，收集与土地违法和土地执法相关的研究文章、研究成果以及法律法规等，在已有基础上全面地了解土地违法现象的实质和土地执法工作的基本内容。

第二，数据统计法。对安顺市西秀区 2017～2018 年土地违法案件的基础数据初步了解后，利用 Microsoft Excel 作为统计工具，根据地区实际情况与数据本身的直观特点，分门别类地进行数据统计，并通过表格和图形来直观表达。

第三，比较分析法。获得数据统计结果后，按照不同的分类条件进行比较分析。将基础数据以年份划分，则仅有 2017～2018 年土地违法案件信息，难以作为地区土地违法现象趋势分析的支撑数据。因此，将 2017～2018 年土地违法案件的详细信息，进行分门别类，寻找其中的相似点和差异点，进行比较分析和总结。

第四，描述性统计分析法。按照主体分类的不同，结合安顺市西秀区土地违法案件实际情况，对不同违法主体所涉及的土地总面积进行描述性统计分析，通过描述性统计分析直观表现不同违法主体的地位，从而按照主体分类的不同寻找成因，并提出相对应的对策。

（3）技术路线。

技术线路图见图2-4。

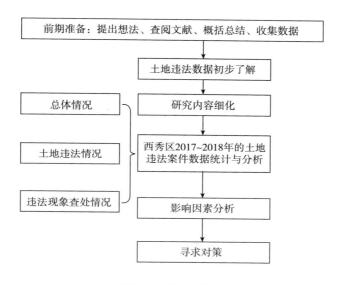

图2-4　技术路线图

二、研究区概况

1. 自然地理概况

西秀区位于云贵高原的东部、苗岭山脉的西端、长江和珠江两大水系的分水岭，总体地势西北高、东南低，地理坐标为东经105°44′~106°21′，北纬25°56′~26°24′，且属亚热带季风湿润气候。全区平均气温13.20~15.00摄氏度，土壤类型以黄壤、石灰土、水稻土为主，地貌的类型主要是山地，其次为丘陵，石漠化范围较大，属于典型的喀斯特地貌。

2. 社会经济概况

2017年，安顺市西秀区地区生产总值为317.77亿元，其中第一产业、第二产业、第三产业实现的增加值分别为37.40亿元、109.02亿元、171.35亿元，人均生产总值同比增长14.11%。2018年，安顺市西秀区累计实现地区生产总值325.90亿元，同比增长10.6%，其中第一产业实现增加值为40.03亿元，粮食总产量 15.57 万吨，第二产业实现增加值为 105.71 亿元，第三产业实现增加值为 180.16 亿元，分别同比增长 7.0%、13.4%、9.5%，人均生产总值同比增长 2.56%。2014~2018 年安顺市西秀区房地产开发投资的力度持续加大，商品房住宅销售的平均价格逐年上涨，平均价格由 2014 年的每平方米 3829 元增至 2018 年的每平方米 5249 元，2017 年商品房住宅销售平均价格同比增长 31.76%，2018 年商品房住宅销售平均价格同比增长 15.24%。

3. 土地利用现状

2017 年，安顺市西秀区土地总面积约为 146788.11 公顷，耕地面积约为 61942.23 公顷，约占全区土地总面积的 42.20%。2018 年，全区土地总面积约为 146787.99 公顷，耕地面积约为 61754.08 公顷，约占全区土地总面积 42.07%，其中耕地、林地、其他用地所占比例位居前三，面积较大（见表 2-13）。

表 2-13 2018 年安顺市西秀区土地利用状况

土地利用类型	面积（公顷）	所占比例（%）
耕地	61754.08	42.07
园地	1690.10	1.15
林地	44104.64	30.05
草地	9931.87	6.77
城镇村及工矿用地	8201.33	5.59
交通运输用地	3054.10	2.08
水域及水利设施用地	1880.22	1.28
其他用地	16171.65	11.02
总计	146787.99	100.00

资料来源：安顺市西秀区自然资源局。

三、土地违法数据统计描述

1. 总体情况

（1）违法案件分布。

2017~2018 年安顺市西秀区共查处土地违法案件 404 件，涉及 16 个乡、镇（办），涉及土地总面积为 2763.78 亩，其中耕地总面积为 2726.72 亩，耕地总面积占土地总面积的比例为 98.66%，其他类型土地面积为 37.06 亩，其他类型土地面积占土地总面积的比例为 1.34%。

如表 2-14 所示，2017 年安顺市西秀区共查处土地违法案件 80 件，涉及土地总面积为 178.13 亩，其中耕地总面积为 149.11 亩，占比为 83.71%，其他类型土地面积为 29.02 亩，占比为 16.29%。按照所查处件数进行排序，蔡官镇、大西桥镇、华西办事处、轿子山镇、七眼桥镇，五个乡、镇（办）的土地违法用地案件数居于前五位，合计占比为 93.75%，涉及土地面积占比为 90.76%，耕地面积占比为 90.25%。

表 2-14　2017 年安顺市西秀区土地违法案件统计

序号	行政区划	件数	件数所占比例（%）	涉及土地面积（亩）		总面积所占比例（%）	耕地占总面积比例（%）
				总面积	耕地面积		
1	蔡官镇	37	46.25	75.96	73.32	42.64	96.52
2	大西桥镇	27	33.75	7.53	5.51	4.23	73.17
3	东关办事处	1	1.25	1.92	0.00	1.08	0.00
4	华西办事处	5	6.25	47.73	26.61	26.80	55.75
5	黄腊乡	1	1.25	6.03	6.03	3.39	100.00
6	轿子山镇	3	3.75	19.13	18.31	10.74	95.71
7	宁谷镇	1	1.25	3.87	3.87	2.17	100.00
8	七眼桥镇	3	3.75	11.32	10.82	6.35	95.58
9	双堡镇	1	1.25	0.30	0.30	0.17	100.00
10	岩腊乡	1	1.25	4.34	4.34	2.44	100.00

资料来源：安顺市西秀区自然资源局。

如表 2-15 所示，2018 年安顺市西秀区共查处土地违法案件 324 件，涉及土地总面积为 2585.65 亩，其中耕地总面积为 2577.61 亩，占比为 99.69%，其他类型土地面积为 8.04 亩，占比为 0.31%。按照所查处件数进行排序，蔡官镇、宁谷镇、旧州镇、大西桥镇、东关办事，五个乡、镇（办）的土地违法用地案件数居于前五位，合计占比为 83.95%。按照涉及土地总面积进行排序，旧州镇、大西桥镇、双堡镇、东关办事处、杨武乡，五个乡、镇（办）涉及土地面积居于前五位，合计占比为 74.81%，耕地面积占比为 75.04%。综合 2017 年和 2018 年数据可以看出，查处的蔡官镇土地违法案件数最多（见图 2-5），旧州镇涉及的土地违法面积最广（见图 2-6）。

表 2-15　2018 年安顺市西秀区土地违法案件统计

序号	行政区划	件数	件数所占比例（%）	涉及土地面积（亩）		总面积所占比例（%）	耕地占总面积比例（%）
				总面积	耕地面积		
1	蔡官镇	132	40.74	39.48	39.48	1.53	100.00
2	大西桥镇	11	3.40	308.16	308.16	11.92	100.00
3	东关办事处	11	3.40	271.78	271.78	10.51	100.00
4	东屯乡	10	3.09	34.37	34.37	1.33	100.00
5	华西办事处	2	0.62	11.29	11.29	0.44	100.00
6	黄腊乡	1	0.31	71.80	71.80	2.78	100.00
7	鸡场乡	2	0.62	5.38	5.38	0.21	100.00
8	轿子山镇	3	0.93	81.47	81.47	3.15	100.00
9	旧州镇	35	10.80	873.46	873.46	33.78	100.00
10	刘官乡	8	2.47	13.42	11.06	0.52	82.41
11	宁谷镇	83	25.62	32.50	26.82	1.26	82.52
12	七眼桥镇	2	0.62	147.99	147.99	5.72	100.00
13	双堡镇	9	2.78	306.40	306.40	11.85	100.00
14	新场乡	4	1.23	35.72	35.72	1.38	100.00
15	岩腊乡	4	1.23	16.45	16.45	0.64	100.00
16	杨武乡	6	1.85	174.38	174.38	6.74	100.00
17	东关办事处、宁谷镇	1	0.31	161.60	161.60	6.25	100.00

资料来源：安顺市西秀区自然资源局。

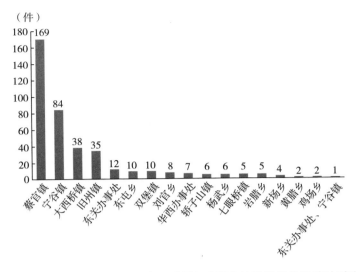

图 2-5　2017～2018 年安顺市西秀区各乡镇土地违法案件数统计对比

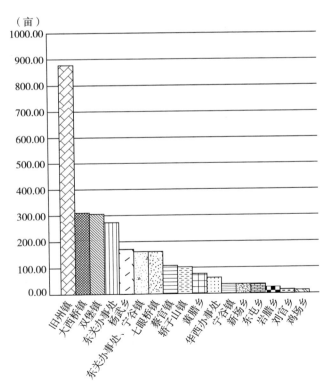

图 2-6　2017～2018 年安顺市西秀区各乡镇涉及土地违法面积统计对比

（2）总体情况描述统计。

仅选取企事业单位和个人涉及的土地违法案件中土地面积数据作为描述性统计分析的基础数据，利用 Microsoft Excel 进行分析，描述性分析结果中共有 13 类数值，如表 2-16 所示。

表 2-16　统计结果

描述性统计	2017 年		2018 年		2017~2018 年	
	企事业单位	个人	企事业单位	个人	企事业单位	个人
平均（亩）	6.30	0.19	34.36	0.23	27.19	0.22
标准误差（亩）	0.80	0.00	9.74	0.02	7.35	0.01
中位数（亩）	6.00	0.19	6.02	0.18	6.00	0.18
众数（亩）	7.00	0.21	5.68	0.18	7.00	0.18
标准差（亩）	3.82	0.03	79.72	0.26	69.77	0.24
方差（亩²）	14.56	0.00	6355.99	0.07	4868.47	0.06
峰度（亩）	1.29	2.09	31.46	26.53	42.08	33.20
偏度（亩）	1.12	0.59	5.08	5.03	5.87	5.59
区域（亩）	15.41	0.17	569.58	1.91	569.58	1.91
最小值（亩）	1.27	0.13	0.60	0.09	0.60	0.09
最大值（亩）	16.68	0.30	570.18	2.00	570.18	2.00
求和（亩）	144.90	10.51	2301.93	56.60	2446.83	67.11
观测数（件）	23	55	67	246	90	301

资料来源：安顺市西秀区自然资源局。

涉及土地面积是土地违法案件中的重要数据之一，面积的多少关系到行政处罚的力度大小。根据主体分类不同，进行统计分析后发现，企事业单位和个人涉及的案件数和土地面积之间具有较大差异。2017 年、2018 年企事业单位涉及的违法土地总面积分别为 144.90 亩、2301.93 亩，合计为 2446.83 亩，涉及土地面积平均值为 27.19 亩。2017 年、2018 年个人涉及土地总面积分别为 10.51 亩、56.60 亩，合计为 67.11 亩，涉及土地面积平均值为 0.22 亩。2017~2018 年，企事业单位与个人涉及土地违法总面积的比值为 36.46∶1，涉及土地违法案件数的比值为 0.30∶1。企事业单位涉及土地违法案件数比个人涉及土地违法案件少，但企事业单位涉及的土地违法面积远远大于个人涉及的土地违法面积。方差值显示：企事业单位涉及的土地违法案件之间离散程度大，土地面积的基础数值与平均数值之间差距较大，个人涉及土地违法案件之间离散程度小，土地面积的基础数值与平均数值之间差距较小。企事业单位或者个人在 2017 年涉及土地面积峰度值比 2018 年涉及土地面积峰度值小，分布曲线较为平缓。根据区域值可以看出，2018 年企事业单位涉及的土地面积区域值为 569.58 亩，而个人涉及的土地面积区域值仅为 1.91 亩。综上所述，企事业单位居于本地区土地违法主导地位，其对土地的影响大于个人。

2. 土地违法情况

（1）土地违法主体。

2017~2018 年安顺市西秀区土地违法案件的违法主体分为村集体组织、个人、企事业单位、机关四类。如表 2-17 所示，在 2017 年安顺市西秀区土地违法案件中，个人与企事业单位涉及的土地违法案件较多，所占比例分别为 68.75%、28.75%；在 2018 年安顺市西秀区土地违法案件中，个人与企事业单位涉及的土地违法案件数最多，所占比例分别为 75.93%、20.68%。如表 2-18 所示，在 2017~2018 年安顺市西秀区土地违法案件中，个人涉及的土地违法案件数所占比例为 74.50%，共涉及 8 个乡、镇（办），其土地违法案件发生区域较集中在蔡官镇、宁谷镇、大西桥镇、旧州镇、东屯乡五个乡、镇；企事业单位涉及的土地违法案件数所占比例为 22.28%，共涉及 17 个乡、镇（办），其土地违法案件发生区域较集中在大西桥镇、蔡官镇、东关办事处三个乡、镇（办）。村集体组织和机关涉及的土地违法案件数少且发生区域不广泛。

表 2-17 2017~2018 年安顺市西秀区土地违法案件按违法主体统计

主体分类	2017 年		2018 年	
	件数	所占比例（%）	件数	所占比例（%）
村集体组织	2	2.50	9	2.78
个人	55	68.75	246	75.93
企事业单位	23	28.75	67	20.68
机关	0	0.00	2	0.62

资料来源：安顺市西秀区自然资源局。

表 2-18　2017～2018 年安顺市西秀区各乡镇土地违法案件按违法主体统计

序号	行政区划	主体分类			
		村集体组织	个人	企事业单位	机关
1	蔡官镇	0	158	11	0
2	大西桥镇	0	26	12	0
3	东关办事处	2	0	10	0
4	东屯乡	1	7	2	0
5	华西办事处	3	0	4	0
6	黄腊乡	1	0	1	0
7	鸡场乡	0	0	2	0
8	轿子山镇	0	0	6	0
9	旧州镇	1	25	8	1
10	刘官乡	0	4	4	0
11	宁谷镇	0	79	5	0
12	七眼桥镇	0	0	5	0
13	双堡镇	2	1	7	0
14	新场乡	0	0	4	0
15	岩腊乡	1	0	4	0
16	杨武乡	0	1	4	1
17	东关办事处、宁谷镇	0	0	1	0

资料来源：安顺市西秀区自然资源局。

如表 2-19 所示，在 2017～2018 年的数据统计中，村集体组织、个人、企事业单位和机关涉及土地违法面积所占比例分别是 2.92%、2.43%、88.53%、6.12%，涉及土地违法面积最大的是企事业单位，个人涉及土地违法案件数最多，但其涉及土地违法面积最小。2017 年村集体组织平均每件案件涉及土地面积最大，其次是企事业单位；2018 年企事业单位平均每件案件涉及土地面积最大，其次是机关。与村集体组织和机关相比，个人和企事业单位所涉及的违法案件多，但不同的是两者平均每件案件涉及土地面积的大小差值大，2017 年平均每件案件涉及土地面积的差值为 6.11 亩，2018 年平均每件案件涉及土地面积的差值为 34.13 亩。相比之下，个人涉及的土地违法案件多，但涉及的土地面积小，而企事业单位涉及的土地违法案件比个人的案件数少，但涉及的土地面积大，对土地的影响更大。

表 2-19　2017~2018 年安顺市西秀区土地违法案件按违法主体统计

主体分类	2017 年				2018 年				涉及土地面积所占比例（％）
	件数	涉及土地面积（亩）		A	件数	涉及土地面积（亩）		A	
		总面积	耕地面积			总面积	耕地面积		
村集体组织	2	22.72	17.84	11.36	9	57.94	57.94	6.44	2.92
个人	55	10.51	10.51	0.19	246	56.60	48.56	0.23	2.43
企事业单位	23	144.90	120.76	6.30	67	2301.93	2301.93	34.36	88.53
机关	0	0.00	0.00	0.00	2	169.18	169.18	84.59	6.12

注：A 表示面积/件数。

资料来源：安顺市西秀区自然资源局。

在土地违法案件查处过程中，土地违法案件涉及的面积是衡量行政处罚的主要参考指标之一。如表 2-20 所示，按照实际情况划定案件涉及土地面积的范围界限，以三个范围界限进行划定，则涉及土地面积小于或等于 20 亩、大于 20 亩且小于或等于 100 亩、大于 100 亩的案件所占比例分别为 94.55%、3.71%、1.73%，其中涉及土地面积小于或等于 20 亩的案件占绝大部分。2017 年土地违法案件涉及面积均属于小于或等于 20 亩的范围界限内，2018 年土地违法案件涉及面积小于或等于 20 亩的案件所占比例为 93.21%。个人涉及的土地面积均在小于或等于 2 亩的范围界限内，企事业单位涉及土地面积范围较广，且面积属于大于 20 亩且小于 100 亩的范围界限内，村集体组织涉及的土地面积均在小于或等于 20 亩的范围界限内。

表 2-20　2017~2018 年安顺市西秀区土地违法案件按面积统计

范围界限	涉及土地面积（亩）	2017 年		2018 年		范围所占比例（%）	主体分类（涉及案件数）			
		件数	所占比例（%）	件数	所占比例（%）		村集体组织	个人	企事业单位	机关
小于或等于 20 亩	小于或等于 2.00	57	71.25	259	79.94	94.55	3	301	12	0
	2.01~4.00	5	6.25	16	4.94		1	0	20	0
	4.01~6.00	6	7.50	10	3.09		1	0	14	1
	6.01~8.00	6	7.50	6	1.85		2	0	10	0
	8.01~10.00	2	2.50	4	1.23		1	0	5	0
	10.01~12.00	0	0.00	2	0.62		1	0	1	0
	12.01~14.00	2	2.50	2	0.62		0	0	4	0
	14.01~16.00	0	0.00	0	0.00		0	0	0	0
	16.01~18.00	2	2.50	1	0.31		1	0	0	0
	18.01~20.00	0	0.00	2	0.62		1	0	1	0
	小计						11	301	69	1
大于 20 亩且小于或等于 100 亩	20.01~40.00	0	0.00	8	2.47	3.71	0	0	8	0
	40.01~60.00	0	0.00	1	0.31		0	0	1	0
	60.01~80.00	0	0.00	4	1.23		0	0	4	0
	80.01~100.00	0	0.00	2	0.62		0	0	2	0
	小计						0	0	15	0
大于 100 亩		0	0.00	7	2.16	1.73	0	0	6	1
	小计						0	0	6	1

资料来源：安顺市西秀区自然资源局。

（2）土地违法用途。

书中采用的土地违法用途分类标准依据的是国家标准《土地利用现状分类》（GB/T 21010—2017），且土地违法用途都属于一级分类中的建设用地。

2017 年涉及土地违法用途的二级分类共 9 类，其中农村宅基地、其他商服用地、仓储用地涉及的案件数位居前三，其他商服用地、仓储用地、教育用地涉及的土地面积位居前三（见表 2-21）。2018 年涉及土地违法用途的二级分类共 13 类，土地违法用途种类较 2017 年增多，其中农村宅基地、其他商服用地、教育用地涉及的案件数位居前三，公路用地、公用设施用地、城镇住宅用地涉及的土地面积位居前三（见表 2-22）。

表2-21 2017年安顺市西秀区土地违法案件按违法用途统计

一级分类	二级分类	件数	所占比例（%）	涉及土地面积（亩）	
				总面积	耕地面积
建设用地	仓储用地	5	6.25	33.07	22.09
	工业用地	1	1.25	3.87	3.87
	公路用地	2	2.50	16.00	13.06
	教育用地	2	2.50	20.32	19.80
	空闲地	2	2.50	6.26	4.34
	农村宅基地	55	68.75	10.51	10.51
	其他商服用地	11	13.75	79.77	67.11
	设施农用地	1	1.25	2.30	2.30
	文体娱乐用地	1	1.25	6.03	6.03

资料来源：安顺市西秀区自然资源局。

表2-22 2018年安顺市西秀区土地违法案件按违法用途统计

一级分类	二级分类	件数	所占比例（%）	涉及土地面积（亩）	
				总面积	耕地面积
建设用地	城镇住宅用地	5	1.54	240.11	240.11
	采矿用地	2	0.62	24.38	24.38
	仓储用地	4	1.23	18.77	18.77
	工业用地	5	1.54	152.97	152.97
	公用设施用地	7	2.16	317.85	317.85
	公路用地	10	3.09	1327.40	1327.40
	公园与绿地	3	0.93	131.75	131.75
	机关团体用地	1	0.31	26.79	26.79
	教育用地	19	5.86	146.55	146.55
	农村宅基地	240	74.07	49.13	43.27
	其他商服用地	21	6.48	132.90	130.72
	水工建筑用地	1	0.31	3.54	3.54
	医疗卫生用地	6	1.85	13.51	13.51

资料来源：安顺市西秀区自然资源局。

综上所述，2017~2018年安顺市西秀区土地违法案件的违法用途共计16类，分别是：公路用地、公用设施用地、城镇住宅用地、其他商服用地、教育用地、工业用地、公园与绿地、农村宅基地、仓储用地、机关团体用地、采矿用地、医疗卫生用地、空闲地、文体娱乐用地、水工建筑用地、设施农用地。其中，公路用地、公用设施用地以及城镇住宅用地三类违法用途涉及的土地面积位居前三，农村宅基地、其他商服用地和教育用地涉及的案件数位居前三。

（3）土地违法性质。

从土地违法的性质来看，在 2017～2018 年的土地违法案件中，大部分的违法性质是"未报即用"，其中 2017 年、2018 年所占比例分别是 97.50% 和96.30%，占比均在 90% 以上，"未供即用"及"边报边用"所占比例均小于5%，在本地区没有出现违法批地的现象（见表 2-23）。企事业单位和个人涉及的土地违法性质大部分属于"未报即用"，机关涉及的土地违法性质也属于"未报即用"。

表 2-23　2017～2018 年安顺市西秀区违法案件按违法性质统计

违法性质	2017 年			2018 年			主体分类			
	件数	面积（亩）	所占比例（%）	件数	面积（亩）	所占比例（%）	村集体组织	个人	企事业单位	机关
未报即用	78	177.82	97.50	312	2567.42	96.30	10	290	88	2
未供即用	2	0.31	2.50	11	18.10	3.40	1	10	2	0
边报边用	0	0.00	0.00	1	0.13	0.31	0	1	0	0
违法批地	0	0.00	0.00	0	0.00	0.00	0	0	0	0

资料来源：安顺市西秀区自然资源局。

3. 违法现象查处情况

（1）发现渠道。

在已查处的案件中，违法行为的发现渠道有卫片检查和动态巡查两种，无日常工作、群众检举的方式，发现渠道种类较单一。根据数据显示，2017 年、2018 年动态巡查所占比例分别为 77.50% 和 75.00%，卫片检查所占比例分别为22.50% 和 25.00%，动态巡查所占比例比卫片检查所占比例大（见表 2-24）。卫片检查与动态巡查相比，卫片检查更具科学性和客观性，但本地区的土地违法案件发现渠道以动态巡查为主（见图 2-7），这就有可能出现发现不及时、查处不彻底、处罚不到位的情况。

表 2-24　2017~2018 年安顺市西秀区土地违法案件按发现渠道统计

年份	发现违法渠道（件数）			
	卫片检查		动态巡查	
	件数	所占比例（%）	件数	所占比例（%）
2017	18	22.50	62	77.50
2018	81	25.00	243	75.00

资料来源：安顺市西秀区自然资源局。

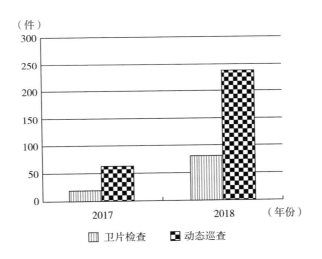

图 2-7　2017~2018 年安顺市西秀区土地违法发现渠道变化

（2）时间间隔与建设现状。

土地违法行为产生时间与发现违法行为时间的时间间隔一般是以月为单位，根据实际情况进行间隔的分段划分，可划分为五类间隔段。如图 2-8 所示，发生时间与发现时间的间隔为 5 个月及以下所占的比例为 76.24%，其次是间隔数为 16~20 个月，所占比例为 11.63%，其余间隔段所占比例较小。根据土地违法案件的基本信息可知，建设现状分为已建成、部分建成、在建、填土四类，共同点是都已投入了生产要素，对土地造成了不同程度的影响，已构成土地违法行为。如表 2-25 所示，2017~2018 年安顺市西秀区土地违法案件中，已建成、部分建成、在建、填土四类建设现状所占比例分别是 20.05%、5.94%、18.56%、55.45%。

另外，根据所划分的时间间隔统计，间隔为 5 个月及以下的案件中，填土所占比例大，已建成所占比例为零；间隔为 6～10 个月、11～15 个月、16～20 个月的案件中，都是已建成所占比例大；间隔周期为 21 个月及以上的案件中，建设现状为已建成和部分建成。随着时间间隔的变化，间隔越长，建设现状越趋于部分建成或者已建成，对土地的影响会越大，增大了恢复土地原状的难度，违法主体需承受的损失也更多。

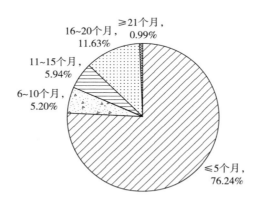

图 2-8　土地违法行为产生时间与发现违法行为时间间隔月数对比

表 2-25　2017～2018 年安顺市西秀区土地违法案件按时间间隔统计

时间间隔数（月）	件数		小计	所占比例（%）	建设现状（件）2017 年				建设现状（件）2018 年			
	2017 年	2018 年			已建成	部分建成	在建	填土	已建成	部分建成	在建	填土
≤5	65	243	308	76.24	0	3	9	53	0	7	65	171
6～10	3	18	21	5.20	0	3	0	0	16	1	1	0
11～15	5	19	24	5.94	0	5	0	0	19	0	0	0
16～20	4	43	47	11.63	0	4	0	0	43	0	0	0
≥21	3	1	4	0.99	2	1	0	0	1	0	0	0

资料来源：安顺市西秀区自然资源局。

（3）建设现状与制止情况。

在 2017～2018 年安顺市西秀区土地违法案件中，对土地造成影响最大的建设现状是已建成，影响最小的建设现状是填土。如表 2-26 所示，2017 年建设现状为已建成、部分建成、在建、填土所占比例分别是 2.50%、20.00%、11.25%、66.25%，建设现状为填土的案件所占比例最高，其次为部分建成，而建设现状为部分建成的案件涉及面积最大，其次为填土；2018 年建设现状为已建成、部分建成、在建、填土所占比例分别是 24.38%、2.47%、20.37%、52.78%，建设现状为填土的案件所占比例最高，其次为已建成，而建设现状为已建成的案件涉及面积最大，其次为填土。

表 2-26　2017~2018 年安顺市西秀区土地违法案件按建设现状统计

建设现状	2017 年				2018 年			
	件数	所占比例（%）	涉及面积（亩）	所占比例（%）	件数	所占比例（%）	涉及面积（亩）	所占比例（%）
已建成	2	2.50	16.00	8.98	79	24.38	2524.85	97.65
部分建成	16	20.00	105.62	59.29	8	2.47	8.00	0.31
在建	9	11.25	1.52	0.85	66	20.37	15.06	0.58
填土	53	66.25	54.99	30.87	171	52.78	37.74	1.46

资料来源：安顺市西秀区自然资源局。

发现违法案件并及时有效制止是避免土地遭受更大破坏的有效方法，制止情况分为四类：停工、恢复土地原状、制止无效以及其他。如表 2-27 所示，在 2017~2018 年安顺市西秀区土地违法案件中，制止情况不涉及恢复土地原状，因为在案件查处过程中，对于形成违法事实、对土地造成影响很小的案件，发现违法行为时违法主体即停止违法行为并对土地进行整改以恢复土地原状的案件可以不予立案。在 2017~2018 年安顺市西秀区土地违法案件中，制止情况为停工的案件所占比例高，为 78.47%，其次为制止无效，所占比例为 20.79%。

表 2-27　2017~2018 年安顺市西秀区土地违法案件按制止情况统计

年份	停工	恢复土地原状	制止无效	其他
	件数	件数	件数	件数
2017	76	0	2	2
2018	241	0	82	1

资料来源：安顺市西秀区自然资源局。

四、影响因素分析

1. 项目用地成本较高，审批时间长

项目开工前需要做很多的准备工作，其中项目预算是主要工作，项目预算需要考虑成本与利润，甚至可能存在盲目追求成本最小化和利润最大化的情况。一方面，一般情况下，项目成本预算受制于利润，成本越低，利润也会相应的越高。项目用地成本是项目成本的重要部分，为了获取更多的利润，项目用地主体往往会降低项目用地成本占项目成本总预算的比例，希望以较低的成本获取更大的利润，而土地资源的不可再生这一特性决定了用地成本必然高于一般的项目成本。另一方面，为了能使项目尽快建成投入使用后产生经济效益，项目工期一般较为紧张，但用地组织报件时间较长且费用较高，为了避免因工期延迟而增加人力和物力的投入，项目用地主体往往在取得某一级或某部门的批准，或者是取得其他类型许可后就开始开工建设。更有甚者，项目计划一出，未经任何许可就立即开工，不办理相关合法用地手续，存在未报即用、未供即用的违法现象。项目的成本预算、工期与用地审批、成本之间的矛盾，也可归类于经济发展与生态保护层面的矛盾。

2. 商品房的销售价格总体偏高

近年来，安顺市西秀区经济发展和人口流动推动着房地产的开发进度，房地产投资成本也随着房地产发展的良好态势而有所增加，进而也影响着商品房的销售价格。2014~2018年，安顺市西秀区商品房销售价格由平均每平方米3829元升至每平方米5249元，涨幅较大。在这样的情况下，房屋需求者即使有强烈的购房需求，也因房价的上涨望而却步，于是在户籍地有空余宅基地的房屋需求者，则会选择在自家承包的土地上再建房屋以满足自身的需求。另外，一些农民因分户、子女婚嫁、传统观念、拆迁补贴等而急于建房，未经合法审批擅自建房的现象较为普遍。

3. 土地数量指标难以满足需求

土地利用规划的土地数量指标难以满足经济发展和公共基础设施的建设需求，年度土地数量指标优先考虑重大工程或者重要项目，但也满足不了部分国家级、省级重点项目的土地需求，进而使得一些公路用地、公用设施用地、城镇住宅用地成为违法用地，部分企事业单位项目用地指标小于项目规划用地量、个人建房用地指标更少，难以满足需求。部分乡镇政府为了本地区的综合发展，积极开展各类招商引资活动，而乡镇现有建设用地指标也无法满足新项目建设的用地需求，导致乡镇级、村级企业违法用地量迅速增多。

4. 土地执法达不到预期效果

土地执法监督队伍建设不能满足当前背景下土地严格执法的需要，乡镇国土所动态巡查不及时，群众监督没有起到实效，这些都使得违法行为产生与发现时间的间隔变长。当发现违法行为后，因下达停工通知书，再加上其他因素限制，不能及时制止土地违法行为，造成更大损失。有的停工通知书下达后，当事人选择在晚上继续开工，继续实施土地违法行为。土地违法案件调查过程中，土地违法当事人通常会用不同的应付方式逃避执法人员的调查，这样就造成实地调查难、实地取证难、准确处理更难的一系列问题。同时，违法主体善于推诿，对其难以达到处理和发挥惩戒的效果。例如，对于行政处罚决定下达后需要依法强制拆除的案例，在执行处罚时，由于受到当事人抵抗和外力干扰及威胁，土地执法工作常常受阻，执法监督工作难以有效开展，达不到预期目标。对于农民占用承包土地擅自建房的，由于其成本投入占家庭储蓄的一大部分，加之投入了很多人力、物力，背负着农民对生活环境改善的希望，若予以强制拆除会给农民带来巨大的打击，农民也会奋力抵抗，因此处罚决定难以执行，土地执法工作陷入两难境地。另外，还存在部分案件申请强制执行后执行不到位或者行政处罚力度难以震慑到土地违法当事人的现象，给土地违法当事人造成侥幸心理，违法行为屡禁不止。就目前来说，执法工作不能依法有序开展成为制止土地违法的一个难题，部门与部门之间的协作存在待完善空间，职责分明、责任明晰的各部门联动机制还未形成，联合打击力度还有待加大。

5. 宣传方式单一，效果不明显

与土地有关的法律宣传是合法利用土地、保护土地的重要措施之一。乡、镇（办）有关部门工作人员自身存在法律意识不强、认识不足、重视程度不够的问题，他们认为宣传所起到的作用微乎其微，在宣传过程中部分人存在不积极的态度，宣传方式一般是采取发放宣传手册、广播宣传、随机宣传等，宣传方式有待创新。关于宣传内容方面，往往是以法律条文直接作为宣传内容，没有结合地方土地利用结构、经济发展水平、人口变化等实际情况，将其转换为通俗易懂的宣传内容，没有与实际生产生活联系起来，没有进行针对性的宣传，导致人们对相关法律不知道、不理解、不会用，宣传效果不明显。合法的用地需求者也因为不清楚办理用地手续所需的资料和流程，存在未办理用地手续便开始施工的现象，属于未报即用。

五、对策与建议

1. 法律法规方面

首先，国家层面相应的法律法规与地方发展实际需要有效结合，公用设施用地、公路用地、城镇住宅用地等涉及公共利益的用地审批可以采取简化手续或者是优先考虑等措施保障土地供给。针对于土地违法现象的频发，自 2020 年起实行的新《中华人民共和国土地管理法》中明确表示国家土地督察制度成为土地管理的法律制度之一。另外，该法将基本农田进一步提升为永久基本农田，即第三十五条中明确表示依法划定后的永久基本农田，任何单位、个人都不得擅自占用或改变土地用途，国家能源、交通等重点建设项目的选址确实难以避让永久基本农田的，涉及农用地转用或者土地征收，须经国务院批准。新《中华人民共和国土地管理法》增加了第四十五条，首次对土地征收的公共利益进行界定，采取列举方式详细明确了六种情形，确需征收的，可以依法实施征收。这一规定将更加有利于实现经济发展与土地保护之间的矛盾化解。该法进一步完善了农村宅基地制度，在原来的"一户一宅"的基础之上，增加了关于宅基地户有所居的规定，下放了关于宅基地审批的权限。其次，书中所收集的基础数据是 2017～2018 年的，统计过程中又发现存在很多农村宅基地、公用设施用地、公路用地的违法用途，相信新《中华人民共和国土地管理法》的修订和实施，可以在很大程度上满足合法用地的需求、减少土地违法案件的发生。结合地区近年来的土地违法情况和趋势，应当有针对性地制定地方性法律规定和用地规范文件。最后，针对于土地执法方面，还需要进一步强调土地执法在违法查处过程中的权威，可通过立法提高土地执法的操作性，减少土地执法人员在执法过程中所遇到的阻碍。

2. 开发利用方面

总体来说，经济要发展，生态也要保护，无论是出于哪种项目建设目的，保护土地的底线坚决不能改变。守住耕地红线，开发利用土地，认识自然规律，需要采取合理的方式。在土地保护方面，并不是消极地维持土地数量和质量不变，而是积极地建立运行效率更高且更稳定的土地利用系统。在项目开发和利用方面，鼓励重复使用土地，特别是闲置土地，降低用地成本，及时准确掌握各项用地的使用状况和各类土地闲置状况，提高用地效益，制定更加详细的地方性闲置土地消化和利用方案，更为科学、有效地提高土地利用效率。对土地利用不合理和闲置土地消化不合理的项目主体，除了土地违法处罚之外，还可以给予暂停新的建设用地审批和分配指标等其他类型处罚，进一步减少土地资源浪费。关于农村建房问题，2018年上半年安顺市西秀区人民政府发布的《关于印发西秀区2018年村庄规划全覆盖工作方案的通知》中强调，要优化村庄布局，改善人居环境，加快全区村庄规划编制工作步伐，充分发挥规划的综合调控作用，引导和促进全区新农村建设的全面开展和顺利实施，保障农村经济社会协调发展，强化管理，规范用地。切实解决目前普遍存在的农民建房民不申请、村不上报、乡镇政府越权乱批、区政府及其他相关部门不履行审批的错位、越位、缺位等问题。坚决解决农民乱占耕地随处建房、不按规划建房、超面积建房、一户多宅、建新不拆旧等问题。除此之外，关于其他类型的土地开发利用，在开发利用的各个环节都需要加强多样化的监督，避免出现审批土地用途与实际用途不一致的问题。

3. 执法监督方面

强化土地执法部门的职能作用，强调土地执法权，加大土地执法力度，要尽可能把违法用地制止在萌芽状态，尽早发现、及时制止、准确处理，这样才能减轻土地执法的难度。土地违法案件发生之时，土地执法部门需要及时果断出击，下达土地违法行为的停工通知书，并监督执行，减轻执法对违法主体造成的损失，保障行政处罚执行到位。基层巡查、及时发现、如实上报、跟踪记录、严格执法、严肃处理、执行到位七个环节需要更加有效衔接，防止拖延。完善土地执法人员队伍建设，加强组织建设和人才引进，给予土地执法人员更多的专业能力提升和知识储备更新的学习机会，使其了解最新土地管理方面的动态，增强专业知识能力，以便寻求符合地方实际情况的合理执行措施。在工作中，要改进工作方法，尝试利用媒体等多种方式及时对社会公开违法案件的相关信息，鼓励广大人民群众共同监督违法者执行行政处罚和履行义务的情况。拓展土地监管渠道，运用互联网技术，加大土地监管力度，建立健全土地执法部门与司法部门工作衔接的长效机制，明确土地执法部门在衔接机制中的监督、引导和协调的主导地位，实现土地执法监督的常态化、有效化、制度化。

4. 宣传实效方面

宣传是促进合法用地的有效方式之一，实效是宣传的关键所在。通过建立、健全和完善土地法律法规和政策规定的宣传机制，从法律层面使宣传工作常态、持久、高效，并与地方实际相结合。宣传土地新政策，倡导新理念，让依法依规用地观念真正落到实处，深入人心，提高人们合理保护和利用土地的意识，做到"预防为主、惩治为辅，执法是手段、防范是关键"。努力争取与其他法律法规宣传教育活动同时进行，利用一切机会、场合进行土地利用的法制宣传。建立乡镇级的流动宣传队伍，细化宣传内容，使宣传内容通俗易懂。充分利用宣传日开展更多有效的宣传活动，将宣传工作纳入土地执法人员的政绩考核内容，重视宣传工作，创新宣传工作方法，提高宣传工作实效。

第四节 威宁县土地利用变化对生态环境的影响

随着全球生态环境不断出现问题，如何在有限的土地资源上实现经济效益、社会效益、生态效益协调发展成为研究热点。本节基于 2014～2018 年威宁县土地利用变化数据，综合对比分析威宁县土地利用的总体变化情况，分别从农用地和建设用地两个方面的变化对生态环境产生的影响进行分析。分析后发现，威宁县居民点及工矿用地、交通运输用地明显增加，耕地和林地面积减少，破坏了当地的生态环境。基于这些研究，本节提出了生态环境保护的对策及建议。

一、土地利用变化问题的提出

1. 研究背景及意义

随着人口数量的增加和经济的增长，人们所需要的物质也随之快速增长，人类对土地资源的需求也越来越大，因而土地利用的方式、结构和程度都随之发生了显著的变化。目前我国技术水平还不够发达，导致能够开发利用的后备资源较少。近年来，我国生态环境较为脆弱，可利用的资源在减少，中国人多地少的问题更加突出，并且在短时间内很难彻底改变。不合理的土地利用加上乱砍滥伐，致使土地荒漠化面积逐年上升，加剧了水土流失，这使得土地资源数量减少，同时也降低了土地的质量。土地资源数量的减少和质量的降低，不仅直接影响了我国农业生产，还影响了城市发展空间，城市发展空间严重不足，进一步影响了城镇居民生产生活水平的提高。由此可见，社会经济的发展和区域可持续协调发展都会受到土地不合理利用的影响，土地资源的合理利用成为了经济发展和区域协调发展的硬性条件之一。生态环境是经济、社会发展的基石和我们生存、发展的必要条件，土地利用与生态环境变化两者之间有着密切联系，不合理的土地利用和开发方式会严重破坏生态环境，使生态环境问题更加突出。不合理的土地利用引发的一系列生态环境问题，有可能威胁人类的生存和发展。总之，土地利用和生态环境是国家或地区决定土地资源是否可持续发展的核心问题，进而会影响人类社会可持续发展，土地使用变化会对周围的生态环境产生影响，可见开展土地利用变化对生态环境影响的研究十分必要。

　　土地的利用是联系人类社会和自然环境的重要纽带，随着城镇化的快速发展，人类的生产生活不断改变着土地利用的格局，不合理的土地利用导致生态系统功能遭到破坏，生态环境的问题越来越严重，严重制约着人类的生存和发展。威宁县在经济迅速发展的同时也导致了土地利用方式的转变，环境问题也因此产生，生态环境成为了制约经济发展的重要因素。从土地利用变化特征和利用过程中存在的一些问题，综合分析土地利用变化对生态环境的一系列影响，从而进一步促进威宁县的土地资源合理配置和在区域范围内实现绿色发展，具有一定的现实意义。分析土地利用变化过程对生态环境产生的影响，对经济发展和资源的合理分配具有一定的研究价值。本节基于对威宁县土地利用综合变化情况的研究，分析土地利用变化对生态环境造成的影响，有利于威宁县土地资源和生态环境的可持续发展，对威宁县土地利用的发展和城市生态环境的保护提供了科学的理论依据。

　　2. 研究综述

　　朱龙（2018）借鉴国内外关于土地利用变化相关理论知识，选取江西省瑞昌市为研究对象，提出相关问题进行研究分析，发现并归纳出影响土地生态的相关原因，最后提出对研究区发展有所帮助的相关建议。陈静（2016）在借助相关土地利用知识的基础上，对丰都县关于土地在利用方面的一些问题进行研究，并建立有关土地的模型，从多个不同的方面对研究区有关土地的生态安全进行了综合的研究分析，最后提出了措施。万利（2009）综合运用遥感技术，以北京市朝阳区、顺义区和密云区三个典型区为研究区域，主要是以研究区的环境主线分析关于土地生态方面的问题，从多个不同方面对研究问题进行分析，并针对其特点和问题提出有建设性的意见。胡金龙（2016）以漓江流域为研究区域，在研究该地区土地利用变化的特征和土地利用驱动力时，巧妙地运用土地信息系统获取遥感影像数据，再从不同的角度分析了土地利用对生态系统的影响，这对该区域此方面的建设提供了很大的帮助。李尚泽（2018）基于土地利用类型的数据，建立有关土地生态系统服务和风险系数的空间关系，并在选定的研究时间内对甘州区土地利用对生态有关的环境问题进行研究分析，进而发现了前者对后者的影响因素，这一发现对研究区的经济发展做出了很大的贡献。

3. 研究方案

（1）研究内容。

笔者大量阅读相关硕博论文和期刊文献，在借鉴其中有效的研究进展、方法和理论的基础上，参照威宁县区域相关数据资料来确定本节的研究内容，其中相关数据资料包括自然环境、社会经济和土地利用状况。研究内容包括：①威宁县土地利用变化分析，其中主要分析土地利用变化、动态度和土地利用程度；②通过对农业用地、建设用地、土地开发和整理对生态环境的影响展开研究，分析威宁县土地利用变化对生态环境的影响。笔者通过大量查阅相关文献资料，收集丰富的理论知识，到相关部门如威宁县自然资源局进行相关数据收集和统计，再实地走访和调查，从而保证了数据和资料的真实性。

（2）研究方法。

本节研究方法包括文献资料法、数据统计法、综合对比分析法、调查法。文献资料法是通过阅读大量相关文献并总结和概括其理论知识，为研究提供理论支撑。数据统计法是将研究区域所收集的土地利用变化对生态环境影响的相关数据进行电子化并进行整理与分析，以表格、饼状图和折线图等形式呈现在研究成果中。综合对比分析法是在了解研究区的情况并获取数据之后，将研究区的数据进行对比分析，寻找研究区域的变化、影响等因素，进而提出有效的建议。调查法是对研究区的基本情况和相关数据及资料进行有目的、有计划地收集和整理，然后将所获得的数据和资料进行综合分析，将其运用到研究中，从而使逻辑更加清晰。

（3）研究目的。

通过对威宁县土地资源及利用变化的情况开展研究，包括对威宁县土地利用数量的变化、土地利用动态度、土地利用程度与结构的变化等方面进行分析，研究土地利用变化对生态环境的影响，并结合威宁县发展战略提出适宜威宁县土地利用的发展策略。

二、研究区概况

1. 自然地理概况

威宁县在东经 103°36′~104°45′和北纬 26°36′~27°26′之间，威宁县地处贵州省西部高原，且它的东、西、南、北面与不同县城接壤，与云南省的宣威、会泽、鲁甸、昭通、彝良县等交界，东北面与贵州省毕节市赫章县、东南面与六盘水市水城区相邻。总面积约占贵州省总面积的 27%，共计约 6295 平方千米。全县位于副热带低气压带上，冬春易寒，夏秋多雨，一月和七月的平均气温分别是1.7摄氏度和17.6摄氏度，全年平均气温为10～12摄氏度。全年无霜期208天，1801小时为日照时数。平均海拔高度在2300米左右，县城中心海拔为2237.5米，海拔最高点和最低点分别为2879.6米和1234.0米。威宁县四周相对低矮而中部是较为开阔平缓的高原面，同时是贵州省面积最大、海拔最高的县。全县每年可获得的天然降水量约为59.3亿立方米，多年的平均径流量是23.9亿立方米。

2. 社会经济概况

2018年，威宁县地区生产总值为260.93亿元，同比增长11.4%。其中，人均地区生产总值在20300元左右，比上年约增加749元；地区生产总值占全市的比重由2012年的11.5%提高到13.6%；全年实现全部工业增加值48.38亿元，比上年增长10.1%。2018年末户籍人口数有154.9万人，人口出生率和死亡率分别为9.76%和2.58%，人口自然增长率为7.18%。常年居住的人口约为129.18万人，其中，城镇人口和乡村人口分别为56.68万人和72.5万人，城镇人口数量占全县人口数量的43.88%。威宁县共设有13个区，16个乡级镇，3个乡级办事处，10个街道居民委员会，108个街道居民组，611个居民委员会，3780个村民组。

3. 土地利用现状与特点

（1）地貌类型多样，耕地破碎，陡坡地比重大。

通过对比分析发现，2014～2018年威宁县耕地和林地的面积较多，这占有很大的优势，全县81%的土地面积由耕地和林地组成，而剩下的各类用地仅占19%（见图2-9和图2-10）。随着时间的推移和经济社会的发展，威宁县土地利用中土地面积在逐渐减少的有耕地、林地、园地、草地和水域及水利设施用地，特别是耕地所占的比重下降最快，而面积增加速度较快的是居住用地和交通用地。威宁县地处云贵高原，地貌类型较多样化，耕地分布较为分散，面积也相对破碎，基本农田也分散较广，面积分布破碎。威宁县自然资源局的数据显示，2018年威宁县耕地坡度小于或等于2°的有10232.7公顷，耕地坡度为2°～6°的有68098.15公顷，耕地坡度为6°～15°的有65234.9公顷，耕地坡度为15°～25°的有93201.67公顷，耕地坡度大于25°的有12809.85公顷。我国的耕地坡度分级有平地（≤2°）、缓坡（2°～6°）、斜坡（6°～15°）、陡坡（15°～25°）、急坡（＞25°）五类，而威宁县坡度大于15°以上的耕地占耕地总面积的42.48%，共有106011.52公顷，因此威宁县的坡耕地占绝大多数。

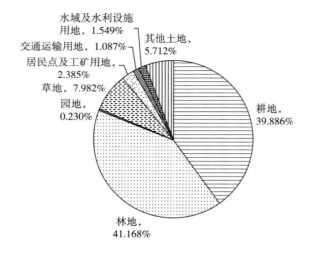

图 2-9　2014 年威宁县土地利用状况

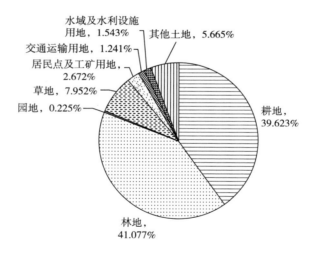

图 2-10　2018 年威宁县土地利用状况

（2）区域差异明显。

威宁县全境地势高凸，全县地貌分低中山区、中山区和高中山区。其中，小山丘面积 6.59 万亩，占全部土地面积的 0.7%，海拔高，相对高差也大；中山区面积 116.34 万亩，占总面积的 12.3%，以四周大河（可渡河、牛栏江、洛泽河、二塘河）的高山谷地为主体，海拔在 1400～1900 米，高低之间差距为 20～200 米；高中山区面积较多，占总面积的 87%，有 821.32 万亩，位于县内的高原面和四周高山山脊之间，海拔高于1900米，相对高差20~200米。

（3）土地利用类型较齐全。

威宁县地理位置特殊、地形复杂、气候变化多样以及人们对土地进行开发整理等因素，使得全县土地利用类型相对完善。在按国家标准的12个一级地类和57个二级地类的土地类型中，威宁县除了没有冰川、沙漠等我国不常见的一些地类之外，其他类型的土地基本都有。

三、威宁县土地结构变化分析

1. 土地利用结构变化

根据威宁县自然资源局提供的土地利用现状变化相关数据资料，威宁县的土地总面积共有629872.89公顷，各类用地包括耕地、林地、园地、草地、居民点及工矿用地、交通运输用地、水域及水利设施用地和其他土地，而每类的土地面积也有较明显的变化（见表2-28）。从表中可以看出，耕地中旱地的面积占很大一部分，灌木林地占林地面积的比重较大。其中，果园的面积明显超过了园地用地中其他两类地的面积，这也符合威宁县鼓励种植精苹果和樱桃等经济作物的政策。随着经济的发展，交通运输用地面积也在不断地增加，其中面积最多的是农村道路用地。河流面积在五年间虽然有下降的趋势，但是水域及水利设施用地占面积一直都较多。

表 2-28　2014~2018 年威宁县各类用地面积　　　　单位：公顷

用地类型	2014 年	2015 年	2016 年	2017 年	2018 年
水田	332.56	329.41	327.16	326.86	322
旱地	250897.77	250631.64	250240.26	249824.71	249255.27
有林地	129176.46	129127.27	129070.62	129019.23	128938.39
灌木林地	75031.12	74825.63	74803.57	74785.37	74735.35
其他林地	55098.57	55144.12	55128.92	55097.69	55060.45
果园	1038.96	1036.67	1021.06	1020.23	1011.86
茶园	165.24	159.95	159.9	158.17	156.54
其他园地	247.24	249.04	248.74	248.55	248.55
天然草地	4263.31	4194.64	4193.67	4184.84	4178.75
人工牧草地	941.29	945.02	945.02	944.52	943.46

续表

用地类型	2014 年	2015 年	2016 年	2017 年	2018 年
其他草地	45074.61	44992.91	44985.96	44978.22	44967.06
城市用地	39.11	42.82	92.82	107.93	108.07
建制镇	2352.36	2396.91	2487.28	2515.78	2641.45
村庄	11287.56	12017.73	12113.57	12371.68	12620.19
采矿用地	1198.28	1234.83	1234.75	1249.55	11317.96
风景名胜及特殊用地	145.81	142.63	142.5	142.48	142.57
铁路用地	465.85	465.87	465.80	465.8	465.8
公路用地	953.26	960.19	1252.7	1419.05	1659.86
农村道路	5424.55	5516.42	5518.49	5546.29	5693.09
河流	2193.80	2191.50	2189.37	2182.82	2168.22
湖泊	2269.34	2266.81	2266.81	2266.81	2265.87
水库	440.38	440.03	440.03	440.03	440.03
坑塘水面	682.44	679.74	679.55	679.08	677.94
内陆滩涂	93.89	93.78	93.74	91.48	91.40
沟渠	4079.13	4078.56	4076.61	4079.48	4075.11
水工建筑	0.45	0.46	0.46	0.46	1.74
田坎	23669.54	23627.39	23602.02	23573.97	23536.56
设施农用地	29.15	31.07	48.00	113.09	116.24
沼泽地	653.74	648.99	648.78	648.38	648.38
裸地	11627.11	11400.86	11394.73	11390.34	11384.15
共计	629872.89	629872.89	629872.89	629872.89	629872.89

从图 2-11 和图 2-12 可以看出各类用地的变化，其中耕地和林地的面积最大，面积总和占全县总面积的 80% 左右，园地面积占总面积比例最小，仅有 0.23% 左右，且相对面积总量变化较小，而交通运输用地和居民点及工矿用地面积一直有所增加，且增加明显。从土地利用现状来看，土地利用率和垦殖率高，并且农林占据绝对的面积优势，表明威宁县以农林生产为主，这符合区域经济和社会发展的特点，但同时存在耕地后备资源不足的问题。

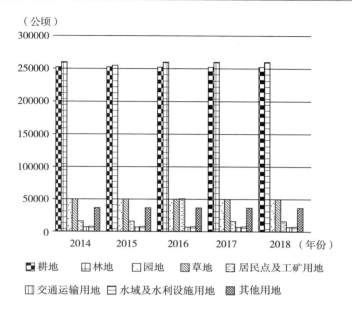

图 2-11　2014~2018 年威宁县土地利用变化

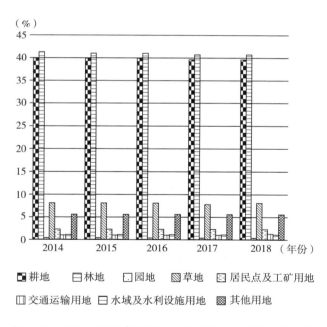

图 2-12　2014~2018 年威宁县各类用地占总面积的百分比

随着经济的发展和人口数量的增加，威宁县土地利用方式也发生了很大的变化。从表2-29可以看出，威宁县在2014年和2018年的土地利用方式中，首先耕地和林地利用面积最多且利用变化最为明显，其次建设用地面积从2014年到2018年增加明显，说明其利用方式转变也较大，最后水域及水利设施用地利用方式变化较小。

表 2-29 2014 年和 2018 年威宁县土地利用方式变化对比   单位：公顷

利用类型	2014 年	2018 年
耕地	251230.33	249577.27
林地	259306.15	258734.19
园地	1451.45	1416.95
草地	50279.24	50089.27
居民点及工矿用地	15023.12	16830.24
交通运输用地	6843.66	7819.33
水域及水利设施用地	9759.43	9720.31
其他用地	35979.54	35685.33

2. 土地利用动态度

威宁县在土地利用方式上随着人口数量的增加和社会的进步也发生很大的变化。土地利用类型的变化方向可从土地利用动态变化情况上衡量。威宁县土地利用类型的变化可用动态公式计算的结果来进行分析，公式如下：

$$K = \frac{(U_b - U_a)}{U_a} \times \frac{1}{T} \times 100\% \tag{2-15}$$

其中，K 表示研究时间内土地的动态度，研究初期的某种土地利用类型数量用 U_a 表示，研究末期则用 U_b 表示，时间用 T 表示，当 T 为年度时间时，K 就是土地利用类型的年变化率。威宁县土地利用动态度计算结果如表2-30所示。

表 2-30 2014~2018 年威宁县土地利用动态度   单位:%

耕地	林地	园地	草地	居民点及工矿用地	交通运输用地	水域及水利设施用地	其他用地
-0.132	-0.044	-0.475	-0.0076	2.41	2.85	-0.08	0.0164

从表 2-30 可以看出，威宁县 5 年来建设用地变化速度最快，居民点及工矿用地和交通运输用地的年均变化速度分别达到 2.41% 和 2.85%，其他用地的年变化速度达到 0.0164%。造成以上土地利用变化的主要原因是人口和农业用地结构的变化。

3. 土地利用程度

土地利用程度主要是从土地利用的广度和深度出发，它可以在一定程度上反映出人类活动对生态环境所造成的一些影响，而人类的一切活动是在土地上进行的，因此有关人类活动的不同土地利用类型对土地利用程度也有影响。有学者曾经将土地利用程度分为四个等级，当然土地利用的程度也可以从综合指数的变化来看，而指数的变化又是 100~400 连续变化的。研究区土地利用的变化情况也可以由景观偏离的差值和土地利用的总体程度指数来衡量，景观偏离度的计算公式为：景观偏离度 = [（建设用地面积+耕地面积+园地面积）／土地总面积］×100%。

人类活动的影响对景观偏离影响较深，从景观偏离值可以看出，研究区内人类的生产和生活活动，以及人类对土地的改造活动对该地区自然环境都产生了影响。景观偏离的值越大，说明该研究区域人类活动对自然环境的破坏越严重；景观偏离的值越小，说明该研究区人类比较注重生态环境的保护。从图 2-13 可以看出，威宁县 2014~2018 年景观偏离度一直处于缓慢上升期，一定程度上表明人类活动对自然环境改造程度越来越深，对生态环境的影响也越来越明显。

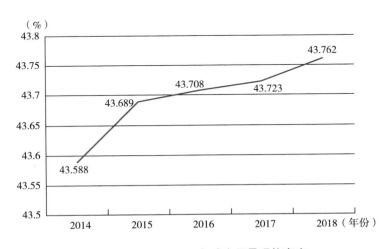

图 2-13　2014~2018 年威宁县景观偏离度

土地利用程度综合指数计算公式如下：

$$L = 100 \times \sum_{i=1}^{n} (A_i \times C_i) \qquad (2-16)$$

土地利用程度变化量的计算公式如下：

$$\Delta L_{b-a} = L_b - L_a \qquad (2-17)$$

由此推导出土地利用程度变化计算公式如下：

$$R = \frac{\Delta L_{b-a}}{L_a} \times 100 \qquad (2-18)$$

其中，第 i 级土地利用程度分级指数是 A_i，第 i 级土地利用程度分级面积百分比是 C_i，而土地利用程度分级数是 R，b 时间和 a 时间研究区域的土地利用综合指数分别是 L_b 和 L_a。

由以上公式可计算出，威宁县 2014~2018 年土地利用程度变化量和变化率，即 2014~2018 年威宁县土地利用变化量是 0.84，而土地利用程度变化率是 0.351。从图 2-14 可以看出，威宁县在此期间的土地利用处于适度状态，没有发生太大的改变，但此时间段内的土地利用程度还是有很大的改善，这是一个比较好的趋势。从计算的结果来看，威宁县的土地利用变化率（0.351）是大于 0 的，这表明该区域的土地利用处于一个积极的状态。土地类型的良好利用有利于城市的建设和发展，综合得知威宁县土地利用有较好的发展前景。

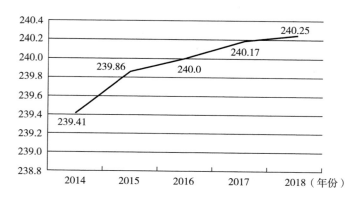

图 2-14　2014~2018 年威宁县土地利用程度综合指数

4. 土地利用变化特征

威宁县部分用地面积在减少，如耕地、林地、园地、草地、水域及水利设施用地。2014~2018 年，减少较为明显的是耕地、林地，因为威宁县不仅是贵州省海拔最高的县城，还是土地面积最多的少数民族自治县，同时是经济较不发达地区。在此期间，威宁县始终坚持围绕以经济建设为中心，带领全县人民加快城镇化建成，以实现共同富裕。党中央、国务院和省、市高度重视威宁县的发展，给予特殊支持，为全县发展提供了很大优势，注入了很大动力。借助国家政策的支持和相关领导的带领，威宁县拓宽了城市范围，城镇化发展加快，同时威宁县推出草海国家级自然保护区、百草坪天然草场、天然林杜鹃花保护区、明代古驿道、杨湾桥回族村落、龙街苗族村寨、马摆大山草场等具有特色的旅游产业，特色旅游业的发展有效地带动了威宁县经济的发展，这也导致了耕地、林地面积的减少。

威宁县建设用地动态度较大。从表2-30可以看出，威宁县居民点及工矿用地、交通运输用地的土地利用动态度都较大，即土地利用面积正在迅速增长的是居民点及工矿用地、交通运输用地。建设用地比重不断提高的原因是城市化的快速发展和新型城市化建设步伐的加快。随着城市化进程的推进，基础设施越来越多，因而设施用地也在增加，其他用地也会随之增加。

四、威宁县土地利用变化对生态环境影响的分析

1. 农用地对生态环境的影响

农用地的利用是把"双刃剑"，农用地如果利用得好，能够涵养水源、保持水土，改善区域气候，增强生态环境服务功能，而如果利用得不好，则会破坏生态环境。非农建设地的占用和撂荒等现象，常在农业用地结构调整中出现，这就造成一系列的生态环境问题，如植被覆盖率降低、一部分土壤沙化和水土流失等。

威宁县土地利用方式的转变对生态环境造成了一定的影响，2014~2018年威宁县耕地、林地大幅度减少（见图2-15）。耕地的减少对农田的生态环境造成了很大影响，威宁县本就坡耕地较多，土壤贫瘠，耕地的减少使得农产品产量下降，加上耕地转换为农村宅基地和城镇建设用地后，破坏了土壤结构性分子，造成土壤有机质的减少，土壤微生物的减少直接导致了农产品产量的减少，使得威宁县的土地更加贫瘠。因此，近年来威宁县农产品品种单一，主要种植土豆、玉米、烤烟。林地面积从2014~2018年减少了571.96公顷，林地减少使区域性气候、水源的调节作用减弱，生物多样性减少，严重破坏了自然的生态系统。特别明显的是，草海自然湿地水域面积在短短几年之间急剧缩小了13平方千米，乌江源头本有三个出水口，现如今只有一个出水口，造成了乌江水流量的减小，同

时植被对水质有一定的净化作用，植被资源的减少使得水资源质量下降。草海属于天然的淡水湖，高等水生生物有30多种，鱼类有10余种，乌江源头周围也生长了很多植被及水生生物，而由于水资源的减少，很多水生生物、鸟类和植被减少，严重破坏了生态环境系统，打破了生态平衡。

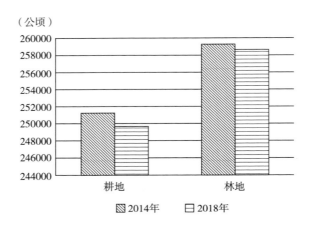

图 2-15　2014~2018 年威宁县耕地、林地面积变化

耕地、林地和园地减少大部分都是由建设用地占用和农业地结构的调整造成的。随着城镇化进程的加快，建设用地占用了很多耕地、林地、园地，导致其面积减少。而耕地用途结构的转变会使得土地硬化，土壤结构分子遭到破坏，土壤肥力下降，特别是林地面积的减少使得土地涵养水土的能力下降，地下水流失，从而造成水资源减少。同时，威宁县地处喀斯特地区，林地的减少使水土流失、土壤沙化及石漠化现象更加严重。林地、园地数量的减少造成植被种类减少，生物多样性受到影响，从而造成物种的迁移。威宁县素有"阳光之城""百鸟之都"的称号，而由于植被的减少很多鸟类失去了栖息的地方，没有了适宜的生活环境，不得不选择离开。此外，大量的有机质和微量元素会因为农业排灌设施的新增而流失，土壤质量下降，同时土壤的生产能力也会降低。由于农业耕作方式的粗放，化肥、农药等产品被过度投入使用，再加上农田中各污染物的不合理处理以及经雨水冲刷后流入河流，水体污染加重。

2. 建设用地对生态环境的影响

近年来，威宁县加大对新城区的建设和完善旧城区的相关医疗基础设施，不断完善基础道路的修复和新建，这有效地提高了当地的经济效益和社会效益。然而，建设用地的增加，在提高威宁县经济发展水平、方便人民生活的同时，也对生态环境产生了直接、不可逆的负面影响。

2014~2018年，威宁县居民点及工矿用地从15023.12公顷增加到16830.24公顷、交通运输用地从6843.66公顷增加到7819.33公顷（见图2-16）。居民点及工矿用地的增加产生了大量的生产和生活垃圾，如果不合理地处理将使陆地水源污染加剧，土壤和水质也会受其影响。对大气环境产生不利影响的还有工矿企业的粉尘排放。为了促进经济的发展，威宁县实施"引进来，走出去"战略，即引进外来资产，鼓励剩余劳动力外出务工，并在五里岗修建了工业园区，同时为了与六盘水矿业链接开发了很多工矿，工厂废气的排放以及工业粉尘的飞入污染了空气环境，空气质量下降。露天垃圾的不合理处理也危害着生态环境，居民的生活和身体健康也深受垃圾所产生的气体的危害。堆放的垃圾在雨水的冲刷下，最终流入河流水库，对水体又造成了污染。城市人口较多，工厂废气和车辆尾气排放增多，居民生活的热能不断释放，加上城市修建的柏油路和水泥路比原来的土壤、植被具有更大的热容量和吸热率，因而威宁县近年来气温要比往年高出5℃左右。

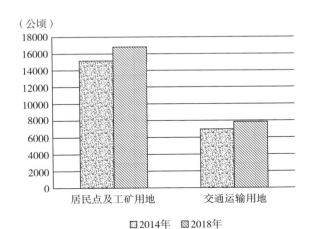

图2-16 2014年、2018年居民点及工矿用地、交通运输用地面积变化

居民用地的需求越来越大是因为威宁县脱贫攻坚战略的实施使人口大量涌入城市，推进了城市、经济的快速发展。大量的耕地、园地资源由城镇居民点占用，其中林地资源因为工矿用地的增加而占用了许多，使人工生态系统代替了原

本处于自然和半自然状态的耕地、林地、园地以及草地生态系统。原本复杂多样的自然生态系统变得单一，这不仅降低了植被的多样性，还导致土壤物理性状改变，因而土壤排水与吸、散热功能降低，同时生产能力也随之降低。区域环境气候还因城镇居民点规模的扩大和人口密度的不断增加受到影响，城市出现热循环，城市热岛效应明显，同时人类生活所产生的垃圾、污水也对生态环境造成了负面影响。工矿用地的增加在推进经济发展的同时，也对生态环境造成了较大的负面影响。威宁县境内主要重金属矿为铅锌矿和铜矿，对矿产资源的开采不仅破坏了森林植被，而且挖空的山体会出现地质坍塌，破坏地形地貌的同时导致地质灾害的发生。炼锌的废渣还会经过雨水的冲刷渗入土壤，使土壤受到污染并通过农作物危害人类的健康。在有风的时候，富含重金属的颗粒还可能进入人畜呼吸道或作物表面，进而产生危害。

随着城镇居民点的增加，城市交通越来越完善，国家政策的帮扶也使农村道路建设较为完善，基本实现了村村通、组组通和户户通。然而，土壤结构和地表植被被新增的农村道路和公路破坏，地面的硬化和植被的减少也造成土壤透水能力的下降。同时，威宁地处云贵高原，本身就山多，部分道路的修建要开山，破坏了大量植被和地形地貌，进而影响了生物链的循环。整个道路施工过程中的废弃物、废水、机械碾压、施工队的践踏对区域内生态系统的功能和结构都会造成影响，使水土流失加剧，而施工中的灰尘会进入大气，也会降低空气质量。

3. 土地开发、复垦整理对生态环境的影响

为了改善生态环境要合理地利用好土地，而在土地的开发、复垦整理过程中，要重视农业的生产质量和农业种植的方式方法。威宁县围绕"十三五"规划提出的生态环境保护政策，要求不断推进基本农田保护制度的完善。推进耕地及农村居民点整理要全面有效，对难度较大的未利用土地进行适度开发，将闲置的宅基地以及工矿用地进行整理复垦，改良中低产田，治理沙化耕地和石漠化土地，尽量解决好土地污染和水土流失等问题，改善基本农田的生态环境。利用农业自然资源的合理性，因地制宜地发展农产品，让农业生产良性循环，从而建设生态农业用地，这样不仅能提高土地生产力，还能不破坏土壤的有机质，从而达到涵养水源的效果，最后农作物抵抗自然灾害的能力也能得到提高。加大对湿地的保护力度，维护好自然生态系统，增加空气湿度。新增建设生态工程，如草海各个码头的修建，江家湾花海的开发，在码头和江家湾种植大量的郁金香、薰衣草、雏菊等，还有白草坪生态草坪的建设，街道的美化和城市绿地的新增等，这些都改善了区域生态环境，并在一定程度上提高了经济发展的质量。

五、土地利用中存在的问题

1. 土地利用过程中生态环境建设被轻视

近年来，威宁县在土地利用过程中，土地利用方式过于简单粗放，在开发过程中过度追求经济效益，一定程度上忽视了生态环境建设。为促进威宁县致富，威宁县发展了工矿业、农业、畜牧业等，而在发展这些产业的同时生态环境也遭到了破坏。工矿业的发展，使得威宁县土壤重金属污染问题突出，这表现在土地的金属含量超标、土壤质量遭到破坏等方面。化肥、农药过量使用，农田留下的薄膜和其他污染物被不合理处置等，在雨水的冲刷下，这些有毒物质会流入水体，从而加重水体污染。2018 年，全县全部畜禽养殖粪污污染物 COD、BOD、氨氮、总氮和总磷排放量分别为 26813.91 吨、15322.99 吨、5537.04 吨、1573.91 吨和 12918.17 吨，造成了严重的畜禽养殖污染。虽然经济得到了发展，但是生态环境的污染问题却加重了。

2. 新增耕地补充能力弱

2018 年，其他草地面积仅占全县土地面积的 7.14%，共计 44967.06 公顷，部分新增的建筑物还占用了耕地，耕地补充能力较弱，后备资源缺乏。一些相对开阔的土地上露出很多石头，而且这些石头比较碎小不利于开发耕种，还有一些土地处在海拔较高且坡度较陡的地方，由于技术有限，很难进行开发种植。因此，耕地保护的任务艰巨。

3. 人均耕地占有量少，人地矛盾尖锐

2018 年，全县耕地面积为 249577.27 公顷，与 2014 年耕地面积为 251230.33 公顷相比，减少了 1653.06 公顷。土地本来就属于不可再生的资源，加上威宁县是贵州省人口最多的县城，2018 年全县户籍人口多达 154.9 万人，人均耕地占有量少。随着经济的发展，城镇建设用地和交通建设用地的需求量会越来越大，特别是由于人民生活质量的提高，基础设施建设也会成为重点项目，这些都将占用大量的土地，用地矛盾问题会越来越突出。

4. 不合理的土地利用导致生态环境更加脆弱

2018 年，威宁县林地面积为 258734.19 公顷，与 2014 年林地面积的 259306.15 公顷相比，减少了 571.96 公顷。威宁县地处云贵高原西部喀斯特地貌区，石漠化现象明显，由于林地的减少，土壤流失较为严重，给耕地环境保护带大极大压力。同时，工矿和生活垃圾、废弃物及废水乱放乱排，通过雨水的冲刷又严重污染了土壤，降低了耕地土壤的质量。部分地区还存在乱砍滥伐现象，违法滥用土地的行为时有出现。

5. 土地利用结构不合理

2018 年，居民点及工矿用地、交通运输用地仅占土地总面积的 3% 左右，随着经济的发展这已不能满足未来的发展需求，从而制约了地方经济的发展，而草地和其他用地占土地总面积的 13.5% 左右，这说明土地资源开发力度不够，还有待开发。因此，威宁县土地利用结构不合理，需进一步优化土地利用空间布局。

6. 生态环境保护意识不够

在土地利用过程中，威宁县人民对环境的保护意识不够，甚至有些人对生态环境的概念很陌生，不懂得如何在土地开发过程中保护好生态环境，也不太明白生态环境的重要性。他们虽然常常听到国家和政府倡导经济和生态协调发展，但是真正能理解其意思和重要性的人非常少，因而很多人在土地利用过程中常常忽略对生态环境的保护。同时，人们法律意识淡薄，有些人在违法占用土地时，并不明白其已经触犯法律。

六、对策与建议

1. 大力加强生态建设和环境保护

政府各级领导要比以往更加重视威宁县的生态环境建设，要时刻关注与生态环境相关的问题。在协调经济发展与生态环境的关系、提高人民生活水平、实现社会经济发展的同时，要将生态环境保护问题放在重中之重，坚守"发展""生态"两条底线，保护资源，以实现土地利用与生态环境协调发展。政府可出台相关政策支持，对合理、充分利用现有土地资源的相关个人或集体、企业给予相应奖励。如果是个人则可以加大农业补贴以资鼓励，如果是集体或企业则可以考虑享有优先贷款和土地优先竞标权等，对改善了土壤环境和提高了生产力促进经济发展的更要全县通报奖励，让更多的人向其学习。

2. 切实保护耕地和基本农田

加强土地调控，严格保护基础性生态用地，有效盘活现有土地，节约、集约利用土地，在促进威宁县耕地保有量达标的同时也要保证耕地的质量，并保证人均占有量。同时，提高土地生产力，严格把控涉及农用地的审批，确保整个县基本农田面积的稳定。采取覆土和培肥、植树等措施使土壤自然恢复，还可将土壤中的污染气体进行收集，确保耕地和基本农田有质有量。

3. 坚持治理和防护相结合原则

将土地整治作为重点工作，在加强自然保护区管护能力的同时实施生态建设与生态修复相结合，努力做好森林种植、封山育林、植树造林以及在荒山荒坡种草、植树等一系列有关森林生态系统优化的工程建设，从而有效防治水土流失。对未利用和难利用的荒山、裸地进行植树造林和种草，如在牛棚镇、迤那镇、中水镇等接近昭通地区气温较高、雨量充足的地方种植苹果树，在龙街镇、羊街镇阳光充足、无霜期的地方种植樱桃树，在盐仓镇、么站镇气温较低但土层较厚的地方种植核桃树，在马摆大山和百草坪植草，在防止土壤沙化的同时吸引观光游客。这样不仅防止了水土流失，还可提高当地经济发展水平。

4. 加强行政执法，规范土地利用的生产生活行为

要把土地利用总体规划实施管理放在县、乡（镇）各级政府日常工作的重要位置。建立和完善相关法律法规，严厉打击非法占用土地、乱砍滥伐、过度放牧和废弃废物重金属污染物乱排乱放等行为。将有关的土地法律知识向每村每户普及，对相关矿产公司和个体、企业单位进行突击检查，对国家公布违法的企业和个人进行重点监管，将严重破坏环境和滥用、违法占用土地的企业和个人列入曝光名单，做到源头要严防、过程要严管、后果要严惩。同时，努力转变市民的观念，使其更加关注节约环保的生活方式，促进全社会形成在土地开发中保护、在保护中开发的协调发展理念。

5. 依靠科技进步和创新推进生态环境的建设

政府及相关土地管理部门可运用与土地管理相关的一切科学技术辅助管理土地资源，如运用先进的"3S"技术可有效地掌握土地利用动态变化情况，确保每一块土地都得到有效监测和利用，不让一切因土地利用结构不合理而限制城镇化发展的现象出现。增加农产品科技含量，培训各类专业技术人员，如可以到每个乡镇甚至到村对农户进行培训，引进和推广各类高科技农业实用技术以提高生产力。

6. 建立多样的信息公开制度和公众参与制度

应拓宽当前的宣传教育渠道，改变以往的报刊宣传和口头宣传教育方式，可采用画册、手册、动漫、多媒体方式和开设专门的环保课程等，并公开当前生态环境形势，提高全体公民的社会环境保护意识和对生态环境的重视程度。实施公众参与和听证制度，广泛听取社会各阶层群众的心声，并对有利于土地资源合理利用和保护生态环境的有效意见和建议积极采纳，如在当地的服务平台上开通单独的阳光通道以便群众建言献策，同时当地自然资源局和环保部门要加强沟通和联系，并联合设立专家部门，可以考虑聘请有经验的专家坐镇为社会群众答疑解惑等。

第五节　城镇化进程中耕地保护问题研究

城镇化是社会经济发展的必然趋势，也是现代化的重要标志，本节从研究背景出发，在明确耕地保护和城镇化发展相关概念的基础上，运用文献法、定性与定量相结合法、统计分析法等，了解国内和国外城镇化进程中有关耕地保护的成果，重点阐明城镇化的发展与耕地保护的关系。结合近年来城镇化发展状况，耕地的变化情况和保护现状，找出近年来威宁县城镇化发展进程中耕地保护出现的主要问题，然后再根据出现的问题分析其原因，最后借鉴国内和国外城镇化进程中耕地保护的经验和成果，提出威宁县城镇化进程中耕地保护的有效建议及对策。

一、城镇化与耕地保护

1. 研究背景及意义

在我国现代化建设过程中城镇化是尤为重要的，城镇化建设稳步推进了农业农村人口向城镇转移，扩大了社会经济发展的内需。土地被称之为人类的财富之母，土地问题是"三农"问题的核心。耕地资源是土地的精华，是农民稳定生活的重要基础，也是实现国家粮食安全的重要保障。在我国，想要粮食能够足够供给，严格保护耕地是最为有效的方法。我国提出的18亿亩耕地红线，一方面需要国家出台相应的政策、法律等来支撑，另一方面则需要全国人民众志成城、齐心协力来响应耕地保护的政策，这样才能守得住。现如今，一方面我国的基本农田保护面积要稳定在15.6亿亩以上，另一方面要把城镇化和工业化协调发展作为我国接下来发展的重要战略目标。20世纪70年代，粮食危机的出现，让各个国家意识到严格保护耕地的重要性，但是现在人们并没有意识到，近年来城镇建设过程中建设用地大量占用耕地，导致耕地数量急剧减少。在城镇化初期，人们并没有意识到耕地保护的重要性，耕地保护开始受到部分学者的重视并研究是从2000年开始的。我国人口约占世界总人口的23%，而耕地数量仅占世界上耕地总量的7%，因此保护耕地是维持我国经济和社会健康稳步发展的重要基础。威宁县本就属于山多地少的大县，再加上城镇化进程中城镇建设占用耕地现象频频出现，耕地保护现状不容乐观，耕地数量逐年减少，耕地质量正遭受威胁。随着威宁县城镇化的不断推进，耕地保护形势越发严峻。为了在城镇稳定发展的同时，切实保护好珍贵的耕地资源，有必要针对威宁县城镇化进程中耕地保护存在的问题提出有效的建议及对策。

耕地是土地资源的精华，我国是一个人均耕地较少的大国，耕地不仅是农民的"命根子"，而且是我国粮食安全的基础保障，它还是保障我国经济发展和生态安全的重要条件。随着社会经济和城镇化的不断发展，我国的耕地遭到严重破坏，耕地保护成为关系我国社会经济可持续发展的重要问题。威宁县属于典型的喀斯特地貌区，山多地少，在耕地本来就少的情况下，再加上人们的耕地保护意识不强、人口不断增加，威宁县境内耕地不断减少。耕地保护是国家非常重视的一个问题，城镇化进程不断加快加大了耕地保护的难度，因此在城镇化不断推进的过程中，重视耕地的保护有着尤为重要的意义。

2. 研究综述

薛凤蕊等（2013）主要研究了怎样保护耕地的问题，通过查阅大量与耕地保护有关的外国文献并学习其耕地保护的经验，经过学习与总结对我国的耕地保护政策提出了有利的建议和意见。雍新琴等（2013）主要研究耕地保护的补偿机制问题，提出为了我国的粮食安全着想，我国应该制定耕地保护的补偿标准，只有耕地保护有了保障，耕地的保护问题才能得到解决。刘彦随和乔陆印（2014）认为，我国之所以在城镇化建设中没有保护好耕地，是因为人们在对耕地进行保护的过程中对耕地保护问题没有估计到位。张欣（2019）针对当前耕地的保护范围较小和人们对耕地保护的积极性较弱等问题，提出了建立健全耕地保护机制和加强对耕地保护的合理化建议。付坚强（2013）研究耕地保护绩效方面的问题，提出虽然我国目前的土地监察制度可以较为有效地保护耕地，但是不能完全遏制耕地的流失问题，因此提出要在现在的基础上不断更新和完善我国土地监察制度，从而进一步加强耕地保护力度。张雅芹等（2018）以山东省海阳市为研究对象，分析并验证了海阳市永久基本农田划定的科学性与合理性，其永久基本农田划定方法的提出，有助于更好地对海阳市的耕地进行保护。徐力恒（2019）调查研究的区域位于杭州市的富阳区，在此区域内对该区域耕地的地域位置进行分析，对地形和地貌进行了观察研究，对耕作层进行了抽样调查。通过各种调查研究与思考，提出了大量对耕地保护有利的政策。罗宁（2019）基于新型城镇化这一新时代的发展背景，调查研究了四个地市的城镇化发展情况，提出在如今城镇化随着经济的发展而不断被推进的过程中，耕地的保护必须要有国家出台的政策作为支撑，而且还要有地方政府大力支持作为保障。程帆（2018）主要研究了黑龙江省目前的耕地利用状况，认为耕地的保护在于是否能使耕地可持续利用，为此他提出了耕地可持续利用的建议，这些建议对黑龙江省新时期更好地实现耕地数量、质量、生态"三位一体"的保护起到了更高效的作用。

3. 研究方案

（1）研究内容。

运用文献法、定性与定量分析相结合法、统计分析法，首先，从威宁县城镇化发展现状及未来发展趋势、耕地现状及耕地发展趋势来分析威宁县城镇化发展水平和耕地情况；其次，通过实地走访勘察，找出城镇化与耕地变化的相关数据，对其进行对比和研究；最后，通过研究分析，找出城镇化发展变化过程中耕地保护出现的问题并提出与之相对应的对策及建议。

（2）研究目的。

通过对威宁县城镇化进程中耕地保护的现状进行分析，找出耕地保护过程中出现的各种问题，针对问题结合国家出台的耕地保护政策提出科学合理的耕地保护对策，以此来改善威宁县耕地逐年减少的状况，最终实现在威宁县城镇化进程中对耕地进行更科学、更合理的保护，将耕地数量严格控制在国家规定的标准范围内。

（3）数据来源。

通过文献检索，在威宁县国土资源局搜寻威宁县 2015～2018 年的耕地变化情况，在统计局查找经济发展状况、人口变化情况、城镇化率等所需要的研究数据。书中所用到的数据主要来自威宁县国土资源局、统计局及威宁县公报，一部分来源于相关文献。

二、研究区概况

1. 自然地理概况

威宁县位于贵州省西部高原，与云南省宣威市、会泽县、鲁甸县、昭通市和宜良县接壤，东北与贵州省毕节市赫章县接壤，东南与六盘水市水城县接壤。总面积 6295 平方千米，约占贵州省总面积的 27%。该县属亚热带气候，平均海拔约 2300 米，县中部为 2237.5 米，最高点为 2879.6 米，最低点为 1234 米。平均温度为 10～12 摄氏度，一月份的平均温度是 1.7 摄氏度，七月份的平均温度是 17.6 摄氏度。年平均降雨量为 9 毫米，无霜期为 208 天，日照时间为 1801 小时。该县的气候是冬季和春季寒冷，夏季和秋季多降雨且暖和。2018 年，威宁县森林总面积为 18 万公顷，矿产资源丰富，包括煤矿、石膏、铅锌、铜、铁等矿产资源。当地家庭粮食作物包括玉米、土豆、小麦、大米、豆类、甜菜、荞麦等，特色产品包括火腿、苹果、黄梨、党参等。

2. 社会经济概况

2018 年末，威宁县户籍人口数为 154.9 万人，人口出生率为 9.76‰，死亡率为 2.58‰，人口自然增长率为 7.18‰。常住人口为 129.18 万人，其中，城镇人口为 56.68 万人，乡村人口为 72.5 万人，城镇人口占全县常住人口的 43.88%。全县辖 19 个镇、16 个乡（其中 1 个民族乡），610 个村委会、10 个居委会。据 2018 年威宁县国民经济和社会发展统计公报，全年实现地区生产总值 260.93 亿元，同比增长 11.4%。其中，人均地区生产总值为 20300 元，比上年增加 749 元。地区生产总值占全市的比重由 2012 年的 11.5% 提高到 13.6%。该县的工业相对于沿海地区而言比较薄弱，目前以煤炭和地毯工业为主。截至 2018 年，威宁县经济总量不断上升，城镇常住人口呈不断增长趋势，人均生产总值不断提高，人民生活水平显著提升，城镇化率显著提高。

3. 土地利用现状

如表 2-31 所示，2018 年威宁县的土地总面积为 629872.89 公顷。其中，耕地为 249577.27 公顷，占土地总面积的 39.62%；园地为 1416.95 公顷，占土地总面积的 0.22%；林地为 258734.19 公顷，占土地总面积的 41.07%；草地为 50089.27 公顷，占土地总面积的 7.95%；城镇村及工矿用地为 16830.24 公顷，占土地总面积的 2.67%；交通运输用地为 7819.33 公顷，占土地总面积的 1.24%；水域及水利设施用地为 9720.31 公顷，占土地总面积的 1.54%；其他用地为 35685.33 公顷，占土地总面积的 5.69%。由此可知，威宁县的土地利用所占比例中，林地最高，耕地次之，城镇用地所占比例目前还较小。

表 2-31　2018 年威宁县土地利用情况

土地用途	面积（公顷）	占总面积比例（%）
耕地	249577.27	39.62
园地	1416.95`	0.22
林地	258734.19	41.07
草地	50089.27	7.95
城镇村及工矿用地	16830.24	2.67
交通运输用地	7819.33	1.24

续表

土地用途	面积（公顷）	占总面积比例（%）
水域及水利设施用地	9720.31	1.54
其他用地	35685.33	5.69

三、城镇化进程中耕地利用的变化

随着社会经济的不断发展，我国的城镇化水平也随之不断提高，如今看来城镇化水平的发展变化是一个综合指标，它不但能用来衡量当地经济的发展状况，而且该地基础设施的完善程度和人民生活条件的好坏也可以用城镇化水平来衡量。一个地区的耕地数量会随着该地区经济发展水平和城镇化的推进而发生改变。首先，城镇建设过程中会出现建设用地大量占用耕地的现象，建设用地大量占用耕地就使耕地在城镇化推进的过程中急剧减少。其次，近年来国家不断建设的医院、学校、道路桥梁等基础设施也在一定程度上占用了耕地，这也是耕地减少的原因之一。再次，农民大量进城务工，耕地大多出现闲置或撂荒等问题，这样一来种地的人越来越少，久而久之耕地就荒芜，这也是耕地减少的一个原因。最后，随着经济的增长、人民生活水平的提高和人口的增加，农村建新房的人越来越多，条件好一点的地方，人们都盖起了现代化的小洋楼，这样一来，农村宅基地占用耕地的现象层出不穷，这也是导致耕地减少的原因之一。总而言之，在城镇建设过程中，基础设施的建设和完善对耕地的侵占、开发商将耕地开发为建设用地、农村宅基地占用耕地等都是使耕地减少的因素。因此，随着城镇化进程的推进，耕地是随之不断减少的。

1. 威宁县城镇化发展水平

威宁县城又被称之为"阳光城"，因全年日照时间长而得名。自 2010 年起，威宁县的城镇人口在不断增加，从 2010 年的 299584 人增加到 2011 年的 310437 人，一共增长了 10853 人。2010～2018 年威宁县城镇人口的年增长量分别为 10853 人、20713 人、4661 人、178934 人、15052 人、58514 人、51773 人、39794 人，九年间城镇人口一共增长了 380294 人。而城镇化率从 2010 年的 21.52%提高到了 2018 年的 43.88%，九年时间城镇化率一共增长了 22.36 个百分点，可见威宁县的城镇化水平在不断地提高。

在国际上，人们一般把城镇的发展水平分为三个阶段，分别为初级、中级、高级阶段。城镇化率在 30%以下处于初级阶段，在 30%～70%视为中级阶段，

70%以上处于高级阶段。如表2-32所示，威宁县的城镇化水平在2010~2013年均为城镇化的初级阶段，在2014~2018年均为城镇化的中级阶段。到2018年，威宁县的城镇化率仅为43.88%，距离国际上公认的城镇化的高级阶段还有一段距离。到目前为止，威宁县的城镇化水平还处于城镇化进程的中级阶段。

表2-32　2010~2018年威宁县城镇化率

年份	城镇人口（人）	总人口（人）	城镇化率（%）
2010	299584	1392117	21.52
2011	310437	1431243	21.69
2012	331150	1437907	23.03
2013	335811	1454357	23.09
2014	514745	1476183	34.87
2015	529797	1473706	35.95
2016	588311	1512367	38.90
2017	640084	1533869	41.73
2018	679878	1549403	43.88

2. 威宁县城镇化发展趋势

在社会经济不断发展的大背景下，威宁县的城镇化建设也在不断跟进，近年来威宁县的城镇化水平一直呈上升趋势。根据表2-32中的数据可以看出，2010~2013年威宁县的城镇化率仅从21.52%增长到23.09%，四年的时间才增长了1.57个百分点，可见2010~2013年威宁县的城镇化水平呈低速增长趋势。2013~2014年，威宁县城镇化率从23.09%增长到34.87%，仅一年的时间增长了11.78个百分点，可见自2013年起威宁县的城镇化率明显加快。2014年以后，威宁县城镇化率又呈现平稳增长的情况，但是这个阶段的城镇化增速比以往要快，如图2-17所示。总体上看，威宁县的城镇化率从2010年的21.52%提高到2018年的43.88%，9年的时间威宁县的城镇化率增长了22.36个百分点，可见威宁县的城镇化水平处于加速发展阶段。研究表明，当一个城市的城市化水平低于70%时，该城市的城市化水平和城市的文明辐射能力呈正相关，也就是说，处于该阶段城市化水平越高，该城市的文明辐射能力就越强；反之，该阶段城市化水平越低，该城市的文明辐射能力则越弱。当一个城市的城市化水平超过70%时，这个阶段的文明普及率就能达到90%以上了，处于这个阶段的人们，就算不住在城里，不是一个城里人，他同样也能享受到城市文明带来的好处，农村的经济和人口已经不会再向城市转移。因此，当一个城市的城市化水平达到70%的时候，该城市的城市化水平便趋于稳定。由上文可知，威宁县的城镇化率到2018年才达到43.88%，城市文明普及率还不高，城市文明辐射能力还比较薄弱，离实现稳定的城市化水平还有一段距离。

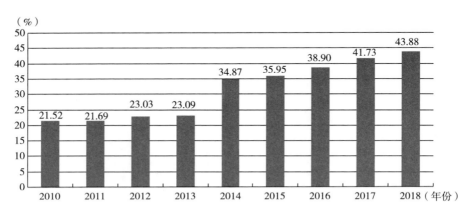

图2-17　2010~2018年威宁县城镇化发展水平

3. 威宁县耕地利用现状

据威宁县统计局的数据可知，截至2018年，威宁县的土地总面积为629872.89公顷，其中，旱地的总面积为249577.27公顷，占土地总面积的39.62%。全县耕地的种类较少，分别为灌溉水田、水浇地和旱地，与其他地区的耕地种类相比，威宁县的耕地种类略显单一。在这三种耕地类型中，旱地面积最大，为249255.27公顷，占耕地总面积的99.87%；灌溉水田面积次之，为322.00公顷，占耕地总面积的0.13%；水浇地面积最小。综上可得，威宁县全县境内的耕地面积较少，而且耕地种类单一，主要以旱地为主，虽然有部分灌溉水田，但是其面积和旱地相比极少，具体如表2-33所示。

表2-33　2018年威宁县耕地结构

耕地类型	面积（公顷）	占耕地面积比例（%）
旱地	249255.27	99.87
灌溉水田	322.00	0.13
水浇地	0.00	0.00

4. 威宁县耕地变化趋势

威宁县耕地总数较少，在全县内分布零散，后备耕地资源较少。在全县区域内，自北向南，中水镇、牛棚镇、关风海镇、金斗乡的耕地分布较多且密集，其他乡镇分布较少且零散。自东向西，秀水镇、小海镇、海边街道办事处、五里岗街道办事处、炉山镇、东风镇的耕地分布较多且密集，其他乡镇分布较少且零散。

自2014年以来，威宁县的耕地一直呈现逐年减少的状态，2014~2018年，耕地由251230.33公顷减少到249577.27公顷，共减少了1653.06公顷，可见耕地减少的数量是相当庞大的。再来看下这期间耕地每年减少的情况，如图2-18所示，2014~2018年，每年耕地减少的数量分别为269.28公顷、393.63公顷、415.85公顷、574.30公顷，说明随着城镇化水平步伐的加快，威宁县近年来耕地一直在逐年减少，而且耕地减少的数量呈逐年上涨趋势，耕地减少的速度在逐年加快。

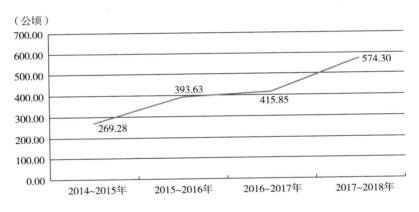

图2-18　2014~2018年威宁县耕地减少数量变化

四、城镇化对耕地的影响分析

1. 城镇化率与耕地面积的相关性分析

根据表2-34中的数据可知，自2014年起威宁县的耕地面积呈现逐年下降趋势，将表中的耕地面积和城镇化率两组数据进行相关分析。分析结果显示，耕地面积与城镇化率的相关系数为-0.9873，耕地面积与城镇化率呈现较明显的负相关关系。由此说明，耕地面积随着城镇化的快速发展而不断减少，城镇化的不断推进是导致耕地逐年下降的重要原因。

表 2-34　2014~2018 年威宁县耕地面积与城镇化水平变化情况

年份	2014	2015	2016	2017	2018
耕地面积（公顷）	251230.33	250961.05	250567.42	250151.57	249577.27
城镇化率（%）	34.87	35.95	38.90	41.73	43.88

根据表 2-34 中的数据，对 2014~2018 年威宁县的耕地面积与城镇化率进行回归分析，得到回归模型：

$$Y = -0.0172x + 25.72 \qquad (2-19)$$

其中，Y 表示耕地面积，单位为万公顷，x 表示城镇化率，单位为%。可决系数为 $R^2 = 0.9873$，这就表示此时的城镇化水平对威宁县的耕地面积有着极强的解释作用。根据得出的结果可以看出，随着城镇化进程的不断推进、城镇化水平的逐渐提高，威宁县的耕地保有量逐年下降，城镇化的加快是导致耕地不断减少的重要原因之一。此外，自 2014 年起，威宁县的耕地面积都在随着城镇化率的提高而不断减少，如图 2-19 所示。城镇化水平在缓慢提高的同时，耕地面积相对来说则急剧下降，由此说明城镇化的不断发展对耕地的破坏力度较大，城镇化的发展直接影响着耕地的保护问题。

图 2-19　2014~2018 年威宁县耕地面积与城镇化水平变化情况

2. 城镇化进程中引致耕地保护压力的因素

第一，随着社会经济的快速发展，城镇化快速推进及农业结构的调整，再加上建设用地的利用及管理制度不够完善，这是目前造成威宁县耕地减少的主要原因。在城镇化的过程中，建设用地占用耕地的现象层出不穷，不但如此，耕地一旦被占为建设用地就具有不可逆转性。众所周知，耕地转为建设用地很简单，而建设用地想要转为耕地就非常困难，不仅需要大量的人力、物力、财力，更重要的是需要经过很长时间，因此会导致耕地的实质性流失较为严重，这就给威宁县的耕地保护带来了巨大的压力。除此之外，建设用地的使用条例模糊不清，存在许多乱建违建现象，这就使得城镇化进程中的耕地保护问题更加突出。

第二，威宁县产业结构不合理及宅基地管理条例不完善。首先，威宁县属于典型的喀斯特地貌地区，山多地少，耕地资源缺乏且后备耕地资源不足，目前威宁县也存在产业结构不合理的问题，这是导致城镇化进程中耕地保护困难的原因之一。其次，现行的《贵州省土地管理条例》中对宅基地的使用情况并没有严格的规定，它仅仅对每户人家该有的宅基地面积做了简单规定，而对于农村宅基地的管理还未出台相应的、详细的管理办法，导致农民在建房时受到的约束较少，以至于耕地被农村宅基地大量占用，这样一来对耕地的保护就更加困难。

第三，政府对耕地的刚性保护措施较少，人们的耕地保护意识不强，同时耕地保护费用较高。首先，一个地区的耕地想要得到更好的保护，在很大程度上取决于政府的保护力度，政府的保护措施和执行力度一旦弱下来，耕地资源势必会遭到破坏，这样一来就给威宁县的耕地保护工作又增加了不小压力。其次，威宁县属于西部地区偏远地区，全县内的人均受教育程度不高，导致威宁县人民的耕地保护意识较低，这给耕地保护又增加了许多困难。最后，威宁县本来经济就欠发达，高昂的耕地保护费用就成为了耕地保护难以解决的问题。

因此，如何解决城镇化与耕地保护之间出现的问题，是当前威宁县城镇化快速推进中所要面临的最大且最具有挑战性的困难。

3. 城镇化带来的耕地保护问题

近年来，随着城镇化进程的快速推进，耕地面积随之不断减少，耕地保护问题也随着城镇化的推进越来越突出。首先，威宁县目前正面临耕地面积和质量不断下降、农民外出务工导致耕地撂荒问题严重、耕地被非农建设占用的现象越来越频繁，以及生态环境脆弱等问题。其次，威宁县城镇化和工业化快速发展，交通、电力、通信、医院、学校等基础设施建设在不断完善的同时，农村人口大量流入城市，导致农村劳动力缺乏，耕地无人管理等问题层出不穷。随着社会经济的不断发展，城镇化进程加速推进，城镇的建成区域面积逐年增加。经济的开放程度越来越高，威宁县承接产业转移的能力也随之增强，这也导致了威宁县城镇建设用地占用耕地的情况越来越严重。耕地面积随着城镇化的推进而不断减少，土壤污染和浪费问题也较为严重。最后，随着人口基数的不断增长，威宁县人均耕地面积不断减少，导致人地矛盾越发尖锐。以上都是导致威宁县耕地保护困难的因素。2014～2018 年威宁县的城镇化率由 34.87% 增长到 43.88%，增长了9.01 个百分点，耕地面积则由 251230.33 公顷减少到 249577.27 公顷，共减少了1653.06 公顷，并且耕地减少的速度呈加快趋势，人地矛盾更加突出。这说明城镇化进程中耕地保护存在着许多问题。

第一，城镇建设中，土地征收税费低导致大量耕地被侵占。在我国，农村的耕地被征占的税费极低，例如在耕地上建房的农民，他们只需要付很低的税费即可，低廉的土地征收交易税是导致开发商在城镇建设过程中大量占用耕地，进而使耕地逐渐减少的重要原因之一。

第二，耕地保护过程中政府的耕地保护措施不到位，耕地保护实施力度不够。目前，国家出台的耕地保护措施包括严格控制耕地转为非耕地、占用耕地补偿制度、基本农田保护制度、土地开发复垦整理等。虽然国家出台了以上耕地保护措施，但是实际的实施情况却不尽如人意。以占用耕地补偿制度来说，在耕地的补偿制度方面，真正按规定实行占多少垦多少的例子极少，而且并没有具体的处理办法及明确的惩罚条例，因此导致很多开发商钻空子，随便交点开垦费就甩手不管。而到了地方政府那里，耕地保护的实施力度也不够，真正做到占多少垦多少的也是少之又少，因此说耕地保护的措施不够完善，实施力度不够，导致了耕地的有效保护难以实现。

第三，城镇发展规划不合理、不科学。受老城镇的影响，许多城镇的发展规划都缺乏合理性和科学性。目前的城镇发展一般都是以老城镇为中心向四周扩建，而往往老城镇的周围都是居民的农田及耕地，开发商和政府不惜占用耕地来换取新城镇的发展，这就违背了耕地保护的原则。这样的城镇发展不但不具备科学合理的城镇发展规划，还违背了城镇化建设过程中不占用耕地的原则，导致耕地在城镇化建设中被大量占用。

第四，建设用地的审批过程过于简单，管理制度不够完善。根据《建设用地审查报批管理办法》，如果想要使用建设用地，那么就要通过以下审批过程：土地使用权人提出申请，土地管理机关进行权属审核，颁发土地使用权证书。在这些建设用地的审批过程中，始终没有提到将农用地转变为建设用地的详细审批流程，即如果想要将农用地转变为建设用地，则只需要使农用地具备建筑所需要的条件即可。然而，如果想要将建设用地转变成为农用地就相当吃力了，而且复垦后的土地想要恢复土壤肥力还需要很长一段时间。因此，农用地转为建设用地的审批一定要严格执行，需出台与之相关的管理办法，一定要具有开发条件才可以批准，同时应该将农用地转为建设用地的审批和其他的建设用地审批区别对待。

第五，农产品产业链短、耕地保护宣传力度不够。目前，许多农民都选择放弃家里的田地不种而到外地务工来维持一家的生计，原因在于在家务农的经济收益低，而导致经济收益低的原因是农产品的产业链较短，基本上卖不出高价。因此，农民不愿意在家务农，对耕地的重视程度也相当低，觉得耕地可有可无。此外，农民觉得耕地跟他们的切身利益没有多大关系，因而并不关心耕地是否被破坏的问题。

五、城镇化进程中耕地保护的建议

1. 提高资产税或增加土地征收交易税

在我国城镇化进程中，耕地被开发商大量开发为非农用地，为了抑制人们对耕地的开发，国家出台了耕地开发的税收政策，应提高资产税或增加土地征收交易税，这样一方面能抑制耕地的开发，另一方面能获得更多的用于道路等基础设施建设的公共服务资金。这一政策的实施，既能对耕地起到有效的保护，又能完善我国的公共基础设施建设。

2. 完善政府的耕地保护措施，加大耕地保护的实施力度

政府的耕地保护措施是否完善和实施力度是否到位是城镇化进程中耕地能否得到有力保护的关键，因此耕地的保护需要政府的大力支持及完善。目前，关于耕地保护的措施较少，人们即使想为耕地保护做些贡献，有时也无计可施，因此需完善耕地保护的措施。除此之外，政府对耕地保护措施的实施力度也是影响耕地保护的关键之一，政府不但要完善耕地保护措施，而且还要加大实施力度，这样才能对耕地起到更好的保护作用。

3. 严格制定城镇发展规划，控制城镇建设对耕地的侵占

随着社会经济的发展，城镇建设是威宁县目前实施耕地保护的最大阻碍。为了使耕地能得到有效保护，应该严格制定城镇发展规划，为城镇的发展严格把关，争取使城镇化的发展对耕地的破坏力度最小。就目前城镇化的发展情形来看，城镇化的推进对耕地的破坏力度较大，在此过程中耕地的保护问题并没有受到人们的重视，而且目前不科学、不合理的规划还在继续蔓延，人们盲目追求城镇的发展规模，而忽视了城镇发展的科学性和合理性，这就造成了建设用地利用效益低下、大量建设用地闲置的局面。综上所述，如果想要科学、合理地发展城镇，就一定要完善当前的城镇发展规划制度，使城镇在发展的过程中对耕地的破坏力度最小。除此之外，政府还应该在合适的地段适当增加规划禁建区，优先整顿老城区。城镇的发展需要合理的规划与建设，以现在的科技水平来看，以前的城镇规划建设存在许多不合理的地方，而且出现老城区闲置地增多、建筑老旧甚至存在安全隐患的情况。因此，老城区的合理利用及整顿也是城镇化发展过程中的重点，我们不能只顾新城区的发展而不顾及老城区。威宁县农民居多，新城区的发展必然会或多或少地占用耕地，为了减少这一情况的发生，当地政府应在城镇周围增加规划禁建区，尤其是涉及耕地较多的地方。在今后的城镇发展中，应多利用增加城镇周边规划禁建区和优先整顿老城区相结合的方法来合理规划城镇建设，由此既能实现耕地保护又能合理规划城镇建设。

4. 完善建设用地的审批过程及管理制度

土地是不可再生资源，耕地在这之中尤为重要和紧缺，这便要求在建设用地的审批和管理过程中有完善且详细的制度。一般情况下，农用地转为建设用地较为简单，只需要地质条件符合建筑需求等即可，但是要把建设用地变为农用地就比较困难，不但需要拆除地上建筑物、构筑物，还要耗费大量的人力和财力，而且复垦的成本很高，复垦后恢复土壤肥力也需要很长一段时间。因此，在今后的建设用地审批过程中，一定要将农用地转为建设用地作为重点审批对象，绝对不轻易将农用地转为建设用地。此外，还要不断完善建设用地的审批过程和管理制度。

5. 提高农民耕地保护意识，增加农业产业的经济收入

人们的耕地保护积极性不高是耕地保护的一大难题，这主要是耕地的经济效益低下所导致的。因此，我们不仅要鼓励农民从事农业生产，给予农户优惠政策，还要运用相关举措来教会农户从事与农产品相关的非传统农业产业。除此之外，国家可以通过相关政策来延长农产品的产业链，以此来帮助农户增加经济收入。目前，农民对耕地保护的意识和知识还比较薄弱，导致这一原因的因素有很多，例如农村地域差别、老龄化情况严重、受教育程度低等。因此，光靠政府出台的耕地保护政策还不能对耕地起到很好的保护作用，只有全民行动起来，耕地才能得到更好的保护。政府应加大耕地保护的宣传力度，让耕地保护的思想深入人心，同时加大耕地保护的资金投入，因为耕地保护需要高昂的费用，耕地保护需要建立在强大的物质基础之上。

第六节　城镇化背景下农村空心化问题分析

　　土地是农民赖以生存的根基。在现今经济发展状况下，农村人口仅仅依靠农业收入已经不能满足现代的生活需求了。为了满足当前生活需求，很多农村青少年外出务工，这就引发了有关农村土地、农村人口、农村产业等问题。土地问题是我国农业与农村工作的重点和核心，是农村稳定的基础。同时，农业关系着我国粮食安全保障。本节通过对研究区城镇化背景下农村青少年外出务工情况的调查，包括农村人员外出情况、宅基地闲置情况以及农村土地耕作情况，并根据现状分析其原因，研究空心化问题给农村发展带来的影响，进而提出对策与建议。

一、城镇化与"空心村"

1. 研究意义

　　中华人民共和国成立以来，我国社会经济情况发生了巨大的变化，在经历了很多挑战和机遇后，我国迎来了城镇化的快速发展。在城镇化快速发展和户籍制度松动的情况下，大量农村人口涌入城市务工，并提高了自身的生活条件。由于农村生活条件较差、医疗保障不足、教育条件较落后、基础设施建设较不完善等，导致外出务工人员不愿意再回到农村生活，给农业生产、农地耕作、农村宅基地等带来了一系列的影响。伴随着城镇化的发展进程，有很多的农业人口快速进入城市生活，农村空心化对农村发展有很大的影响。当下农村建设发展过程中出现了"空心村"、农村建筑房屋空置、农村建设用地一户多处等问题。对于当前农村出现的这些问题，需要探寻农村土地利用变化的影响因素，并对影响因素间的相互关系、影响及制约程度进行比较，最后寻找出主要影响因素。根据主要影响因素的发展趋势，预测未来农村"空心村"的发展趋势及其影响，为农村土地政策决策提供正确、有效的信息，从而对合理利用建设用地和耕地保护具有一定的实践意义。本节通过剖析威宁县羊街镇农村空心化的形成过程及影响因素，提出对策与建议，为加快农村城镇化的建设提供决策参考。

2. 国内外研究综述

　　在国外，19世纪初农村空心化问题已经萌生了，后来便有一些学者和专家对农村空心化进行了专门的研究，对"空心化"问题形成了一定见解。不同国家对其"空心化"问题治理的方法有所不同。例如，日本经过调查了解农村的实际经济发展状况，把经济发展水平相近和发展模式相同的村庄进行合并，然后在政府的帮助下统一发放资源，实现资源的充分利用，有效提高资源的合理配置，促进农村经济的快速发展，由此加强农村经济发展的稳定性。还有一些国家整治空心化是围绕中心村进行的，目的是充分调动村民的积极性，让他们踊跃地参与其中。

在我国，关于农村空心化的研究始于 20 世纪末。随着农村人口外流，农村结构发生了很大变化，出现了"空心化"一词。不同的学者从不同的角度对"空心化"一词给出了解释，包括社会学家、人口学家、地理学家、经济学家等，因此对"空心化"的定义比较分散。其中，人口学家认为农村空心化即农村青壮年劳动力进入城市务工，使得农村老龄化严重。在本书中，农村空心化是指农村青壮年外出寻找更好的发展机会，导致农村人口不断外流，农村结构发生变化的现象。

3. 研究方案

本节采用文献法、定性分析与定量分析相结合法、走访调查等方法，所用数据来源包括相关单位、威宁县统计公报、政府官网等，以贵州省威宁县羊街镇为例，综合考虑当地社会经济状况和城镇化发展现状，对羊街镇各村庄的空心化演变过程与现状以及主要影响因素开展分析。具体研究内容如下：

第一，根据 2013～2018 年威宁县羊街镇社会经济统计数据，判断威宁县 2013～2018 年城镇化水平变化情况，再根据近年来羊街镇土地利用结构及变化，对羊街镇城镇化现状进行统计描述。

第二，综合羊街镇各村人口外出打工情况和农户建设用地占用情况，分析羊街镇农村空心化的发展现状。

第三，参考之前学者的研究结果，总结得出羊街镇农村空心化的影响因素，针对其影响因素提出建议和对策。

二、研究区概况

1. 自然地理概况

威宁县羊街镇属于亚热带季风湿润气候区，具有低纬度高原季风气候的大部分特点，冬凉夏热，年温度差不是很大，日温度差不小，平均日照很多。羊街镇也属于典型的喀斯特地貌区，水资源分布很不均匀。2018 年全镇森林覆盖面积大约为 8.7 万亩，其覆盖率高达 30.6%。耕地面积约 8.8 万亩，牧草地面积达

9.8 万亩，其中坡度较陡的坡地面积有 1.8 万亩左右，人均耕地面积占有量为 1.67 亩。辖区内有部分耕地基岩裸露，土壤极薄，收益极低；植被稀少，生态环境抵抗力较弱。全镇有部分耕地适宜坡改梯模式，另外大部分耕地适宜从事畜牧业生产，少部分耕地适宜种植蔬菜和水果，还有小部分农田适宜水产种植。

2. 社会经济概况

国家对农村农业工作推出很多惠农政策，羊街镇在此基础上通过近几年的发展，农村经济发展取得了很大成效。由于经济条件差、文化较为落后等因素制约，加上发展基础条件差、底子薄，羊街镇社会经济发展的情况依然不容乐观，仍然存在农村农业基础设施条件差、饮水用水质量达不到标准、农户缺乏生态环境保护意识、大部分村民文化程度较低、产业单一且不成规模等问题，农民农业收入较低。

依据羊街镇的实际情况，需要进一步改良农村的基本生产和生活条件，有效提高全镇人的生活质量和整体素质，突出特色农村产业，有力加强农村基础设施建设，改善生活、生态环境，有效开展生产治理，加快改善全镇经济、社会、文化等落后情况，建立"生产快速发展、生活条件宽裕、乡风文化文明、村容环境整洁、管理基本民主"的社会主义全新农村面貌。

3. 土地利用现状

2018 年羊街镇有耕地面积约 8.8 万亩，人均耕地约 1.67 亩，主要种植玉米、烟叶、土豆等。全镇耕地撂荒现象严重，特别是一家人都出去务工的，肥力好或者交通便利的土地赠予别人，肥力差点或者交通不好的土地就没人要，只能撂荒。同时，现在很多土地的耕作还是小农经济耕作模式，没有实现规模化，导致农民收益低下。此外，农村大部分年轻人都在外面务工，其经济收入大多也是来自外出务工，因此农户都是抱着随便种种的心理，导致土地肥力降低，耕作产量降低。虽然近些年在国家政策大力支持下，羊街镇政府响应国家号召，推进农村土地规模化经营，但是成效并不明显。

对于宅基地，羊街镇"一户多宅"现象较为普遍，并且空宅多，只有逢年过节才有人回来住。随着社会经济的发展，农村年轻人对住房要求越来越高，还有攀比心理，越来越多的农村别墅和高楼在耕地里悄然挺立，占用了大量耕地，使得耕地数量骤然减少。虽然国家也出台相关政策阻止农村大量建房，但是由于农民法律意识淡薄，没有耕地保护意识，上述情况并未得到缓解。

4. 城镇化发展概况

随着城镇化快速发展和水平的提高，羊街镇城镇化水平也有了显著提升。在农户饮水方面，为全面有效解决农村农户饮水安全问题，大力开展农村农户饮水安全工作。2015 年，羊街镇在威宁县水务局技术指导员的帮助下，在矿山村召开了有关农村农户饮水安全工程调查现场培训会。在农产品生产方面，自 2017 年以来，在蛇街、银华等村实施了种植连片水果和特色农产品的措施，采取"公司+农户+基地+合作社"的农业生产模式，农业生产初具规模，经济效益有所提升。在环境卫生方面，政府加大整治力度，道路清洁状况有了一定改善。政府严格按照"三无一规范一眼净"的农村环境卫生标准，对垃圾死角进行彻底清理，针对街边一些乱摆乱放的摊位、店面进行全面清理和整治，取得了很好的成效。在交通及基础设施方面，在国家政策的帮扶下，羊街镇已经基本实现村村通公路。各村也相继建造了娱乐休闲场所、青少年运动场等。2019 年，在威宁县的总体规划中提出"一心四廊、四轴七区"的城市空间结构，羊街镇就是其中的一个乡镇。

威宁县统计公报数据显示，全县 2017 年常住人口为 128.71 万人，其中城镇人口 47.11 万人，乡村人口 81.60 万人，城镇人口占常住人口比重为 36.60%。到 2018 年，常住人口为 129.18 万人，其中城镇人口 56.68 万人，乡村人口 72.5 万人，城镇人口占常住人口比重为 43.88%，其相比于 2017 年城镇人口占比提高了 7.28 个百分点。由图 2-20 可知，第二产业增加值均大于第一产业增加值，但

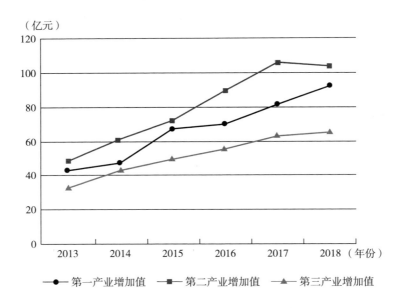

图 2-20　2013~2018 年威宁县各产业增加值

小于第三产业增加值，威宁县城镇化水平在逐渐提高。在城镇化发展建设中，必须做到科学规划、合理布局、遵循因地制宜原则、看重成效，抓牢基础设施建设，做到切实提高城镇化建设发展整体质量和水平，逐步提升小城镇综合功能。然而，小城镇发展毕竟赶不上大城市发展水平，在城镇化背景下，农村仍然由于经济、医疗、教育等因素导致很多青年外出，加剧了农村空心化现状。

三、农村空心化现状

1. 农村人口空心化现状

农村人口外流是指农民外出务工或移居至外省、城市，而常年不在村里生活或直接没在村里生活的人。从蛇街村和兴隆厂村的人口外流情况来看，兴隆厂村的人口外流比率要高于蛇街村人口外流比率。首先，从两个村的地理位置上解析，蛇街村距离县城较近，很多偏远村庄进县城都要经过这个村，交通便利及基础设施较为良好，而兴隆厂村距离县城较远且道路硬化条件差，基础设施落后甚至完全没有。其次，从农村教育与医疗条件方面来看，两个村的教育条件都较差，但相对于兴隆厂村的教育条件而言，蛇街村教育条件还是要好点。医疗方面也存在农民看病困难、医疗设备条件差等问题。这些因素都促使各村人口外流，以至于大部分村庄空心化形势严峻。

通过随机走访调查一些农户发现，羊街镇的农村人口外流具有一些共同特点。第一，外出务工的主体为青少年，而且大部分为男性，也有部分是家庭成员全家外出，只有过年或者家里发生大事才会回来，这就造成了农村留守人口结构的特殊性。目前，农村留守人群大部分是老人，其次是儿童，再次才是妇女，留守老人年龄大多在50~70岁，而有一些年轻人为了能让子女接受更好的教育，干脆一家人都搬去镇上或者县城里居住。第二，农村人口流入的主要区域是经济发展较好的沿海发达城市，有少部分则是从村里向各中心镇和县城流入。外流人口基本上都还保留其农业户口，其中有一部分人在农忙时节的几个月会返乡从事农业生产，其他时间在外面务工。第三，调查还发现大部分外出农村人口受教育程度普遍偏低，大多数人初中都没有读完。根据年龄段的特点发现，他们从事的工作也有一定规律。在15~22岁这个年龄段的人基本上都是进厂做流水线工作，而在22~50岁这个年龄段的人基本上是在建筑行业工作。

2. 农村宅基地空心化现状

宅基地是用于农民居住的建设用地。随着农村生活水平的不断提高和城镇化的不断发展，相关数据统计表明，每年大约 17266 万农村人口流出本地。农村人口大量流出，导致了农村闲置宅基地不断地增加。相关部门统计显示，2018 年我国农村宅基地的闲置率达到了 10.7%，更有部分农村的房屋空置率高达 30%。2018 年，蛇街村总共有农户家庭 412 户，共计 1929 人，宅基地约为 456 户，然而人口流出比例为 53%，宅基地闲置率约为 33%；牛角井村总共有 2841 人，合计 582 户农户，宅基地约为 600 户，而牛角井村人口流出比例高达 59%，宅基地闲置率也高达 44%。部分比较偏远的行政村人口流出率和宅基地闲置率会更高。由于农村宅基地的经济价值远没有城市住宅用地那么高，因此基本没有人会回到农村宅基地，更多的农村农业人口流向城镇，闲置的房屋就基本没有了用途。农村宅基地空心化和农村人口空心化问题的相继产生，导致羊街镇的留守人口大多数都是老年人，很多年轻人宁愿去城镇生活并买住房，也不愿意再回到农村生活。即便有部分年轻人在城镇买不起住房而选择在农村建起新房，他们很多时候也都是在外面务工而没有回农村居住。因此，随着时间的推移，农村宅基地的空心化会更加严重。

3. 农村产业空心化现状

在现代市场经济发展形势下，其经济发展形式多种多样，大多数发展较好的农村不再以单纯的农业种植为主要经济收入来源，农产品深加工以及水产品深加工的一些小型企业逐渐兴起。就羊街镇而言，由于交通条件不发达和农产品单一等因素，羊街镇农民收入基本仍以务农收入为主，农民收入普遍低下。农民生活基本得到满足，但质量不高，因此很多农户毅然决定放弃从事农业生产活动，进入第二、第三产业工作，导致从事农业耕作的农民数量骤减。目前，大部分农业劳动力的年龄都在 40~60 岁，家里的年轻人只有在播种和收获的季节才会回来，帮着家里人进行农业生产活动。而随着经济的发展和社会的不断进步，大多数年轻人都不愿意再回到自己的家乡从事农业生产活动。这些现象加剧了农业产业的空心化情况，造成了农村产业空心化。造成这一问题的因素有多个方面，首先是进行农业生产活动经济收益低下，单单依靠农业耕作收入已满足不了农民的现代生活水平需求。其次是农村农业机械化水平低下，部分较为落后的和地理位置不好的村落，能够使用机械的耕地少之又少。在这样的情况下，全靠人力的农业耕作对体力要求高且收入不高，而在外务工做流水线工作轻松且收入还不错。以上多种因素的共同作用，造成农村产业空心化越发严重。

四、农村空心化的影响因素

1. 城乡收入差距

由图 2-21 可知，牛角井村生产总值为 509 万元。其中，种植业产值 265 万元，占总收入的 52.1%；养殖业产值 112 万元，占总收入的 22.0%；外出务工收入 106 万元，占总收入的 20.8%。兴隆厂村生产总产值 424 万元。其中，种植业产值 204 万元，占总收入的 48.1%；养殖业产值 90 万元，占总收入的 21.2%；外出务工收入 115 万元，占总收入的 27.1%。从羊街镇各村农业收入与外出务工收入的对比可以看出，农业收入仍然是该镇农民收入的主要来源。整体来看，羊街镇各村总收入中外出务工收入占到 25% 左右，最高的占了 27.1%。农业产业经济效益低，农民收入不理想，而随着社会经济的快速发展，人们对生活条件及质量的要求越来越高，完全依靠农业收入是很难满足其生活需求的，这是造成农村空心化的主要因素。

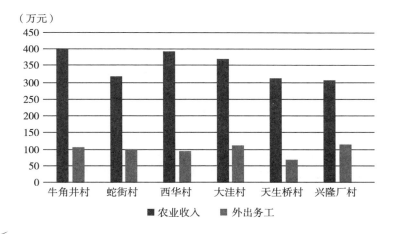

图 2-21　羊街镇各村农业收入与外出务工收入对比

2. 农村基础设施不完善

深化城镇化改革最重要的目标仍然是统筹城乡发展。现今，减小城市和农村基础建设之间的差距是实现城镇化的重要目标。导致羊街镇农村空心化的其中一个重要因素就是基础设施建设不足，农民生活条件得不到满足，促使大部分农业人口流向城市，去追求更好的生活条件和更高质量的生活。在用水条件方面，截至 2018 年羊街镇除了羊街村以外的其他各村都没通自来水，用水方面仍然保留过去的习惯，用的是蓄水池里的水，用水的数量受到了很大限制，用水质量也难以保证。在交通运输方面，农村交通基本上都是路线车，有些偏远村落每天只能来回县城1次，这些村落的人外出十分不方便。另外，农户在处理垃圾方面依旧是到处乱扔，以至于农村生活环境恶化。农村缺乏基本的娱乐设施，加上生活环境、生活质量和生活水平的限制，导致大部分有条件的农户都搬迁到城市生活。

3. 农村教育质量和医疗条件差

通过了解，羊街镇有部分村落的儿童上学路途遥远。例如，牛角井村仙仁洞组的上学儿童，他们从家到学校要走一个小时左右。有一些更远的村落甚至还要走更长时间。因此，一些经济条件比较好的家庭，考虑农村的教学质量和城市的教学质量存在较大差距，他们选择把自己的孩子送到城里去念书。农村看病困难是一个难题，虽然近些年国家对农村医疗给予很大的扶持，但是在医疗设备和医疗人员配置上依然不足。羊街镇有1个镇卫生院，大概有22个村卫生室，床位大概100多个，因此其医疗条件是非常不理想的。这些都是导致羊街镇农村空心化的重要因素。

五、"空心村"问题对农村发展的影响

1. 农村"空心村"对耕地的影响

农村空心化现象引起大面积的农田闲置。由于大部分的农村年轻劳动力外流到城市，大面积的农田就没有劳动力去耕作，从而农田被丢弃。中国是农业大国，虽然拥有广阔的耕地面积，但是由于我国人口位居世界前茅，人均耕地很少。这些现象直接导致了我国粮食产量的减少。还有一些农户直接占用耕地建造房屋，使得耕地数量锐减。此外，留在农村的人口大部分文化水平较低，对现代化机械耕作和土地合理规划可以说是基本不懂。有的农民即使没有精力去管理好自己的土地，也会选择粗放经营，而不会把地租给企业搞规模化经济作物种植，从而导致农村土地肥力大大降低，不利于农村农业的可持续发展。

2. 农村"空心村"对宅基地的影响

据了解，大量农民外出务工主要是由于两方面因素：一是为了建造新房，当他们看见别人家都把房子建得很好而自家还是老房子时，攀比心理促使他们外出务工，以求也能早日建造新房；二是随着社会经济发展，人们生活水平提高，单一的农业生产收入已经不足以支撑人们的生活需求。以上两方面因素促使很多村庄的建设用地占而不住。村民外流到城市务工"人走房空"，在农村已经成为了一种较为常见的现象，导致农村大量的宅基地空闲。此外，有很多农户修建了新的房屋而不拆除旧的宅基地，导致"一户多宅"现象普遍存在，村庄建设布局杂乱无章。在农村人口大量流出的情况下，农村宅基地规模持续扩大，导致基本农田数量减少和农村宅基地闲置增多两种现象并存。

3. 农村"空心村"对老人及儿童的影响

农村空心化导致农村老人养老条件得不到保障，留守儿童教育环境较为恶劣。绝大多数外出务工家庭对自己孩子没有时间照顾，这样就导致子女更加容易被一些不健康因素影响。到城市务工的农民很多都是中年人，他们的子女只能留守在家或是只能由父母其中一方带着。这些儿童无论是生理上还是心理上都没有得到完整的关爱。这个年龄段的孩子正是需要父爱和母爱的时候，父母都不在身边或其中一方不在，有的家庭 60 岁以上老人还健在，小孩就由这些老人照顾，这也是相当不利于子女成长的。对于留守儿童，一些经济条件较好或者全家都在外面务工的家庭，直接把孩子送到县城读书，导致农村生源严重不足，一些村里把原来的学校合并甚至撤销，进一步影响了农村教育的发展。

4. 农村"空心村"对村庄文化建设的影响

农村空心化给社会治安提出了新的难题。首先，农村流动人口中有很多身无长技又盲目外出务工的年轻人，他们想在城市中找到谋生的工作是较为困难的。这些人到城市后，生活毫无保障，他们迫于生计就可能做出一些违法违规的事情，进而增加了城市社会治安管理的难度。其次，还有一些年轻人常年在外，接触的人多且混杂，可能会结交一些所谓的"朋友"。通过这些人，他们可能会误入歧途，对社会造成了一些负面影响，这也有悖于社会主义精神文明建设。

六、对策与建议

1. 发展农村特色农产品

提高农民经济收入和生活水平是解决农村空心化的根本。农村农业产业薄弱、经济效益低下以及农村资源缺乏合理规划利用，这些都是农村农业存在的主要问题。针对这些问题，要合理规划土地资源，以提升农业整体质量和整体效益。合理规划农村土地资源是农村农业发展的必然要求，也是提高农民经济收入的有效途径。要坚持因地制宜、突出特色以及发展主导产业，从供给侧发力，这是发展高效、优质、生态、安全的农业产业经济的有效途径，也是提高农民经济收入和留住人口的必要条件。

2. 提高农村教育质量和医疗条件

就研究区而言，由于部分村组学生上学路途遥远，以及师资质量和生源差等问题，部分有条件的家庭带上自己的孩子到城市生活。要解决这些问题，必须从提高农村孩子的受教育条件和教育资源做起。同时，对于学生上学路途遥远的村组，可以提供校车接送或采取住校的方法。另外，农村医疗条件较差也是农业人口外流的重要原因。因此，提高羊街镇的医疗条件和教育条件，是留住农村年轻劳动力的有效方法，也是解决农村空心化的基本前提。

3. 完善农村基础设施建设

完善农村基础设施建设是解决农村空心化的必要前提，也是实现农村稳定发展的重要条件。从羊街镇各村组的情况来看，需要加强各村组内部道路、水利设施、娱乐设施建设，因为只有交通便利才能够吸引更多的资金和技术向农村流动。对于用水问题，政府应该加大力度使各村都能通自来水。同时，在各村建立农村老年人活动场所和村庄娱乐、休闲场所等，丰富农民精神生活，提高其整体素质。

随着社会经济的发展，农村生活水平不断提高，农民对物质生活条件和精神生活条件的要求有很大的提升，专门依靠农业生产收入已经不能满足其生活需要，加上城乡收入差距、农村医疗条件和教育条件较为落后等，促使大量农村年轻劳动力外出务工，农村空心化现象由此形成，主要表现为农村人口空心化、宅基地空心化和产业空心化。农村空心化问题严重阻碍了农业经济发展、农村教育发展、村庄文化建设，必须予以重视并着力解决。本节研究源于对羊街镇农民的抽样调查，对研究区的选择具有一定的主观性，也缺乏全面性，今后其他农村地区的空心化问题研究还是要坚持具体问题具体分析的原则。

第三章　房地产管理

近年来随着房地产行业不断地发展，房地产企业面临着巨大的发展机遇与挑战。网络营销对于房地产行业来说是一个很好的营销手段，它可以有效地宣传房地产品牌知名度，能让客户足不出户就可以了解房地产的相关信息。同时，开展个人住房抵押贷款风险研究，并采取措施积极防范，才能有利于房地产市场健康有序发展，保障消费者利益。

第一节　房地产公司网络营销策略分析

近年来房地产行业不断发展，通过对房地产营销进行研究，可以使房地产的销售更加多元化。房地产代理公司要想在市场上不断发展壮大，就必须在营销策略上进行改进，在营销技术和营销模式上进行创新。本节基于互联网背景，以A公司为例，首先对公司的网络营销模式进行优劣势分析，然后开展网络营销现状分析，最后对该公司的网络营销策略提出对策与建议，同时为行业内其他代理企业进行房地产策略选择和实施提供一定的借鉴。

一、房地产网络营销

1. 研究背景及意义

随着互联网的广泛使用，各种社交网络平台不断涌现，人们通过社交平台交流越来越普遍，而网络营销作为一种新的营销模式在房地产行业中有着非常重要的作用。传统的房地产销售模式已经跟不上当今社会发展的步伐，利用网络营销，不仅方便快捷，而且可以降低成本。客户通过互联网平台查找房源信息，可以足不出户就了解房地产信息。现如今房地产代理机构两极分化现象正在加速，其中一种是房地产经纪代理模式。目前该市场已逐渐趋于饱和，这导致很多没有竞争优势的公司逐渐消失，一些小型代理企业被其他大型企业吞并或者联合。而在这一市场中存活下来的公司想实现盈利目标，可以考虑利用当代互联网和大数据技术进行创新，建设自己独特的营销模式。

A公司在南宁市房地产代理行业中具有一定的市场占有率和知名度，具有一定的专业运作能力和成熟的房地产代理经营经验，能够和房地产开发商委托人之间形成风险共担、利益共享的合作方式。中国房地产行业现在正处于转型升级的变革阶段，A公司也将面临前所未有的挑战和机遇。因此，本节对A公司网络销售模式的现状进行深入分析，整合其实际运营情况，分析其网络销售模式的优劣势，然后利用互联网对公司的网络销售模式进行创新，以此为该公司的网络营销策略提供参考，同时为行业内其他代理企业进行营销策略的选择和实施提供一定的借鉴。

2. 国内外研究现状

国外学者对房地产网络营销策略进行了研究。Hoffman（2010）提出房地产项目不仅是给消费者提供居住空间，更关系着整个城市房地产行业的发展，因此房地产不能只注重产品的销售，还应该注重项目的选址、产品的设计、项目施工与物业管理等一系列过程。还有研究消费者购买的影响因素，如交通便利、品牌、价格、地段等因素也不可忽视。Gil（2014）提出随着"互联网＋"的发展，其对各行各业的宣传与营销环境带来一定的影响，能否抓住"互联网＋"带来的商机，利用"互联网＋"提供的更便利渠道，将成为重要的变革。Vargo和Lush（2004）研究提出客户个性化需求及体验感的重要性，可以邀请潜在消费者参与产品设计、工程施工等环节，以便消费者的个性化需求可以得到更好的满足，也可以借此加强与客户的沟通，积累更多的潜在客户。

国内学者对房地产网络营销也进行了大量研究。王泽亮（2010）认为，随着国家出台一系列的宏观政策调控房地产，房地产市场呈现多元利益博弈的格局，中央政府与地方政府之间、地方政府部门之间、政府与企业之间、企业与消费者之间，各方需求利益诉求都不同，房地产企业要在各方需求之中寻找到最合适的营销策略，才能立足于长远市场。沈明莉（2020）认为，房地产营销受外在的环境因素影响非常大。对于现代房地产企业来说，营销策略是引导消费者购买的主要因素，因此营销方案设计必须要适应现代市场的发展需求，充分考虑营销产品价格和品质等问题，保证能够考虑到消费者对产品的渴望，并且在满足品质需求的基础上进行个性化销售方案设计。魏永成（2020）认为，大数据技术具有强大的分析能力，房地产市场总体上较为复杂，使用大数据分析能够实现对市场目标的高水平把控，并且能够进行目标群体的开发，使营销活动能够精准把控。在制定大数据技术方案的创新应用策略过程中，一定要将新型营销途径的开发作为主要工作，使其可以直接提升房地产营销份额，并保证大数据技术在应用价值得到凸显的情况下，更加充分地适应市场营销方案的创新实施需要。董玥玥和周长荣（2017）提出在利用互联网推广销售的同时加大企业活动力度，使互联网与企业实际情况相结合，创立新型的营销品牌策略。同时，提高建筑物的质量，满足消费者的消费需求。在互联网推广销售下，定期增加企业与消费者之间的互动，在活动中让消费者记住并认可房地产企业，以便更好地在广大消费者心中产生品牌效应。聂平莉（2013）认为，在现阶段已有的经济结构中，房地产行业在经济总量中的比例较高，经过多年的高速发展，房地产行业已经占据了全国经济产业的重要地位。随着农村城市化建设、城镇居民生活水平不断提高、经济持续不断发展，越来越多的人来到城市购买商品住房，商品住房的成交面积也不断增加，房地产行业在长期利好的刺激下，有了持续不断的发展。

3. 理论基础

（1）4P理论。

4P理论将企业营销过程归纳总结为产品、价格、渠道和促销四个部分，主要是将这四个要素有效的组合起来，满足市场和顾客的需求，从而获得最大的利润。产品（Product）要有独特性能，注重开发产品的功能，把满足客户需求的功能放在第一位。价格（Price）要通过对目标客户的分析，针对不同的市场定位，结合企业的品牌战略，进行最终的确定。渠道（Place）是企业通过它将经销商与消费者联系起来，在经营过程中企业需要对经销商和销售网络非常重视。促销（Promotion）是为了促进销售的增加，通过让利、促销等手段吸引消费者或是潜在客户来消费，通过刺激消费者的消费行为达到销量上升的目的。

（2）SWOT分析理论。

SWOT分析是一种综合考虑企业内部条件和外部环境的各种因素，进行系统评价，从而选择最佳经营战略的方法。因此，SWOT分析实际上是对企业内外部条件各方面内容进行综合和概括，分析企业的优劣势、面临的机会和威胁，进而帮助企业进行战略选择的一种方法。

（3）PEST分析理论。

PEST也称之为宏观环境分析，由于企业所处的行业以及自身经营特点的不同，在进行 PEST 分析的时候一定会有不同之处，在分析的时候主要从政治（Political）、经济（Economic）、社会（Society）和技术（Technological）这四个方面对企业影响较大的外部因素进行相关方面的分析。

4. 研究方案

（1）研究目标。

本节主要是对 A 公司网络营销模式现状进行分析，然后整合其实际运营情况，根据调查的数据进行分析，最后提出相应的营销策略与建议。

（2）研究内容。

首先，介绍研究背景和意义、相关的文献综述、理论基础以及研究方案。其次，对 A 公司网络营销现状进行分析，主要从产品策略、价格策略、营销渠道、促销策略这四个方面展开。再次，对该公司网络营销模式及优劣势进行分析。最后，提出营销策略优化建议。研究的技术路线如图 3-1 所示。

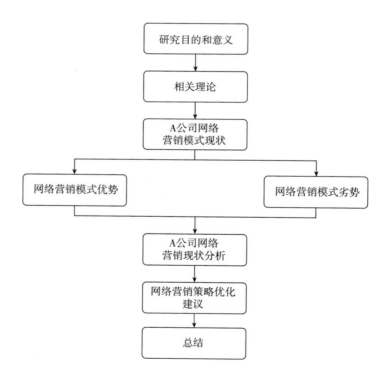

图 3-1　研究的技术路线图

（3）研究方法。

第一，文献分析法。通过对文献资料的搜集、整理，在中国知网上查找互联网和房地产营销策略的相关理论和文献，探索互联网与房地产发展的轨迹和规律，为研究 A 公司的网络营销策略优化、企业经营转型提供理论依据。

第二，案例分析法。本节将对 A 公司网络营销案例进行系统分析，找到公司在网络营销策略上存在的各种问题，进而为该公司制定科学的网络营销策划方案提供有用的参考。

第三，问卷调查法。问卷调查法是对用户进行问卷调研，以用户的调研结果侧面反映互联网中房地产营销模式和策略的优势以及存在的不足之处。

二、网络营销现状分析

A 公司创建于 2015 年，是南宁有名的房地产代理公司。以新房和二手房的房地产经纪、代理业务为主，同时也是涉足咨询顾问、物业管理、测量估价、按揭代理、资产管理、建筑安装等多个领域的大型综合性房地产服务企业，其代理服务业务全面，综合实力强。2016 年，该公司与多家一线房地产品牌商达成合作。2017 年，该公司经营模式升级，南宁总部办公室场地乔迁，办公室场地扩大，新增多家代理项目。2018 年度完成销售额 130 亿元，同比增长 267%。2019 年，公司整体团队规模近 2000 人，其中完成销售额 279 亿，销售量 23979 套，单盘最高销售量 877 套。2020 年，A 公司年度目标销售额突破 500 亿元，集团规模扩大至 4000 人。

1. 产品策略分析

A 公司网络营销主要是新房和二手房，并与许多一线知名房地产开发商达成合作，代理多家楼盘。该公司线上营销的房源类型有精装修、毛坯房、Loft 等，房源的户型种类也非常齐全。

（1）房源品质调查。

对用户进行问卷调查，结果显示：觉得公司线上房源品质一般的有 91 人，占比为 45.5%；觉得房源品质很好的有 59 人，占比为 29.5%；觉得品质非常好的只有 38 人，占比为 19%；有 12 人觉得房源品质很差，占比为 6%（见图 3-2）。从数据分析中可知，用户对线上房源品质认可度并不高，还有一小部分用户对线上房源品质并不认可，说明用户对公司线上房源品质的满意度并不高，反映出现在该公司的房源品质有待提高。公司应对线上的房源品质进行整改和提高，并加大力度做好房源品质的筛选，以满足用户对品质的要求，同时保证房源的质量。

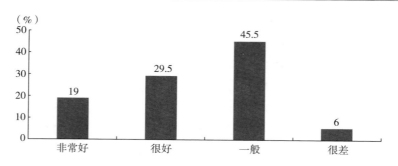

图 3-2 房源品质分析

（2）户型调查。

从图 3-3 可以看出，大多数用户喜欢选择三房一厅。调查显示：有 74 位用户喜欢查找三房一厅的户型，占比为 37%；有 41 位用户喜欢查找一房一厅和两房一厅的户型，各占比为 20.5%；有 31 位用户喜欢查找四房一厅的户型房源，占比为 15.5%；有 13 位用户是选择其他户型，占比为 6.5%。从调查用户喜欢查找的户型可以看出，三房一厅户型是当前最受大众喜欢的户型，选择这类户型的用户大多数是以家庭居住为主，家庭居住需要的户型和空间面积相对较大，对户型的要求相对较高，而且这类用户的平均收入水平较高，经济实力较强，能够负担房子的费用。而选择两房一厅或一房一厅小户型的主要是上班族居多，这类用户主要是为了上班便利，对户型的面积要求相对不高，且他们经济实力并不是很强，因此选择户型小的面积可以减轻他们的经济压力。公司可以根据不同的收入人群推出不同的户型房源，让用户可以有更好的选择。

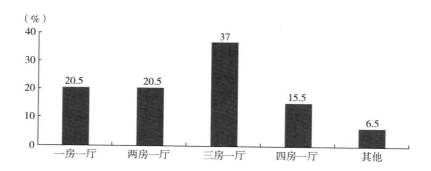

图 3-3 户型分析

（3）房源类型调查。

通过调查分析可以看出，用户喜欢的房源类型如图 3-4 所示。其中，100 位用户喜欢精装修的房子，占比为 50%；42 位用户喜欢毛坯房，占比为 21%；33 位用户喜欢 Loft，占比为 16.5%；25 位用户选择其他类型，占比为 12.5%。市场上很多用户喜欢精装修的房子，主要是节约装修的时间和避免麻烦，而且现在精装修房子的风格种类也能够迎合市场的需求；毛坯房价钱相对较低，用户可以根据自己喜欢的风格进行装修，对装修过程也可以严格把控；Loft 主要可以把房子的空间利用最大化。

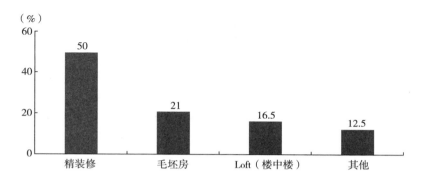

图 3-4　房源类型分析

2. 价格策略分析

该公司线上营销的价格主要分为高、中、低三个价位，房子主要根据房子的区位因素、品牌商、房源类型等情况来定价。公司线上主要的房源价位大多是在 15000 元/m² 以下，这个价格对于南宁市房价来说是大众比较能接受的。当然该公司线上还会推出优惠价格的房源，价格在 10000 元/m² 以下，用来吸引用户，也有针对要求高的用户推出价格高的房源，价格是在 15000 元/m² 以上，这个价格的用户主要是追求房源高端的品质，但这类价格的房源在市场上销售量并不是很大。

（1）用户对房源的注重因素。

据调查了解，用户在查看房源时主要注重的是价格因素。调查显示：148 位用户查看房源主要看重价格，占比为 74%；其次是房源的环境和交通，有 126 位用户是考虑房源周边环境，占比为 63%；有 101 位用户是看重房源交通的便利，占比为 50.5%；仅 86 位用户是看重配套设施，占比为 43%；有 20 位用户是选择考虑其他因素，占比为10%（见图3-5）。从调查结果来看，大部用户在查看房源时主要考虑价格因素，说明房源价格是用户考虑是否购买的主要因素，其次是房源的环境和交通，环境是否优美良好、交通是否便利，也会影响用户的购买决策。

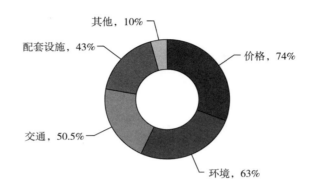

图3-5　查看房源注重因素分析

（2）用户选择的价格。

通过图3-6的数据可以看出：有47%的用户查找房源时的主要价格是在10000~12000元/m²；有35%的用户查找的价格在10000元以下/m²；有11.5%的用户查找的价格在12000~15000元/m²；仅有6.5%的用户查找的价格在15000元/m²以上。可以看出，用户对于房源的价格选择在10000~12000元/m²这个范围的最多，说明这个价格用户是可以接受的，而且这个价格对于南宁的房价来说

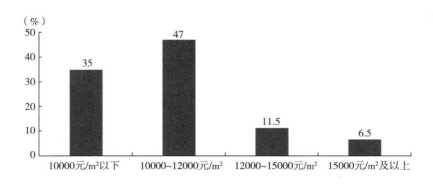

图3-6　用户选择价格分析

是相对便宜的。而 10000 元/m² 以下的价格也有部分用户选择，说明这类用户的经济并不是很宽裕。12000~15000 元/m² 以上的价格在线上很少被用户接受，主要还是价格偏贵，大部分用户还是愿意接受相对较低的价格，虽然也有用户愿意购买高价格的房子，追求高端的品质和配套设施，但是这一部分用户相对较少。

（3）用户对于价格的认可度。

通过对用户关于公司线上推荐房源价格的评价进行调查可以看出，仅 41 位用户觉得公司线上推荐的房源价格是非常优惠的，占比为 20.5%；有 115 位用户觉得房源价格一般，占比为 57.5%；有 35 位用户觉得房源价格比较贵，占比为 17.5%；有 9 位用户是觉得房源价格非常贵，占比为 4.5%（见图 3-7）。从调查反馈可以看出，大部分用户对于线上的房源价格觉得一般，说明用户对于公司线上房源价格的认可度并不高，其中还有一小部分用户觉得价格偏高，反映公司在线上的价格对用户的吸引力不高。很多用户买房首要就是看价格，价格太高就无法吸引用户，因此公司在线上房源价格这一方面还需要进行调整。

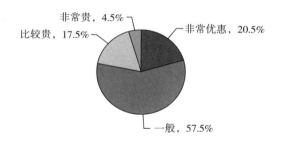

图 3-7　用户对价格的评价分析

3. 营销渠道策略分析

目前该公司线上网络营销的渠道只有公众号和其他找房 APP，其他网站上并没有该公司的营销账号。该公司线上营销渠道相对单一，大部分还是通过线下渠道进行营销，或者是员工利用微信或其他社交平台向客户推荐房源信息。

（1）用户了解房源渠道。

通过调查用户了解房源的渠道与途径发现（见图 3-8），有 75.5% 的用户会通过互联网的渠道了解房源信息，有 59% 的用户会通过广告了解，还有 53% 的用户会通过电视了解，剩余的是通过报纸、广播、其他渠道了解，分别占比为 24.5%、17.5%、19%。目前通过互联网渠道查找房源已经非常普遍，而且互联网覆盖率高、快捷方便，深刻影响着人们的生活日常。广告的影响力也非常大，在户外也可以看到各式各样的广告。还有电视渠道，用户可以通过电视更加全面地了解房源的信息。报纸、广播这些渠道信息相对比较慢，而且用户也不愿意花时间通过这些渠道去了解。因此，互联网渠道找房源方便快捷、信息资源全面，已经得到大部分用户的认可。

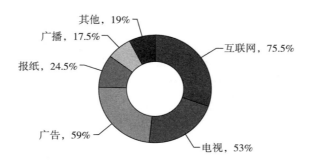

图3-8　用户了解房源渠道分析

（2）互联网渠道类型。

通过调查了解用户通过互联网渠道查找房源信息的情况发现：大部分用户会使用搜房网站、APP或微信公众号查找房源信息，占比分别为63.5%和60.5%；一部分用户会通过自媒体（抖音、快手等）来了解房源信息，占比分别为47.5%和33.5%；小部分用户会通过微博或其他渠道了解房源信息，占比分别为19%和17.5%（见图3-9）。由此可以看出，用户线上查找房源信息主先是通过

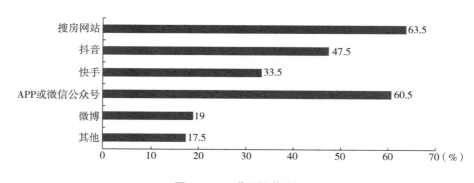

图3-9　互联网渠道分析

搜房网站、APP 或微信公众号，其次是自媒体渠道。搜房网站在互联网上有一定的知名度，大多数用户都习惯通过搜房网站去搜索了解房源信息，公司的 APP 或微信公众号知名度并不是很高，公司在这一方面还需要加大投入力度。此外，现在自媒体传播速度快，而且覆盖的用户多，不受区域的限制，还可以让用户更加全面地了解房源信息，公司可以利用自媒体（抖音或快手等）建立公司官方的营销账号进行推广。

4. 促销策略分析

该公司线上营销并没有很大的促销力度，APP 首页只有推荐火爆楼盘和特别楼盘两个板块，并没有相关的促销活动，而且线上首页也没有推出相关的优惠活动。因此，该公司线上促销的相关政策和力度是非常欠缺的，应加大线上促销方案的开发力度，吸引更多的用户。

（1）促销功能。

调查用户对该公司线上首页增加促销功能的态度发现：有 65% 的用户希望增加特惠楼盘功能；有 57% 的用户希望增加精选楼盘功能；有 41% 的用户希望增加热门楼盘功能；仅有 34.5% 的用户希望增加推荐楼盘功能（见图 3-10）。由此可以看出，用户对于线上的促销功能非常看好，最希望增加的是特惠楼盘功能，说明用户很看重公司推出的特惠活动。因此，公司可以通过增加促销功能来吸引用户，让用户觉得线上的促销活动非常优惠，这样可以方便让客户了解公司其他楼盘的促销活动。

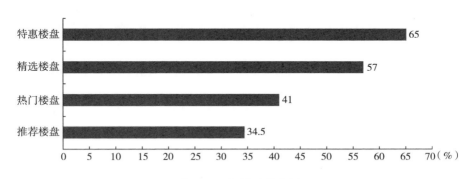

图 3-10 促销功能分析

（2）促销活动。

通过问卷调查用户对公司线上促销活动类型的选择发现，有 64.5% 的用户选择广告促销，有 61% 的用户选择拼团活动，有 35% 的用户选择积分促销，还有

23%的用户会选择其他方式（见图3-11）。这说明广告促销受到大众青睐，公司应加大广告促销投入，也可以在公交车或者地铁站等人流量大的地方投入广告促销，让更多的客户了解促销活动。同时，在线上首页推出广告促销活动页面，吸引用户点击了解。还可以增加近年推出的拼团活动，让用户邀请更多的好友参与进来，同时也为公司的线上促销进行广告宣传。通过拼团活动让更多的用户参与进来了解促销活动信息，具体如图3-11所示。

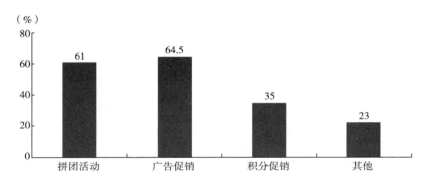

图 3-11　促销活动分析

三、网络营销模式及优劣势分析

1. 网络营销模式分析

该公司的网络营销主要是通过其微信公众号和该公司自己的找房 APP。公众号界面主推的是企业相关文化、公司宣传，南宁房地产市场周报、房地产相关政策以及南宁土地拍卖等房地产相关信息。在公众号一级菜单栏目再点击二级菜单才能查看相关的楼盘信息，而该公司自己的找房 APP 是点击注册后才能进入首页查看相关的房源信息。两者的运营模式和相关界面基本相同，都是推荐新房和二手房。

该公司主要的网络营销模式是通过在微信公众号发布企业相关动态信息、南宁地产周报、南宁土地拍卖、楼市热点新闻、相关政策解读等信息来吸引粉丝关注，然后通过互推的形式进行信息扩散，主要目的是让粉丝更多了解公司的企业文化以及相关业务的发展，让粉丝相信公司的实力。该公司自己的找房 APP 主要界面有新房、二手房、租房、房贷计算、房产知识、入职招聘、叮咚加盟等，可以看到楼盘的基本信息和销售政策，并且可以筛选相应的区域、价格、房型等来进行查找，还可以在线咨询或者联系推荐的经纪人，其目的是让用户了解楼盘相关信息，然后促成购买。

微信是属于关系性比较强的社交平台，可以通过网络分享传播信息，而且传播速度快、范围广。微信公众号主要是让用户了解公司的发展，让用户相信该公司的实力，然后利用用户的信任推荐相应的楼盘信息。而该公司自己的找房 APP 主要是向用户推荐相应的楼盘信息，并且收集用户信息，然后房产经纪人可以根据用户的需求向用户推荐相应的楼盘。随着移动互联网时代的发展，通过互联网进行房地产营销信息推广的规模非常巨大，并且能给用户带来快捷、方便的体验。

2. 网络营销模式的优势

本书通过问卷调查的方式向用户了解该公司的网络营销模式的优势，共向用户发放 200 份问卷调查，并回收 200 份问卷调查结果，问卷回收率 100%。主要调查用户对互联网的使用程度、对互联网查找房源的方便快捷认可度以及用户对网站发布信息的真实性。

（1）用户范围广。

从图 3-12 可以看出，在调研的 200 位用户中，有 172 位用户会通过互联网的方式查找房源，占比为 86%，还有 28 位用户不会使用互联网查找房源，占比为 14%。这表明通过互联网查找房源已经被广大用户所熟悉和使用，互联网看房已经是非常普遍的事情，而且有相当高比例的人有通过互联网找房的经历。因此，可以说互联网房地产营销已经得到用户的认可。

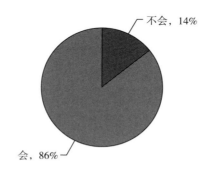

图 3-12 用户通过互联网查找房源分析

（2）方便与快捷。

从图 3-13 可以看出，有 170 位用户认为在互联网上查找房源方便、快捷，用户可以随时随地获取需要的房产信息，占比 85%。这说明用户在使用互联网查找房源信息时，能够方便、快捷地查找到心仪的房子，并且能减少很多烦琐且不必要的事情。互联网找房让用户搜集房源有更好的搜索体验，通过互联网快速查找房源信息，用户可以了解更多的房源，而且还能减少看房的时间和成本。

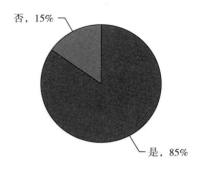

图 3-13 互联网上查找房源的方便与快捷性分析

（3）用户认可度高。

该公司的微信公众号首页界面设置内容简洁，用户关注公众号后，可以选择二级菜单的"找房推盘"等，用户点击后可以看到推荐的热点楼盘信息以及最新的新房和二手房推荐信息，可以快速了解房子的基本信息和销售价格等，用户还可以根据自身的需求筛选房源，让用户方便、快捷地查找到心仪的房源。

通过问卷调研用户对于该公司微信公众号或其找房 APP 使用的方便与便捷性的认可度发现（见图 3-14），用户对于该公司的公众号或 APP 使用的方便与快捷性的认可度相对较高，有 141 位用户对其表示认可，占比为 70.5%，而有 59 位用户认为其并不能带来方便与快捷，占比为 29.5%。由调研结果可以看出，大部分用户对于公众号或 APP 的界面、相关搜索功能是认可的，并且用户在使用公众号或 APP 时，能够减少很多不必要的麻烦。还有一小部分用户不认可公众号或者 APP 查找房源便捷，说明这部分用户对公众号或 APP 的使用功能要求相对较高，或者是不熟悉。因此，在功能这一方面还需要不断地提升，提升用户对公司公众号或 APP 查找房源信息的满意度。

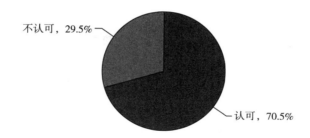

图 3-14 用户对公众号或 APP 查找房源的方便与快捷性分析

（4）信息互动性强、成本低。

首先，用户可以在该公司微信公众号或找房 APP 上直接发送文字信息查询或者通过电话联系房产经纪人以期快速地得到解答，并且信息之间互动方便、及时。其次，用户对于微信号的申请是免费的，该公司公众号的申请和认证费用也不高，而信息发布和接收只需要流量费用或者通过连接 Wi-Fi 使用，因此传播信息成本相对于传统的营销模式信息成本更低。

3. 网络营销模式的劣势

（1）知名度较低。

在被调研的 200 位用户中，有 109 位用户没有关注该公司的微信公众号或其找房 APP，占比为 54.5%，仅有 91 位用户是关注的，占比为 45.5%（见图 3-15）。从调查中可以了解到该公司公众号和 APP 的知名度相对较低，反映用户对于公司网络营销业务并不是很熟悉，同时也反映了公司在公众号或 APP 上面的宣传力度还不够。同时，公众号或者 APP 的营销亮点还不够突出，吸引不到用户的关注度，还很难和目前知名的看房网站进行竞争。该公司互联网营销模式起步相对较晚，导致公众号和 APP 的知名度相对较低，因此公司应突出自身的营销亮点来抓住用户的眼球，加大投入力度来提升公众号和 APP 的知名度。

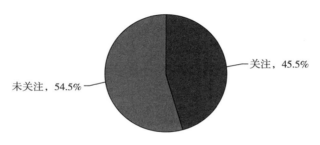

图 3-15 公众号和 APP 知名度分析

（2）信息真实可靠性有待提高。

通过对 A 公司微信公众号或其找房 APP 上房源信息的真实可靠性进行调研可知：相信房源信息 100% 完全真实的仅有 32 人，占比为 16%；相信房源信息 70% 以上真实的也仅有 77 人，占比为 38.5%；相信房源信息 60% 以上真实的仅 45 人，占比为 22.5%；相信房源信息的真实性在 60% 以下的占比为 23%（见图 3-16）。从这些数据可以看出，完全相信网站信息的用户很少，大部分用户对于网站上的信息还是抱着半信半疑的心态，还有一些用户完全不相信网站上的信息。由此可看出，公司在网站上发布的信息可信度并不高，缺乏官方权威的认证，从而导致用户用对公司公众号或 APP 推出的房源信息抱有很大的质疑。因此，在房源信息的真实性方面还要加大力度进行改进。

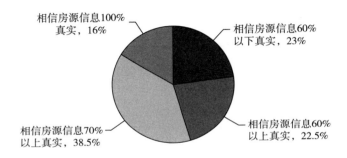

图 3-16　对公众号或 APP 上房源信息真实性认识的分析

（3）不能进行线上交易。

对于该公司来说，不管其找房 APP 在房产营销信息推广方面的规模有多大，与用户互动有多么便捷，其在房地产营销过程中只起到间接带动作用，并不能让用户直接在 APP 上实现足不出户的购房活动，因此不能线上交易是其一大劣势。问卷调查显示，63% 的用户是愿意进行线上支付的，37% 的用户不愿意进行线上交易（见图 3-17），说明大部分的用户通过互联网查找到合适的房源后都有意愿进行线上交易，从而节省线下交易以及手续办理的时间。有一部分用户不愿意线上支付是担心线上交易的安全性，或者是受传统购房观念的影响，认为房产线下交易更为可靠。在未来的发展趋势中，房地产线上交易有可能会成为一大亮点，而该公司的找房 APP 目前在这一方面的技术还是空白，公司可以考虑加快研究步伐和增加相关投入。

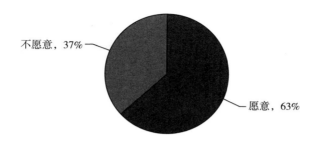

图 3-17　线上交易意愿分析

（4）缺乏安全性。

通过图 3-18 数据可以看出，96 位用户认为房产交易网上支付是安全的，占比为 48%，剩余的 104 位用户认为是不安全的，占比为 52%。由此表明大部分用户对房产线上交易的安全性表示担忧，同时也反映出网上交易支付的安全性还存在着很大的问题，用户对支付安全并不完全放心，并且网上交易的相关法律政策还并不是很完善。因此，公司也要制定相应的政策来保护购买者的相关权利。

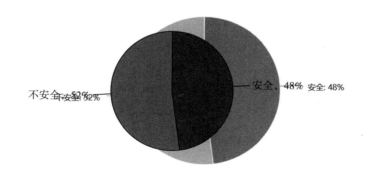

图 3-18　线上交易安全性分析

四、"互联网+"营销策略优化建议

1. 利用自媒体进行营销

根据上文的研究结果可知，目前自媒体看房深受大众喜爱，而且自媒体传播的速度快、范围广，公司可以利用各大自媒体平台创建官方营销号，通过短视频或直播的方式把房源的信息上传到营销账号。虽然现在也有很多的房地产销售人员通过这样的方式进行宣传，但是以公司官方账号的形式进行宣传可信度会更高。通过将房源信息上传到公司的营销账号，更多的用户可以看到公司的房源信息，而且自媒体本身可以进行大数据分析，进而经常推荐类似的房源信息。自媒体营销还有一个好处就是可以通过共同好友互推，如果用户关注公司官方账号，那么就可能会推送给对方的好友。

该公司线上营销模式目前只有公众号和其 APP，而根据问卷调查了解到，有很多用户也会通过自媒体平台去了解房源信息，加上通过自媒体了解房源信息时可以在评论区很快就能得到信息回复，现在有很多的网络销售都开始通过自媒体平台进行网络带货营销。该公司在这一领域还需加强。虽然房子价值很贵，目前在自媒体线上销售还没有实现，但是可以通过自媒体进行宣传推广房源信息，然后线上收集客户的需求，这样有利于公司制定未来的营销方案。

2. 提升集团知名度和房源品质

根据调查反馈，该公司的知名度还相对较低，很多用户对该公司并不了解，因此想办法提升公司的知名度也是重要的营销策略。首先，通过在地铁、车站、商场等人流量大的地方投放广告或者是通过电视广播进行宣传，主要的目的是吸引客户了解公司的房产信息以及树立公司的品牌形象，让更多的人了解该公司以及关注公司的公众号或 APP 等。其次，公司在代理房源的过程中，要严格把控房源品质，了解相关信息的真实性，同时还应制定房源品质筛选的相关规定，只有符合要求的房源才能进行线上营销。最后，公司可以考虑和知名的房开商达成合作协议，代理知名品牌的房源，这样有利于提升线上房源品质，而且知名品牌的房企品质要求相对较高，用户认可度也相对较高。另外，公司要严格把控房源的信息以确保真实可靠，并进行相关权威的认证，只有通过认证的房源信息才能给用户。

3. 增加线上促销功能

当前该公司的公众号和 APP 上是没有促销功能的，公司在网络营销方面还有一些不足。通过问卷调查分析可以看到，有很多用户希望能够在公众号或 APP 上增加促销功能，因此公司可以开通线上的一些促销功能。调查显示，希望开设增加特惠楼盘、精选楼盘、热门楼盘这三大功能的投票率最高，公司可以在公众号或 APP 上增加这三个促销功能，主要也是对楼盘的促销信息进行分类，方便用户快速了解促销活动，吸引用户。同时，公司可以在促销功能上进行一些促销活动，如拼团活动等。通过这样的促销形式，首先可以吸引用户的关注度，其次是通过用户邀请他人参与，可以提高公司的知名度以及让更多的用户参与进来，从而节省公司宣传成本。当然，增加这些促销功能主要还是为了让用户了解公司促销楼盘的信息以及优惠活动，让用户能够通过线上的促销活动获得相关的优惠，从而到售楼部进行房产购买。

4. 与第三方网络平台建立合作关系

根据上文分析可知，大部分的用户是赞成网上支付购房的，而且实现房产交易"网购化"也可能是今后"互联网+"房地产营销策略的趋势，公司应与第三方网络平台建立合作关系，通过第三方网络平台的担保，减少人们的安全顾虑，提高交易支付的安全性。当然，实现房产网上交易支付，还需要通过网络技术改进支付方式，如将指纹识别、声纹识别、视网膜识别等具有唯一性的生物学技术运用到网上支付方式上，使账号安全性得到进一步提高。同时，运用网络加密手段对营销网站进行网络环境加密，如运用数字签名技术、信息加密技术、安全许可技术等，防止非授权用户的搭线窃入。公司通过与第三方网络平台建立合作关系，提高网络支付技术，有效地提高房产交易网上支付安全性，从而在未来可能实现房产交易"网购化"。

5. 建立营销数据库和网络平台安全性

公司可以利用公众号或其找房 APP、自媒体平台等合理、合法地收集用户的信息，建立数据库，如可以利用用户浏览或者点击网页页面等收集用户查找房源的相关信息，根据用户的浏览痕迹向客户推荐相应的房源。数据库中心根据收集的信息进行分析和处理，数据处理优化后反馈到公司进行销售方案的制定，再把公司制定的销售方案发送到网络平台，通过网络平台推送给客户。同时，公司在网络平台安全方面还需加大技术投入力度。在利用用户信息方面，需要严格监管把控，并制定相关的规定以保护好用户的隐私安全。在后期，实现网上交易支付时需要安全的网络平台以及相关的法律法规予以保障。政府相关部门对互联网环境也应进行严加监管，如建立责任制度、加强对网络银行和认证机构的监管，同时还需要制定法律法规明确银行在网上支付过程中应有的义务与法律责任，给予用户更多有效的保护。另外，公司内部和外部也应多方努力，对保护用户的隐私以及房产交易支付的网络安全体系加强完善，保证网络平台的安全性。

随着互联网的快速发展，房地产企业营销模式应加以创新，尤其可以利用互联网开拓创新线上营销模式。本节主要研究互联网背景下 A 公司的营销策略。首先，通过查找相关文献并分析，了解互联网房地产发展的趋势。其次，通过调查问卷，从 4P（即产品、价格、渠道、促销）四个方面对公司营销现状进行分析。再次，分析 A 公司网络营销模式上的优势和劣势。最后，提出营销策略优化建议。A公司作为较知名的房地产代理公司，在互联网科技方面做出了很多的研究和投入，本节结合其现有网络营销模式进行分析，并对此提出相应的建议，为该公司的网络营销策略优化提供了参考。

第二节　个人住房抵押贷款风险与防范

当个人信贷买房逐渐走进人们生活的时候，个人住房抵押贷款风险问题已成为当今热门的话题。本节分析个人住房抵押贷款风险类型，探讨其产生的原因，并提出了相应的防范对策。

所谓个人住房抵押贷款是指借款人向房地产开发商购买房产，在借款人支付不少于30%的首期款后，银行可按高于70%的额度进行贷款垫付，在银行本息未还清之前，房产证由银行质押，该房产的权益为银行所有。个人住房抵押贷款属于消费信用的方式之一，可在一定程度上缓和消费者的经济压力。然而，受个人住房贷款业务的贷款笔数多、贷款周期长、还款方式特殊等众多因素的影响，个人住房贷款也会具有一定的风险，甚至可能引发金融震荡，如20世纪70年代英国的德比银行事件、80年代美国住房抵押公司风波、90年代日本的住房金融案件以及1997年开始的东南亚金融危机的发生，均与房地产金融风险紧密相关。此外，之前发生的全球金融危机，在某种程度上也与房地产金融风险有直接关系。因此，认真分析个人住房抵押贷款风险的特点，积极防范，才能有利于房地产市场健康有序发展，保障消费者利益。

一、个人住房抵押贷款风险类型

随着个人购房的人数越来越多，个人住房抵押贷款风险也逐渐增大。个人住房贷款的风险主要表现为操作风险、信用风险、市场风险、管理风险和法律风险。

1. 操作风险

由于个人住房贷款的客户数量多，在实际操作中银行无法像公司客户那样进行深入的调查，而且个人贷款市场竞争日趋激烈，一些基层银行重营销、轻管理，各项规章制度落实不到位，也给个人住房贷款业务带来了重大隐患，容易出现"假按揭"，导致贷款被骗，同时也容易被内部人员浑水摸鱼，作案盗取资金等。因此，个人住房贷款业务存在较大的操作风险。

2. 信用风险

在个人住房贷款业务中，由于我国个人征信体系不完善、贷款期限长等因素，存在较多的不确定性，因此面临较大的信用风险。个人住房贷款业务信用风险涉及开发商、购房人两个方面。与开发商相关的信用风险，主要涉及开发商欺诈、项目拖期、质量纠纷、违法预售等问题。来源于购房人的信用风险，则包括自然原因、社会原因导致借款人失去还款能力，以及由于主观因素、信用意识差等导致的拖延还款或赖账不还等。

3. 市场风险

在个人住房贷款业务中，贷款人一般都需提供房产抵押，贷款的第二还款来源受房地产市场影响，也面临着较大的市场风险，特别是主要依赖未来预期收益而支撑高房价的商业用房，以及期房按揭，更面临着巨大的市场风险。市场风险主要来自市场供应风险、市场周期风险、政策性风险、变现风险和利率风险等。

4. 管理风险

目前，银行对个人住房贷款的决策管理尚缺乏成熟的经验和有效的手段，容易形成管理和决策风险，如对借款人资质审查不严、手续不完整、放松贷款条件、向借款人发放了超过其支付能力的款项等。管理风险主要表现为资金来源和资金运用期限结构不匹配导致的流动性风险，以及抵押物保管不善和贷后管理工作薄弱所带来的风险。

5. 法律风险

法律风险是由于现行法制环境的限制给银行贷款带来的潜在风险。我国现有立法、司法、执法等制度及相关配套措施不够完善，也给银行个人住房贷款带来了一定的法律风险。例如，商品房买卖合同被确认无效或者被撤销、解除，银行与借款人签订的抵押合同也将随之解除，而此时银行的贷款已经发放，银行原本享有的优先受偿权（债权）将沦为一般的返还请求权，贷款安全性因此大大降低。此外，由于我国目前还没有建立个人破产制度，这也给个人住房逾期贷款的追偿带来了很大困难。

二、个人住房抵押风险的成因分析

1. 住房产业政策长期目标的短期化

个人住房消费水平本质上不是取决于金融机构的社会资金配置能力，而是取决于国民经济发展状况和国民收入增长状况。据世界银行统计，住房价格与家庭年收入比应保持在 3~6 倍，认为这是形成有效的个人住房直接消费市场和推行住房商品化的基本条件。而我国大中城市的商品房价格与家庭年收入之比普遍在 16~18 倍，远远超出居民实际购房能力。一方面，与个人消费能力严重脱节的高房价使相当一部分商品房有价无市。据有关资料统计，2004 年底，全国商品房空置率已达 26%，已大大超过国际公认的 10% 的警戒线。另一方面，这种供需不平衡被片面理解为个人住房"有效"需求不足，为了短期内提高中国居民的住房需求，银行多给予个人高额和高成数的住房贷款，依靠扩张性的金融政策来扩大住房需求，而不考虑个人的收入状况、居民未来的偿还能力及今后生活保障能力，这些不可避免地增加了银行贷款的风险。

2. 个人信用意识淡漠，信用机制缺失

在现代经济生活中，信用制度是必不可少的，它是整个市场经济运行的基础。信用制度的完善与否，从一个侧面反映了一国经济发展水平和国民素质的高低。在西方国家，通过社会信用制度的建立，形成了较为完善的全社会性的信用文化以及大众诚实守信的道德规范，市场运行规范和秩序较为健全，信用成为整个市场经济运行的通行证。如果有人一旦有失信记录在案，那么其在社会经济生活中简直寸步难行。在我国，有关信用的法律法规尚不完善，社会信用制度及管理体系也不足，信用卡恶意透支等问题屡屡发生。人们越来越关注的是社会诚信风气的树立。信用机制在广泛意义上维系着一种经济惩罚制度，它让失信者生活环境恶化，这是对失信者最有效的惩罚。这种打击失信者的社会联防是十分有效的，它可以整治市场上存在的失信现象，使市场的失信行为和银行的不良信贷问题逐步得到控制。

3. 银行客户资源共享机制缺失

如果客户在一家商业银行申请个人住房贷款，同时在另一家银行为第二套甚至第三套房屋申请贷款，按照现行房价走势，其月供的压力可想而知。贷款人同时为两套以上的房屋还款，放贷的银行均有不良资产出现的可能。在现行的银行机制下，法人客户在其他银行的存贷情况可以通过银行间的网络查询得到，但对于个人客户，这项业务尚属空白。不允许对自然人客户随意查询可以有效地防止银行商业秘密的泄露，因为客户资源，尤其是优质客户资源，是商业银行创收的重要来源。如果允许随意查询客户资源，不能排除有的银行有"挖墙脚"之嫌。因此，要达到客户资源共享的目的，在技术操作上应有所创新。对有可能构成不良信用行为的客户，银行应出具书面《申请查询理由书》，由另一家银行协助查询。

三、个人住房抵押贷款的风险防范与对策

由于房地产风险的复杂性和长期性，其与银行金融业联系紧密，房地产风险防范应从房地产市场和房地产金融两方面"双管齐下"，在房地产市场宏观调控的基础上，立足于建立和健全个人信用制度、建设良好的信用环境、加快住房抵押贷款证券化步伐等长效机制的建立。

1. 建立健全个人信用制度

对银行而言，信用风险已成为个人住房抵押贷款中的主要风险，而对其进行管理也就变得越来越重要。我国居民个人的信用状况与建设社会主义市场经济的需求有许多不相适应的地方，但在金融业中一系列旨在推动个人信用制度建立的举措正在悄然进行，表明个人信用制度建设已引起有关方面的关注，也符合时代的需要。因此，借鉴国外建立个人信用制度的成熟经验，再结合国内实际，建立我国的个人信用制度已成为当务之急。

2. 营造良好的信用环境

社会信用体系的进一步发展是银行和金融界增强企业自身实力和提高效益的必要条件，根据客户信息建立可操作性强、反应信息灵敏的信用评级系统是国外金融、消费及服务性行业的热点。银行可以根据客户长期的信贷行为信息建立客户关系管理体系，其特点是能根据客户过去的借贷、消费、欠款、还款及记忆信息发现规律，从而预测个体或某个客户群体的行为、动态走向以及可能的利润额和风险度。对那些信用记录良好的客户，在放贷时可以适当放宽条件，而对那些信用记录不良的客户，则要加大监督检查的力度，并在放贷时严格按条件执行。目前虽有银行在做这方面的工作，但是其信息的可信度、时效性、灵敏度以及对风险防范的指导意义都有待提高。

3. 加快住房抵押贷款证券化步伐

一方面，为了遏制通货膨胀，央行严控信贷规模，商业银行贷款指标普遍吃紧。另一方面，住房消费需要大量的抵押贷款，而这些贷款期限往往长达20~30年，占用了银行有限的贷款额度。为此，既要为房地产市场消费保驾护航，又要防范商业银行面临的金融风险，两全之策就在于大力推行住房抵押贷款证券化。实施住房抵押贷款证券化，可以将抵押贷款以债券的形式向社会出售，既回笼了闲散资金，减少了流通货币，达到化解通货膨胀压力的功效，又在不增加银行贷款指标的前提下确保充沛的住房抵押贷款来源。目前，借鉴国外较为成功的做法设计我国住房抵押贷款证券化的模式及营造贷款证券化的环境应是有益的。

当前新冠肺炎病毒肆虐全球，国际社会面临经济不景气、地区房地产价格持续低迷的现实，因此必须客观理性地审视我国住房按揭贷款市场的风险，积极学习发达国家的成功经验。同时，密切关注宏观经济与金融市场变化，强化宏观风险研究，建立健全个人信用制度，营造良好的信用环境，加快住房抵押贷款证券化步伐，使房地产抵押贷款风险降到最低限度，促进房地产业健康、有序发展。

参考文献

［1］中国农业科学院农业自然资源和农业区划研究所，农业部全国土壤肥料总站．中国耕地资源及开发利用［M］．北京：测绘出版社，1992．

［2］张婷，骆希，蔡海生．江西省耕地的动态变化及驱动因子［J］．水土保持通报，2014，34（3）：305-310．

［3］杨晓红．贵州省耕地资源现状与可持续利用对策［J］．贵州农业科学，2017，45（9）：129-132．

［4］Healy S A. Science, technology and future sustainability［J］. Futures, 1995, 27（6）：611-625.

［5］Blume H P, Eger H, Fleischhauer E, et al. Towards sustainable land use：Furthering cooperation between people and institutions［R］. International Soil Conservation Organisation（ISCO）, 1998, 96（2）：125-126.

［6］Skolow. Property tax impucis on the liming of land use conversion［J］. Journal of Woman's Healh, 2000（2）：113-117.

［7］黄开成．吉安市耕地资源变化及其空间分布特征研究［J］．现代营销（下旬刊），2018（1）：119-121．

［8］张志东．博罗县耕地变化及其影响因素分析［J］．中国农业资源与区划，2017，38（5）：155-160．

［9］王楠．河南省耕地数量变化及其驱动力分析［J］．价值工程，2016，35（20）：50-52．

［10］朱红波．我国耕地资源质量安全及其现状分析［C］．中国土地学会2008年学术年会论文集，2008：487-492．

［11］李值斌，吴绍华．浙江省耕地资源的安全保障与评价［J］．国土资源科技管理，2005（1）：8-11．

[12] 黄宏胜，邵新霞，钟海燕．江西省婺源县耕地占补平衡实施效果评价及其改进对策 [J].浙江农业科学，2020，61（1）：162-165.

[13] 贵州省统计局．贵州省国民经济和社会发展统计公报 [R].2018.

[14] 何志伟．农村耕地减少对我国经济和社会可持续发展的影响 [J].科技经济市场，2013（10）：123-125.

[15] 余霜，李光，冉瑞平．基于 Logistic-ISM 模型的喀斯特地区农户耕地保护行为影响因素分析 [J].地理与地理信息科学，2014，30（3）：140-144，149.

[16] 韩丽华．山东省耕地数量变化分析及保护措施研究 [D].曲阜：曲阜师范大学，2015.

[17] 侯艳丽，马俊．我国耕地面积变化的影响因素分析及政策建议 [J].安徽农业科学，2019，47（18）：60-64.

[18] 吴晓灵，郝润梅．内蒙古自治区耕地面积变化驱动力分析 [J].国土与自然资源研究，2019（6）：48-50.

[19] 李博．贵州省耕地面积的时空变化及驱动力分析 [C].2013 年西部十三省区市土地学会学术交流会论文集，2013：129-146.

[20] 文森，邱道持，杨庆媛．耕地资源安全评价指标体系研究 [J].农业资源与环境科学，2007，23（8）：466-470.

[21] 韩书成，李丹，熊建华，等．广州市耕地资源数量变化及其对粮食安全的影响 [J].农林经济管理学报，2016，15（6）：648-654.

[22] 罗康隆．地方性知识与生存安全——以贵州麻山苗族治理石漠化灾变为例 [J].西南民族大学学报（人文社会科学版），2011（7）：6-12.

[23] 陈英，谢保鹏，张仁陟．农民土地价值观代际差异研究——基于甘肃天水地区调查数据的实证分析 [J].干旱区资源与环境，2013，27（10）：51-57.

[24] 许一波．转型与嬗变——城市化进程中农民土地意识的实证研究 [D].长沙：湖南师范大学，2006.

[25] 李燕萍，侯烜方．新生代女性工作价值观对利他行为影响的实证研究 [J].武汉大学学报（哲学社会科学版），2013，66（4）：123-129.

[26] 张玉娇，陈英，刘洋，等．农民土地价值观对耕地利用效率的影响 [J].干旱区资源与环境，2017，31（10）：19-25.

[27] Berry J W, Pooringe Y H, Breugelmans S M, et al. Cross-cultural psychol-

ogy：Research and applications ［M］．Cambrige：Cambrige University Press，1992：51-58.

［28］Schwartz S H，Boehnke K．Evaluating the structcre of human values with confirmatory factor analysis ［J］．Journal of Research in Personaliy，2002，38：230-255.

［29］Hitlin S，Piliavin J A．Values：Reviving a dormant concept ［J］．Annual Review of Sociology，2004，30：359-393.

［30］Bardi A，Schwartz S H．Values and behavior：Strength and structure of relations ［J］．Personality and Social Psychology Bulletin，2003，29：1207-1220.

［31］康来云．乡土情结与土地价值观——改革开放 30 年来中国农村土地的历史变迁 ［J］．河南社会科学，2009，17（5）：46-48.

［32］张雪．农民土地价值观念变化研究 ［D］．济南：山东大学，2010.

［33］傅颖秀．农民土地价值观：描述、测度及实证研究 ［D］．兰州：甘肃农业大学，2014.

［34］黄思琴．农户土地价值观分化对耕地保护行为的影响研究 ［D］．兰州：甘肃农业大学，2015.

［35］唐晶．农民土地价值观异质性及对土地利用行为决策的影响 ［D］．兰州：甘肃农业大学，2017.

［36］汪倩．侗族传统村落结构与空间形态研究——以三江侗族自治县林略村为例 ［D］．广西民族大学，2018.

［37］朱琳．北京山区农民土地价值观念变化及其对土地利用的影响 ［D］．北京：中国农业大学，2009.

［38］裴婷婷．农民土地价值观对农地利用的影响研究——以甘肃河西走廊地区为例 ［D］．兰州：甘肃农业大学，2014.

［39］陈平．保护·传承·创新——基于转型期黎平侗族传统文化的研究 ［D］．上海：东华大学，2014.

［40］黔东南州民族宗教事务委员会．黔东南州世居少数民族文化丛书：侗族卷 ［M］．贵阳：贵州大学出版社，2017.

［41］周俊．问卷数据分析——破解 SPSS 的六类分析思路 ［M］．北京：电子工业出版社，2017.

［42］何晓群．现代统计分析方法与应用（第 3 版）［M］．北京：中国人民大学出版社，2012.

［43］钟莉娜，王军，白钟科．农用地整理对区域景观动态与生态风险影响研究——以福建省建溪流域为例［J］．中国土地科学，2019，33（1）：73-82.

［44］余霜，李光，陈庆富．贵州省退耕还林工程背景下的土地生产潜力评价［J］．南方农业，2011，5（6）：10-15.

［45］叶秀如．农村土地开发整理要与城镇化建设互动发展［J］．发展研究，2005（5）：22-24.

［46］朱志勇．土地整理潜力与效益研究［J］．乡镇经济，2005（8）：35-37.

［47］刘岗，陶军德．县级土地开发整理复垦规划初探［J］．国土与自然资源研究，2000（4）：38-39.

［48］Meuser, F J, Europaische fachtagung flurbereingung 1988［R］. Analyse der Ergebnissie. Technische Universitat Munchen, Munchen, 1992.

［49］Lisec, A, Cerjak, M, Pintar, M, The influence of the land consolidation on the ecological elements in the rural landscape［R］. Proceedings of the 6th International Conference Environmental Engineering, May26-27, Vilnius, Lithuania, 2005.

［50］曲福田．典型国家和地区土地整理的经验及启示［J］．资源与人居环境，2007（20）：12-17.

［51］吴怀静，杨山．基于可持续发展的土地整理评价指标体系研究［J］．地理与地理信息科学，2004（6）：61-64.

［52］鞠正山，罗明，张凤荣，等．我国区域土地整理的方向［J］．农业工程学报，2003（2）：6-11.

［53］潘家恩．中国当代乡村建设的限制与突破［J］．小城镇建设，2005（11）：43-45，70.

［54］郭立新．浅析"农村土地流转"［J］．资源导刊，2016（4）：25.

［55］马峰．土地流转对农业经济的影响分析［J］．经济管理文摘，2021（18）：7-8.

［56］王平．农村土地流转存在的问题及对策分析［J］．财富生活，2019（14）：81-82.

［57］张少威，韩琥珀，杨春波．土地流转绽放活力［J］．人大建设，2014（1）：36-38.

［58］张贤锥．农村土地流转存在问题及对策建议［J］．农村经济与科技，2019，30（22）：18-19.

［59］卢文奇．农村土地流转现状及其影响因素分析——基于 CHARLS 的实证研究［J］．湖北农业科学，2017，56（4）：779-782．

［60］宋丹．民勤县农村土地流转现状及影响因素分析［D］．兰州：兰州大学，2017．

［61］陈银蓉，梅昀．农村土地流转交易机制与制度研究［M］．北京：科学出版社，2017（6）：81-82．

［62］周莹，于建军．我国农村土地流转机制的实践意义及其反思［J］．农业与技术，2016，36（10）：163．

［63］李建珍．浅谈农村土地流转对农村经济发展的作用［J］．经济师，2018（2）：36，38．

［64］史洁琼．我国农村土地流转运行机制研究［D］．河南：河南大学，2013．

［65］杨学成，曾启．试论农村土地流转的市场化［J］．农业经济问题，1994（6）：27-30．

［66］伍振军．土地流转现状与机遇［J］．时事报告（大学生版），2014（2）：36-44．

［67］徐婷婷．国内外土地流转研究现状综述［J］．现代交际，2018（2）：235-236．

［68］魏巧梭．我国农村土地流转问题研究述评［J］．商，2014（26）：49．

［69］陈璐，费佩．国内外土地流转制度的研究综述［J］．知识经济，2010（2）：59．

［70］苏祥鼎，余宝钗．农村土地流转的研究综述［J］．农村经济与科技，2017（24）：154-155，163．

［71］刘莉君．农村土地流转的国内外研究综述［J］．湖南科技大学学报（社会科学版），2013（1）：95-99．

［72］易艳霞，林寰．国内外农村土地流转现状及影响因素研究综述［J］．安徽农业科学，2015（20）：192-193．

［73］刘珺．农村土地撂荒问题与对策研究——以湖北省为例［J］．法制与社会，2015（27）：212-213．

［74］Prishchepov A，Radeloff V，Muller D，et al. Determinants of agricultural land abandonment in post-Soviet European Russia［R］. Leibniz institute for agricultural development in central and east europe，2011．

［75］Gellrich M, Zimmermann N. Investing the regionalscale pattern of agricultural land abandonmetin the Swiss mountians: A spatial statistical modelling approach ［J］. Landscape and urban planning, 2007, 79: 65-76.

［76］Stokstad G. Exit from farming and land abandonment in Northern Norway ［R］. Norwegian forest and landscape institute, 2010.

［77］史铁丑, 李秀彬. 欧洲耕地撂荒研究及对我国的启示 ［J］. 地理与地理信息科学, 2013, 29（3）: 101-103.

［78］陈颖, 邓国美, 蔡承智. 浅析轻耕在贵州山区撂荒地上的利用 ［J］. 山地农业生物学报, 2013, 32（6）: 544-546.

［79］王朝军. 加快撂荒土地整治 挖掘耕地生产潜力 ［J］. 农业科技与信息, 2018（10）: 70-71.

［80］王志强. 多管齐下遏制耕地撂荒——以陇西县碧岩镇为例 ［J］. 发展, 2018（12）: 49.

［81］李兴元. 农村土地撂荒问题对农民收入的影响 ［J］. 知识经济, 2017（8）: 34-35.

［82］陈海燕. 浅议农村撂荒地问题成因及对策 ［J］. 现代经济信息, 2015（19）: 139.

［83］郑泽洪. 重庆市江津区支坪镇撂荒地形成的原因及其治理措施 ［J］. 安徽农学通报, 2016, 22（7）: 11-12.

［84］牛继强, 林昊, 牛樱楠, 等. 经济欠发达地区撂荒耕地空间格局与驱动因素分析 ［J］. 农业机械学报, 2017, 48（2）: 141-149.

［85］Dufty Neil. The use of social media in countrywide disaster risk reduction public awareness strategies ［J］. Australian Journal of Emergency Management, 2015, 30（1）: 11-16.

［86］Newby P T. Towards an understanding of landscape quality ［J］. Landscape Research, 1979, 4（2）.

［87］Deininger Klaus, Jin Songqing. Land Sales and rental markets in transition: Evidence from rural vietnam ［J］. Oxford Bulletin of Economics and Statistics, 2008, 70（1）.

［88］严海涛. 农村宅基地制度现状与改革探讨 ［J］. 甘肃农业, 2015（21）: 12-15.

［89］王春娟, 姚鸿韦. 农村劳动力迁移影响机制研究 ［J］. 合作经济与科

技，2016（23）：124-126.

［90］贺达水，高强．宅基地制度改革应从四方面着手［J］．农村经营管理，2018（12）：22.

［91］唐丽．宅基地使用权确权对农户宅基地流转意愿的影响研究［D］．武汉：华中师范大学，2016.

［92］佟日红．探析农村宅基地使用权的继承问题［J］．法制与经济，2017（10）：99-101.

［93］辜胜阻．中国两类人口迁移比较研究［J］．中国人口科学，1991（4）：16-21.

［94］马晓双，金丽馥．基于宅基地视角下的增加农民财产性收入研究［J］．改革与开放，2018，488（11）：106-108.

［95］吴九兴，王玉洁．农村宅基地制度改革对乡村转型的影响研究［J］．江西农业学报，2018，30（12）：150-154.

［96］郭欢欢，郑财贵，牛德利．不同情景下的人口迁移及其对农村土地利用影响研究——以重庆市为例［J］．长江流域资源与环境，2014（7）：14-19.

［97］杨岩枫，谢俊奇，姜广辉．我国宅基地使用管理制度的演变、存在问题和改革途径——基于北京市的调查［J］．国土资源科技管理，2017，34（1）：65-72.

［98］李浩媛，段文技．中国农村宅基地制度改革的基底分析与路径选择——基于15个试点县（市、区）的分析［J］．世界农业，2017（9）：12-16.

［99］王成量，陈美球，鲁燕飞．突破本村集体宅基地流转的农户意愿及其影响因素［J］．江苏农业科学，2017（9）：144-148.

［100］陈璐，韩学平．农村宅基地使用权流转制度改革的立法完善对策［J］．农业经济，2017（1）：79-81.

［101］张皓星．洛阳市土地利用效益评价及协调度分析［D］．开封：河南大学，2014.

［102］傅伯杰．土地评价研究的回顾与展望［J］．自然资源，1990（3）：1-7.

［103］李欣．芜湖市城市土地利用效益综合评价研究［D］．合肥：安徽农业大学，2018.

［104］杜栋，庞庆华，吴炎．现代综合评价方法与案例精选（第三版）［M］．北京：清华大学出版社，2015.

［105］刘喜广，刘朝晖．城市土地利用效益评价研究［J］．华中农业大学学报（社会科学版），2005（4）：91-95.

［106］向亚丽．西安市土地利用效益评价研究［D］．西安：长安大学，2009.

［107］王婷．昌吉国家农业科技园区土地利用效益评价［D］．乌鲁木齐：新疆农业大学，2013.

［108］黎典."两型社会"背景下长株潭城市土地利用效益评价研究［D］．长沙：湖南师范大学，2014.

［109］陈美婷．观光农业区土地利用效益评价研究——张裕瑞纳城堡酒庄为例［D］．西安：西安建筑科技大学，2017.

［110］王琼．我国沿海城市土地利用效益评价研究［D］．保定：河北大学，2019.

［111］余霜，李光，杨筱珊，柴娇娇．新型城镇化建设对安顺市土地利用结构的影响研究［J］．南方农业，2016，10（22）：40-42.

［112］余霜，李光．贵州省农业产业结构调整对农民收入的影响研究［J］．湖北农业科学，2016，55（4）：1047-1050.

［113］Sofie Hendriks, Mareille Maria Verseveld, Egbert Roeland Boevé, Robert Roomer. Successful endoscopic treatment of a large impacted gallstone in the duodenum using laser lithotripsy, Bouveret's syndrome: A case report［J］. World Journal of Gastroenterology, 2020, 26（19）：2458-2463.

［114］Anthony Gar-On YEH. Discovery of transition rules for geographical cellular automata by using ant colony optimization［J］. Science in China（Series D：Earth Sciences），2007（10）：1578-1588.

［115］廖莎，肖海．建设占用耕地的耕作层剥离与再利用模式研究［J］．时代农机，2015（12）：70-72.

［116］阳福英，罗伟玲．广东省耕作层土壤剥离再利用途径探讨［J］．农村经济与科技，2018，29（5）：4-6.

［117］雷锡琼，郑杰炳，李惠敏，等．重庆市耕作层土壤剥离再利用模式与对策研究［J］．资源节约与环保，2018（3）：62-63.

［118］张欣．新时期提升我国耕地保护实效的思考［J］．居舍，2019（16）：192.

［119］付坚强．土地空间权制度研究［D］．南京：南京农业大学，2013.

［120］张雅芹，闫弘文，潘凤玉．区域建设用地节约集约利用评价理想值确定方法探讨——以山东省为例［J］．安徽农业科学，2018，46（6）：216-218，222．

［121］程帆．黑龙江省耕地资源可持续利用评价研究［D］．哈尔滨：东北农业大学，2018．

［122］潘含岳，周文春，赵烨，等．建设占用耕地表土剥离与再利用的实践［J］．西部大开发（土地开发工程研究），2018，3（6）：50-55．

［123］王威平．浙江省W市违法用地问题剖析及其对策探讨［D］．南昌：江西农业大学，2017．

［124］高国忠，徐红新，梁亚．农村土地违法行为分析及对策研究［J］．河北师范大学学报（哲学社会科学版），2012，35（2）：59-63．

［125］李桂成．关于农村违法用地情况的调研［J］．吉林农业，2011（7）：53．

［126］Lane M B. The role of planning in achieving indigenous land justice and community goals［J］. Land Use Policy，2005，23（4）：25-29.

［127］Long H，Heilig G K，Li X B，et al. Socio-economic development and land-use change：Analysis of rural housing land transition in the Transect of the Yangtse River［J］. Land Use Policy，2005，24（1）：141-153.

［128］安顺市统计局，国家统计局安顺调查队．安顺市西秀区年国民经济和社会发展统计公报［R］．贵州安顺，2014-2018．

［129］中国国家标准化管理委员会．GB/T2010—2017中华人民共和国国家标准土地利用现状分类［S］．北京：中国标准出版社，2017．

［130］谢文淦．福建省连江县农村非法占地现状分析与对策研究［D］．福州：福建农林大学，2018．

［131］陈裕．河源市违法用地成因与对策研究［D］．广州：华南农业大学，2016．

［132］安顺市西秀区人民政府．安顺市西秀区人民政府办公室关于印发西秀区2018年村庄规划全覆盖工作方案的通知［Z］．贵州安顺，2020．

［133］陈唯．长乐区土地违法及执法监察的现状及对策研究［D］．福州：福建农林大学，2018．

［134］朱龙．基于RS-GIS的瑞昌市土地利用变化与土地生态安全评价研究［D］．南昌：东华理工大学，2018．

［135］陈静．丰都县土地利用变化与土地生态安全评价研究［D］．重庆：西南大学，2016.

［136］万利．城乡交错带土地利用变化的生态环境影响研究［D］．北京：中国农业科学院，2009.

［137］胡金龙．漓江流域土地利用变化及生态效应研究［D］．武汉：华中农业大学，2016.

［138］李尚泽．基于土地利用变化的生态效应研究——以张掖市甘州区为例［D］．兰州：甘肃农业大学，2018.

［139］张运祺．开封市土地利用与生态协调评价［D］．开封：河南大学，2012.

［140］王红玲，林建平．汕头市土地利用变化及其对生态环境的影响［J］．安徽农业科学，2010，38（13）：6792-6795，6830.

［141］李晓炜，侯西勇，邸向红，等．从生态系统服务角度探究土地利用变化引起的生态失衡——以莱州湾海岸带为例［J］．生态学报，2016，33（8）：16-19.

［142］王琎，吴志峰，李少英，等．珠江口湾区海岸线及沿岸土地利用变化遥感监测与分析［J］．地理科学，2016，8（12）：131-135.

［143］余霜，李光．石漠化治理中农户行为研究［J］．宁夏农林科技，2015，22（3）：11-23.

［144］赵宏志．基于农用地分等成果的永久基本农田划定研究［D］．西安：长安大学，2014：5.

［145］余霜，李光．贵州省农户采用石漠化治理技术的实证分析［J］．农村经济与科技，2015，26（3）：5-7.

［146］彭建旸，谢盼，刘焱序．基于生态系统服务供需的广东省绿地生态网络建设分区［J］．生态学报，2017，5（8）：13-16.

［147］林坚，刘松雪，付雅洁，等．西部欠发达地区乡镇土地利用生态效应评价研究——以甘肃省榆中县为例［J］．城市发展研究，2017，9（2）：121-124.

［148］许小亮，李鑫，肖长江，等．基于CLUE-S模型的不同情景下区域土地利用布局优化［J］．生态学报，2016，41（17）：26-28.

［149］李原．德昌县土地利用动态变化及预测研究［D］．雅安：四川农业大学，2014.

［150］王万茂．基本农田保护历史与反思［J］．中国土地，2009（6）：23-25.

［151］彭而瑞，王穗，郝莉莎，等．云南耕地与基本农田保护现状分析及对策研究［J］．资源与产业，2009，8（11）：59-63.

［152］薛凤蕊，沈月领，秦富．国内外耕地保护政策研究［J］．世界农业，2013（6）：49-53.

［153］雍新琴，舒帮荣，陈龙高，等．耕地保护县域补偿机制研究［J］．资源科学，2013，35（9）：1863-1870.

［154］刘彦随，乔陆印．中国新型城镇化背景下耕地保护制度与政策创新［J］．经济地理，2014，34（4）：1-6.

［155］徐力恒．杭州市富阳区耕地质量的现状与对策［J］．农业科技与信息，2019（11）：34-37.

［156］罗宁．快速城镇化背景下的耕地质量演变与保护机制［J］．河南科学，2019，37（5）：847-853.

［157］杨建云．河南省工业化和城镇化进程中耕地保护问题研究［J］．国土资源科技管理，2013，2（15）：85-99.

［158］王姝宇．城镇化进程中耕地保护问题研究［J］．吉林农业，2014，3（23）：54-61.

［159］练绮绮．浅析城镇化进程中的耕地保护［J］．南方农业，2018，5（15）：49-58.

［160］陈修兰，吴信如．新型城镇化背景下农村空心化现状及浙江省6市581名村民的调查数据［J］．西安财经学院学报，2018（6）：364-378.

［161］张明斗，曲峻熙．新型城镇化进程中的农村空心化治理［J］．农村经济，2017，12（23）：458-466.

［162］黄开腾．农村空心化治理研究一个综述的视角［J］．农业经济，2018，12（1）：124-130.

［163］张桂凤，丁巨峰．浅谈农村"空心化"的现状、成因及应对措施［J］．农民致富之友，2019，31（4）：452-462.

［164］殷俊，杨政怡．银发族缘何重返劳动领域——城乡二元老年劳动参与研究［J］．西安财经学院学报，2016，29（4）：81-86.

［165］陈晖涛．农村特色产业与农村就地城镇化互动关系与实现路径［J］．福建农林大学学报（哲学社会科学版），2016，19（5）：29-33.

［166］徐媛媛，孙浩，燕彬．农村人口年龄结构变动对居民消费的影响研究［J］．西北人口，2016（37）：112-117.

［167］蔡华平，于莉．新型城镇化背景下城郊失地农民身份认同研究［J］．浙江农业学，2018，59（4）：666-670.

［168］陈恩，谢珊一．中部地区新型城镇化发展的区域特征及其影响因素分析［J］．浙江农业科学，2018，39（3）：18-26.

［169］陈晖涛，郑传芳．农村城镇化与城乡一体化的相关性分析［J］．中共福建省委党校学报，2013（7）：389-397.

［170］彭召元．我国农村空心化的现状与治理——基于 H 省 S 村和 M 村的案例研究［J］．天水行政学院学报，2017（3）：68-76.

［171］陈星宇，任兆昌，秦桂芬．社会主义新农村建设与"空心村"问题探析［J］．云南农业大学学报，2013，7（4）：6-9.

［172］朱道才．中国农村"空心化"问题研究进展与启示［J］．兰州商学院学报，2012（5）：692-712.

［173］熊杰．房地产网络营销中的方法与策略研究［J］．中国市场，2018（20）：136-141.

［174］李佳男，高文杰．成都市地产滞销产品营销策略研究与选择［J］．电子商务，2017（8）：93-95.

［175］王春云．互联网下我国房地产营销策略分析［J］．福建材料，2020（5）：111-113.

［176］田平均．宏观背景下的房地产市场营销策略探讨［J］．现代营销（下旬刊），2017（7）：56-74.

［177］郭欣．房地产营销的创新及实践［J］．现代国企研究，2016（20）：225-226.

［178］Richard Hoffman. Choosing your China structure：Foreign-Invested commercial enterprises［J］. Beijing Review，2010，53（1）：38.

［179］Kyungik Gil，Jiyeol. Non-point source analysis of a railway bridge area using statistical method：Case study of a concrete road-bed［J］. Journal of Environmental Sciences，2014，26（6）：1321-1324.

［180］Vargo S L，lusch R F. Evolving to a New dominant logic for marketing［J］. Journal of Marketing，2004，68（1）：1-17.

［181］王泽亮．宏观经济调控背景下房地产企业长远发展的研究［J］．商场

现代化，2010（25）：104-105.

［182］沈明莉．房地产营销策略的影响因素思考［J］．老字号品牌营销，2020（3）：33-34.

［183］魏永成．大数据在房地产市场营销中的应用探讨［J］．现代营销，2020（3）：95-96.

［184］董玥玥，周长荣．互联网下的我国房地产营销策略思考［J］．环渤海经济瞭望，2017（12）：59.

［185］聂平莉．房地产营销中相关问题及措施探究［J］．全国商情，2013（32）：37-38.

［186］曹春尧．房地产营销策划［M］．上海：上海财经大学出版社，2012.

［187］何竞平.5G时代房地产营销的未来展望、挑战及对策——基于4P理论的分析［J］．中国房地产，2019（27）：73-79.

［188］孙艺玮．浅析营销策略选择与营销手段创新［D］．青岛：青岛科技大学，2017.

［189］张倩．体验式营销的特征和实施策略探讨［J］．当代经济，2014，52（3）：321-322.

［190］袁丽君．基于房地产项目在政策调控下的营销策略分析［J］．智库时代，2019（19）：65-66.

［191］李晨丽.G房地产公司A项目营销策略研究［D］．厦门：厦门大学，2017.

［192］仇海燕．试析房地产企业战略预算管理体系的构建［J］．时代金融，2017（35）：71-72.

［193］霍妍．房地产营销市场策略分析［J］．纳税，2018（9）：193.

［194］李易娟．基于宏观调控政策的房地产市场营销策略分析［J］．现代经济信息，2018（1）：366.

［195］Engel E, Fischer R, Galetpvic A. Highway: Franchising and real estate values［J］. Journal of Urban Economics, 2005, 57（3）：432-448.

［196］Bernheim B D, Meer J. Do real estate brokers add value when listing services are unbundled［J］. Economic Inquiry, 2013, 51（2）：1166-1182.

［197］肖凡．基于消费心理的房地产营销策略分析［J］．科技与创新，2016（8）：38.

［198］Böttcher M, Spott M, Nauck D, et al. Mining changing customer segments in segmentation markets［J］. Expert Systems with Application，2009，36（1）：155-164.

［199］Allen M T，Cadena A，Rutherford，et al. Effects of real estate brokers' marketing strategies：Public open houses，broker open houses，MLS virvual tours，and MLS photograghs［J］. MLS Virtual Tours，and MLS Photographs，Journal of Real Estate Research，2015，37（3）：343-369.

［200］洪娟. 基于微信自媒体的房地产营销推广应用研究［J］. 企业改革与管理，2016（24）：91.

［201］任俊峰. "互联网+"背景下房地产营销模式选择影响因素研究［D］. 郑州：河南工业大学，2017.

［202］童生生. "互联网+"房地产营销模式与策略研究［D］. 杭州：浙江工业大学，2018.

［203］刘金兰. 浅谈规避个人住房抵押贷款风险的对策［J］. 铜陵学院学报，2004（1）：49-50.

［204］赵玥. 房地产抵押价值动态评估研究［D］. 呼和浩特：内蒙古财经大学，2021.

［205］中国房地产估价师与房地产经纪人学会. 房地产开发经营与管理［M］. 北京：中国建筑工业出版社，2005.

［206］白丽华，李颖. 商业银行个人住房贷款风险分析及防范［J］. 经济师，2005（12）：227-229.

［207］黄秋英. 房地产抵押贷款评估中的潜在风险及防范解析［J］. 现代商贸工业，2021，42（13）：137-138.

［208］李虹. 房地产抵押评估风险与防范措施探究［J］. 商业观察，2021（6）：73-74.

［209］刘俊峰. 房地产抵押贷款评估中的潜在风险及防范要点［J］. 商业文化，2021（33）：95-97.

附录　调查问卷

附录1　农户土地价值观调查问卷

您好！

感谢您的合作，问卷不记您的姓名，所回答的问题，我们也会严格保密，所以，请您认真并真实地回答问题，以使我们的研究更具真实性。感谢您的支持和帮助！

一、基本信息

1. 您的性别＿＿＿＿＿。

A. 男　　　　　　　　　　B. 女

2. 您的年龄＿＿＿＿＿。

A. 20~30 岁　　　　　　B. 30~40 岁　　　　　C. 40~50 岁

D. 50~60 岁　　　　　　E. 60 岁及以上

3. 您的家庭人口数＿＿＿＿＿、劳动力数＿＿＿＿＿。

4. 您的学历＿＿＿＿＿。

A. 小学及以下　　　　　　B. 初中

C. 高中（中专）　　　　　D. 大学（大专）及以上

5. 外出（打工、从商）＿＿＿＿＿。

A. 无　　　　　　　　　　B. 1~2 年　　　　　　C. 2~5 年

D. 5~10 年　　　　　　　E. 10 年及以上

6. 您家的主要收入来源为_____。

A. 农业   B. 以农为主兼他业

C. 以他业为主兼农业   D. 非农业

二、农地利用情况

1. 农地利用方式_____。

A. 自己耕地   B. 全部流转   C. 部分流转

D. 部分撂荒   E. 全部撂荒

2. 如果 1 选 D 或 E，请您填写：

家里农地抛荒的原因是_____（可多选）

A. 种地效益低赚钱少   B. 家里劳动力不足   C. 外出务工无暇顾及家里农地

D. 土地流转困难   E. 土地贫瘠   F. 其他_____

三、农户土地价值观（请根据本村及个人实际，在符合您情况的选项里打"✓"）

序号	问题	非常同意	比较同意	同意	不同意	非常不同意
1	我对土地感情非常深厚					
2	不种地感觉不舒服					
3	我要守好土地并一辈辈传下去					
4	土地是农民的"命根子"					
5	没有土地无法生存					
6	即使有稳定工作和收入，也不愿意放弃土地					
7	相比于外出打工，我更愿意在家种地					
8	不管种不种地，有地"心里踏实"					
9	外出打工非长久之计，家里有地才给我安全感					
10	土地是我晚年养老的保障					
11	对我来说务农是改善家庭生活的重要来源					
12	经营土地比外出打工更稳定					
13	想承包更多的土地					

序号	问题	非常同意	比较同意	同意	不同意	非常不同意
14	相信依靠土地可以致富					
15	经营好土地比干什么都强					
16	种地不体面，没前途，我不想后代以种地为主					
17	将来不打算回农村，土地不重要					
18	务农收入低，种地不值得					
19	我想将土地经营权（使用权）转出，自己外出打工					
20	种地脏、累、费事					
21	虽然不耕种土地，但是土地是我的一项基础权益，土地未来可能为我带来无限收益					
22	保有土地的目的是为了获取将来土地农转非的增值收益					
23	土地于我的终极性价值在于非农收益					

附录2 房地产公司网络营销现状调查问卷

此问卷用于调查A公司网络营销策略分析，了解用户对于网络查找房源的关注度。此次调查问卷以匿名方式填写，问卷信息将严格保密，请您放心作答。感谢您的配合！

1. 您是否会通过互联网查找房源？

A. 会　　　　　　B. 不会

2. 您是否觉得通过互联网查找房源更方便、快捷？

A. 是　　　　　　B. 否

3. 您有关注A公司微信公众号或者APP吗？

A. 有　　　　　　B. 没有

4. 您是否觉得A公司微信公众号或者APP查找房源更方便、快捷？

A. 是　　　　　　B. 否

5. 您觉得 A 公司微信公众号或者 APP 的房源信息是否真实可靠？

A. 100%　　　　　　B. 70%以上　　　　　C. 60%以上　　　　　D. 60%以下

6. 您觉得 A 公司微信公众号或者 APP 查找房源的品质如何？

A. 非常好　　　　　B. 很好　　　　　　C. 一般　　　　　　D. 很差

7. 您通过 A 公司微信公众号或者 APP 喜欢查找哪些户型的房源？

A. 一房一厅　　　　B. 两房一厅　　　　C. 三房一厅　　　　D. 四房一厅

8. 您通过 A 公司微信公众号或者 APP 查找哪些类型的房源？

A. 精装修　　　　　B. 毛坯房　　　　　C. Loft（楼中楼）　　D. 其他

9. 您通过 A 公司微信公众号或者 APP 查看房源注重哪些因素？

A. 价格　　　　　　　　　B. 环境　　　　　　　　　C. 交通

D. 配套设施　　　　　　　E. 其他

10. 您通过 A 公司微信公众号或者 APP 查找房源时价格大概是在哪个范围？

A. 9000 元及以下　　　　　　　　　B. 9000～12000 元

C. 12000～15000 元　　　　　　　　D. 15000 元及以上

11. 您觉得通过 A 公司微信公众号或者 APP 推荐房源的价格如何？

A. 非常优惠　　　　B. 一般　　　　　　C. 比较贵　　　　　D. 非常贵

12. 您一般通过哪些渠道了解房源信息？

A. 互联网　　　　　B. 电视　　　　　　C. 广告　　　　　　D. 报纸

13. 您一般通过互联网哪些渠道查找房源信息？（多选）

A. 搜房网站　　　　　　　B. 抖音　　　　　　　　　C. 快手

D. APP 或微信公众号　　　E. 微博　　　　　　　　　F. 其他

14. 您在互联网营销渠道中会选择以下哪些渠道了解房源信息？

A. 分销商　　　　　B. 代理商　　　　　C. 房产经纪人　　　D. 其他

15. 您觉得 A 公司找房 APP 应增加哪些促销活动功能？

A. 特惠楼盘　　　　B. 精选楼盘　　　　C. 热门楼盘　　　　D. 推荐楼盘

16. 您觉得 A 公司找房 APP 应增加哪些促销活动？

A. 拼团活动　　　　B. 广告促销　　　　C. 积分促销　　　　D. 其他

17. 您认为 A 公司找房 APP 营销模式如何改善？（多选）

A. 提升用户体验　　　B. 实现网上支付　　　　C. 增加 APP 的互动性

D. 信息对称性　　　　E. 其他

18. 您会选择网上支付购买房产吗？

A. 会　　　　　　　　　　　　　　　　B. 不会

19. 您认为房产交易网上支付安全吗？

A. 安全　　　　　　　　　　　　B. 不安全

20. 您觉得房产交易网上支付需要完善相应的法律法规吗？

A. 需要　　　　　　　　　　　　B. 不需要

21. 您觉得房地产网上交易支付需要哪些改进？（多选）

A. 完善的法律法规　　B. 第三方保障　　C. 政府部门监管　　D. 其他